KB014453

중국은 역사상 한국의 일부였다

중국은 역사상
한국의 일부였다

심백강 지음

바른역사

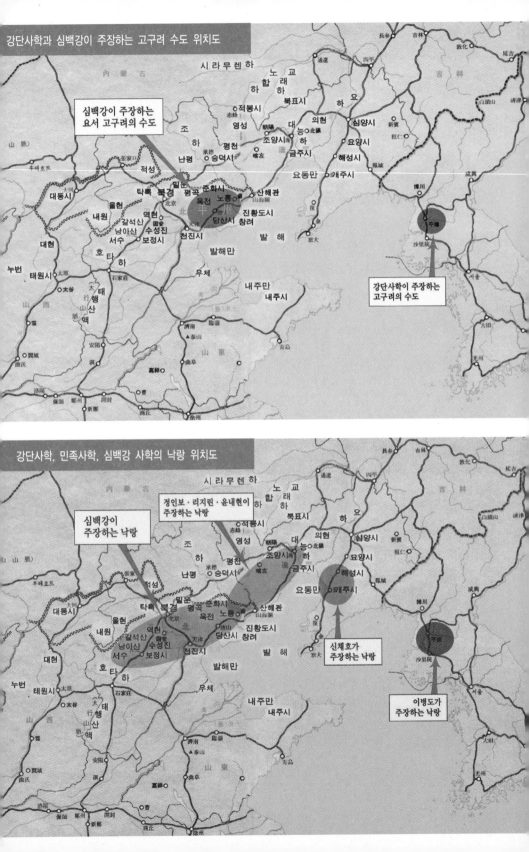

강단사학과 심백강이 주장하는 고구려 수도 위치도

심백강이 주장하는
요서 고구려의 수도

강단사학이 주장하는
고구려의 수도

강단사학, 민족사학, 심백강 사학의 낙랑 위치도

정인보·리지린·윤내현이
주장하는 낙랑

심백강이
주장하는 낙랑

신채호가
주장하는 낙랑

이병도가
주장하는 낙랑

책 머리에

중국의 국가주석 시진핑은 당시 미국 대통령 트럼프를 만난 자리에서 "한국은 역사상 중국의 일부였다."라는 망언을 하였다. 오늘의 한반도가 역사상에서 중국 땅의 일부였다고 만천하에 공포를 한 것인데 시진핑은 무슨 근거로 이런 주장을 하였을까. 아마도 중국 공산당이 조작한 동북공정의 논리를 바탕으로 한 것이 아닌가 여겨진다.

한국의 국격과 국위를 여지없이 손상시킬뿐만 아니라 가위 국본 國本을 송두리째 뒤흔드는 이런 망언이 나왔을 때 한국은 정부차원에서 즉각적인 반박성명이 나왔어야 했다. 그러나 역사의식이 부족했던 한국정부는 함구하고 아무런 대꾸도 하지 않았다. 이는 결과적으로 시진핑의 망언을 승인하는 꼴이 되고 말았다.

국가의 근본을 건드려도 아무런 반응이 없자 한국을 얕잡아 본 중국은 최근들어 김치의 원조가 중국이라고 우기며 유엔주재 중국대사가 나서서 공개적으로 세계를 향해 엉터리 김치 선전을 하는가 하면 심지어 한국인이 수천년동안 입어온 한복마저도 중국이 원류라는 억지 주장을 서슴없이 늘어놓고 있다. 저들은 이제 한국의 역사침략을 넘어서 문화침략을 자행하고 있는 것이다.

『주역』에 "서리가 내리면 그 다음은 차가운 얼음이 얼게 된다.(履霜堅氷至)"라고 말했다. 역사, 문화 침략 다음에 올 것은 무엇일까. 옛날에 중국 땅의 일부였으니 한국 땅덩어리 내놓으라고 억바지르지나 않을는지 모르겠다. 생각만해도 소름 끼치는 일이 아닐 수 없다.

다만 시진핑 주석이 "한국은 역사상 중국의 일부였다"라는 망언을 하고 또 문재인 정부가 여기에 엄중하게 대처하지 못한채 침묵을 지켰던 것은 양국의 지도자가 한국의 역사에 대한 올바른 이해가 부족했던 데서 기인한 것이다.

그러면 이런 불미스러운 사태가 발생하게 된 최종적인 책임은 누구에게 있는 것인가. 광복 75년이 흘렀건만 사대, 식민사관을 청산하지 못한채 올바른 한국사를 제대로 정립하지 못한 한국의 강단사학자들에게 그 가장 무거운 책임이 돌아갈 수 밖에 없다고 하겠다.

여기서 한국과 중국의 역사에 대한 기존의 인식이 얼마나 잘못된 것인지 확인하기 위해 몇가지 사례를 들어 설명하고자 한다. 한 고조 유방의 손자 유안劉安이 쓴 『회남자淮南子』에 의하면 천하의 9새塞 즉 만리장성의 아홉 관문을 설명하는데 동쪽의 마지막 관문이 거용관居庸關으로 되어 있다. 이는 한나라때는 만리장성의 동쪽 끝이 지금의 산해관이 아니라 북경 부근의 거용관임을 말해준다.

현재의 중국 지도상에는 만리장성의 동쪽 끝이 산해관으로 되어 있는데 산해관은 명나라때 주원장이 부하 장수 서달徐達을 시켜 거용관에서 산해관까지 연결시킨 것이다. 그러므로 산해관에서 거용관까지는 진시황의 만리장성이 아니라 명태조 주원장이 쌓은 명나라 장성인 것이다.

지금 중국의 사회과학원에서 만든 지도에는 만리장성의 길이를 고무줄처럼 늘려서 압록강을 넘어 청천강까지 연결시켜 놓았다. 이것은 너무나 어처구니 없는 짓이라서 길게 논할 가치도 없지만, 한과 고조선의 국경을 청천강이라고 주장한 일제의 식민사학과 그것을 지금까지 그대로 답습하고 있는 한국의 강단사학이 그 원죄다.

　　진시황 만리장성의 동쪽 끝은 거용관까지 왔었고 유방의 한나라시대에는 서쪽은 성을 더 늘려 쌓았지만 동쪽으로는 성을 늘려 쌓았다는 기록이 없다. 그러므로 진, 한시대의 만리장성의 동쪽 끝은 거용관이었던 것이며 북경의 거용관을 경계로 그 서쪽은 중국땅이고 동쪽은 고조선땅이었다. 즉 오늘의 북경시 일대는 한나라시대엔 고조선의 영토였던 것이다.

　　1,500년전 남북조시대의 대표적인 학자였던 유신庾信은 형가荊軻의 역수가易水歌로 유명한 하북성 남쪽의 역수를 요수遼水라고 말했다. 중국 요녕성의 요하를 중심으로 그 동쪽을 요동 서쪽을 요서라 인식한 것은 요녕성이 거란족의 영토로 된 요遼나라때부터이다. 그래서 지금의 요하는 고구려시대에는 요하가 아니라 구려하로 『성경통지盛京通志』에 기록되어 있다. 한마디로 말해서 요녕성이 거란족이 세운 요나라 영토로 편입되기 이전에는 요녕성에 요하는 없었던 것이다.

　　『사기』흉노열전의 기록에 따르면 고조선시대에 연나라의 장수 진개秦開가 고조선 서쪽 땅을 기습하여 1,000여리 땅을 빼앗아 상곡군, 어양군, 우북평군, 요서군, 요동군 5군을 설치한 내용이 나온다. 상곡군, 어양군, 우북평군과 함께 등장하는 고조선시대의 요서, 요동군은 당연히 상곡군, 어양군, 우북평군과 함께 오늘의 하북성쪽에

있었으며 요녕성에 있지 않았다. 한, 당시대의 요서군, 요동군은 거
란족이 세운 요나라시대의 요서, 요동과는 위치가 완전히 달랐던
것이다. 그런데 식민사학이 요나라시대의 요서, 요동을 한나라시대
의 요서군, 요동군으로 착각을 일으켰고 이것이 한국사가 송두리째
뒤틀리는, 압록강 서쪽의 북경을 포함한 한국의 역사영토가 싸우지
도 않고 모조리 중국에 빼앗겨 한반도 안으로 축소되는 발단이 된
것이다.

　『전한서前漢書』가연지전賈涓之傳에는 한무제가 "동쪽으로 갈석산
을 지나서 낙랑, 현도군을 설치했다."라고 기록되어 있다. 이때 한무
제의 군대가 만일 한반도를 진격하여 대동강 유역에 낙랑군을 설치
했다면 청천강을 넘어서 낙랑군을 설치했다고 하거나 또는 백두산
을 지나서 낙랑군을 설치했다고 말했을 것이다. 왜 하필이면 수천리
나 떨어져 있는 갈석산을 들먹였겠는가. 갈석산이 한무제 당시 한과
고조선을 가르는 분계선이었기 때문에 갈석산을 넘어와 고조선의
서쪽영토를 침공하여 한의 군현인 낙랑, 현도군을 설치한 것이다.
한무제가 대동강 유역에 낙랑군을 설치했다는 것은 한국의 역사영
토를 압록강 안쪽으로 축소시키고 중국의 역사영토를 청천강까지
확대시키기 위해 사대, 식민사학이 날조한 것이며 역사의 진실이 아
닌 것이다.

　청나라 건륭황제가 국력을 기울여 편찬한 중국사료의 보고인『사
고전서』안에는 "한국이 역사상 중국의 일부"였던 것이 아니라 그와
는 정반대로 "중국이 역사상 한국의 일부였다"라는 것을 보여주는
자료들이 차고 넘친다.

　나는 역사학자의 한 사람으로서 시진핑이 "한국은 역사상 중국

의 일부였다"라고 망언을 하였을 당시 『사고전서』의 이런 자료들을 바탕으로 즉각 반박하며 그 해명을 요구하는 공개질의서를 시진핑 주석이 거주하는 북경의 중남해와 주한 중국대사관 등에 보낸바 있다. 그러나 지금까지 어떠한 해명도 사과도 답변도 들은 바가 없다.

이에 『사고전서』의 새로운 자료를 바탕으로 '발해만에서 건국한 발해조선', '천하를 경영한 고구려제국', '왕과 제후를 거느렸던 대륙 백제'의 역사를 다룬 논문들, '중국은 역사상 한국의 일부였다'라는 주제로 발표한 자료, 또 '시진핑에게 보낸 공개질의서' 등 관련자료를 한데 모와 한권의 책으로 묶어낸다.

중국과 한국은 지난 수천년동안 우의를 함께 다져온 우방이다. 따라서 오늘 중국과 한국의 지도자와 국민은 한, 중의 역사를 올바로 알아야할 책임과 의무가 있다.

오늘의 중국이 있기까지 한족은 물론 조선족, 흉노족, 돌궐족, 거란족, 몽골족, 여진족 등 아시아의 여러민족의 조상들의 피와 땀과 눈물이 보태진 것이다. 따라서 역사상의 중국은 조선족의 나라도 한족의 나라도 흉노족의 나라도 몽골족의 나라도 여진족의 나라도 아니며 이들 민족이 함께 어울려 이룩한 나라다. 그래서 중국을 다민족 통일국가라 하는 것이다.

특히 우리 한국인들은 먼 옛날 우리 조상들이 중국의 토착민, 선주민으로서 전 중국에서 가장 살기좋은 땅 발해유역에 터를 잡고 여기서 홍산문화를 창조하여 황하문명의 모태가 되었고 여기서 발해조선을 건국하여 중국문명의 기초를 닦았다.

2,000년 전 역사상의 중국은 중원의 한족과 동북방의 동이족이 번갈아가며 통치한 시대였다. 그후 한, 당, 송, 명은 한족의 나라이

고 요, 금, 원, 청은 거란족, 몽골족, 여진족, 신라족의 나라였던 것이 그것을 증명한다.

유방이 한나라를 세워 한족이 중국무대에 등장하기 이전 다시 말하면 3,000년전, 4,000년전, 5,000년전의 중국은 서방의 화하족과 동방의 동이족이 서로 정권을 주고받은 시기였다. 그리고 6,000년전 7,000년전 8,000년전으로 거슬러 올라가면 중국은 환국 밝달민족의 나라였다.

한족의 뒤를 이은 당, 송, 명도 중국 역사의 주인이고 동이족의 뒤를 이은 요, 금, 원, 청도 중국역사의 주인이다. 그리고 동이족과 화하족의 뿌리에 밝족이 있다. 동북방 밝족에서 발원하여 서쪽으로 흘러간 한 갈래가 화하족이고 동쪽으로 흘러간 한 줄기가 동이족이다.

그러므로 중국 역사를 2,000년전으로 거슬러 올라가면 중원의 한족이 나오고 3,000~5,000년전으로 거슬러 올라가면 서방의 화하족과 동방의 동이족이 등장하며 8,000년전으로 거슬러 올라가면 동북방의 환국 밝달민족과 만난다. 중국역사의 뿌리로 올라가면 홍산의 밝족과 만나게 되는데 이들 홍산의 환국 밝족이 바로 한국인의 직계 조상이다.

나는 한글보다 한자를, 한국사보다 중국사를 먼저 배웠다. 나야말로 뼛속까지 친중주의자라고 말할 수 있다. 나는 지금은 한국인이지만 지난날 우리 조상들은 대륙을 누빈 중국인이었다. 나의 몸속에는 중국의 피가 대륙의 피가 흐르고 있기 때문에 나는 한국 못지 않게 중국을 사랑한다.

러시아 연해주에는 발해, 옥저의 유적이 남아 있고 몽골 초원에는 부여, 고구려의 발자취가 남아 있으며 발해만을 끼고 그 주변엔 고조선, 백제, 고구려의 숨결이 살아 숨쉬고 있다.

바이칼은 우리 역사의 출발점이고 발해만은 우리 문화가 꽃을 피웠던 곳이며 한반도는 한민족의 최후의 정착지이다. 오늘 한국인은 한반도라는 좁은 땅에 살고 있지만 우리의 혈관속에는 웅혼한 대륙의 피가 흐르고 있는 것이다.

나는 두가지 이유에서 이 책을 썼다. 첫째 시진핑은 "한국은 역사상 중국의 일부였다"라고 말했지만 그 근거를 분명히 제시하지는 못했다. 어떤 주장이 근거를 통해서 뒷받침되지 않으면 공허한 구호에 불과할 뿐이다. 나는 "중국은 역사상 한국의 일부였다"라는 나의 주장이 구호로서 그치지 않고 자료로서 뒷받침되게 하기 위해 이 책을 썼다. 둘째 역설같지만 반중정서를 자극하기 위해서가 아니라 중국과 한국을 아울러 사랑하기 때문에 한, 중 양국의 우의와 평화를 염원하여 이 책을 썼다.

나는 이 책이 중국과 한국의 지도자와 국민들이 한, 중 양국의 역사를 올바로 이해하고 형제의 우의를 다지면서 함께 협력하며 평화로운 미래를 열어 나아가는데 기여하게 되기를 기대한다.

기존의 사관을 뒤집는 나의 파격적인 주장에 대해 한국과 중국의 학자는 물론 누구라도 이견이 있다면 제기해주기 바라며 합리적인 반론은 기꺼이 수용할 것을 약속드린다. 끝으로 항상 곁에서 지원과 성원을 아끼지 않는 엄재목회장님, 동천 심성제님, 난석 이광규님, 정억재님 등 여러 동지들과 편집을 맡아 수고한 고연님께 감사의 마음을 표한다.

2021년 8월 15일 광복절에 심백강은 쓴다

목차

제1장

발해를 끼고 앉아 대륙을 지배한 발해조선

『사고전서四庫全書』를
통해서 본 발해 고조선

1. 말문을 열며─역사학의 혁명은 시대적 과제이다

슈메르가 서양역사의 출발점이라면 환국과 고조선은 동양역사의 시원이다. 우리가 반만년 역사를 자랑하는 세계의 역사 선진국이 될 수 있는 것은 고조선이 있음으로서 가능한 것이다.

　고구려가 강성했다고 하지만 그 국력이 한나라와 당나라를 초과하지는 못했고 백제와 신라가 문화국가였다고 하지만 그 문화가 중원문화中原文化를 능가하지는 못했다. 그러나 고조선은 달랐다. 경제, 문화 각 방면에서 중국을 능가하는 선진적인 차원에 도달해 있었다.

　우리에게 공자孔子가 가서 살고 싶어 했던 군자君子의 나라 고조선이 없었다면 우리는 중국 한문화漢文化의 아류에 불과하고 우리에게 발해의 모퉁이에 있었던 발해조선이 없었다면 우리는 한반도에 뿌리를 둔 반도국가에 불과하다.

한국인에게 있어 고조선은 긍지와 자존심의 상징이다. 고조선은 우리민족 건국의 출발점인 동시에 우리 역사상 가장 위대하고 자랑스러운 나라였던 것이다.

명나라에 대한 사대에 충실하며 정체성이 약했던 이씨조선은 100년 전 결국 일제에 의해 나라가 망했다. 역사 선진국인 조선을 멸망시킨 일제는 식민통치를 장기화하기 위해, 조선의 역사를 날조 왜곡한 식민사관을 형성했는데 그 식민사관의 핵심은 우리역사의 뿌리인 고조선사를 단절, 축소, 왜곡시키는 것이었다.

단군조선을 신화, 기자조선을 허구로 치부하여 고조선 역사의 길이를 2,000년을 잘라냈고, 대동강 유역에 한사군이 있었다는 '대동강 낙랑설'을 내세워 고조선 역사의 폭을 압록강 이남으로 축소시켰다. 그리고 위만조선을 조선민족의 최초의 국가로 내세우면서 조선민족은 자율적으로는 발전할 수 없는 출발부터 타민족의 식민통치를 받은 낙후된 민족이라는 논리를 내세워 우리 민족을 열등민족으로 왜곡시켰다.

일제의 조선민족 말살 정책에 기초한 이런 한심하기 짝이 없는 단절, 축소, 왜곡의 식민사학 이론이 광복 70여년이 된 지금 대한민국에서 불식되기는커녕 통설이란 이름으로 여전히 주류 행세를 하고 있다.

현재 한국사학계의 통설은 단군조선은 만들어진 신화요, 기자조선은 허구라고 주장하여 사실상 고조선의 실체를 부정하고 있으며 중국 연나라사람 위만이 세운 위만조선을 실제 한국사의 출발점으로 인정하고 있다. 그리고 대동강 유역에 한사군의 낙랑군이 있었고 위만이 조선으로 올 때 건너온 패수가 청천강, 또는 압록강이라는 논리가 아직도 힘을 발휘하고 있다.

　무엇보다도 이런 엉터리 내용들이 학계의 일설이 아니라 정설이 되어 교과서에 실려 한국의 내일을 짊어지고 나갈 청소년들에게 가르쳐지고 있다는데 문제의 심각성이 있다.[1] 도대체 대한민국 사학계

1　현재 한국에서 발행되는 대부분의 국사교과서에서 단군은 신화로 또는 항몽의 과정에서 민족의식을 고취시키기 위해 만들어진 이야기로 취급되고 있다. 먼저 신화로 서술한 몇 가지 실례를 살펴보기로 한다.

　"여자가 된 곰은 결혼할 상대가 없었으므로 신단수 아래에서 아기 갖기를 빌었다. 환웅이 잠시 변하여 아이를 낳았다. 이름을 단군왕검이라 하였다."

　"단군신화에는 고조선이 세워지는 과정에서 일어났던 중요한 사건들이 상징적으로 반영되어 있다."

　이는 동아출판사에서 2015년도에 발행한 고등학교 한국사교과서의 고조선 조항에 나오는 내용이다. 『삼국유사』에 나오는 웅녀를 웅족의 따님이 아닌 "여자가 된 곰"으로 표현하고 있고 단군조선을 신화로 기술하고 있다.

　"문헌자료에 따르면 기원전시기에 만주와 한반도 일대에 고조선이라는 나라가 있었다고 한다. 하지만 아직까지 그 수도인 왕검성 관련 유적이 발견되지 않아 고조선의 모습을 파악하기는 힘들다."

　이것은 지학사에서 펴낸 2015년도 판 고등학교 한국사교과서의 고조선 조항에 나오는 내용이다. "고조선이라는 나라가 있었다고 한다" "유적이 발견되지 않아 고조선의 모습을 파악하기 힘들다"라고 하여 마치 고조선이 실재하지 않은 신화적인 나라인 것처럼 기술하고 있다.

　집필진은 정재정, 김태식, 강석화, 최병택, 장종근, 박찬석, 김태훈, 박귀미 등 8명인데 모두 서울대학교 국사학과 출신이며 거기에는 동북아역사재단 정재정 전이사장도 포함되어 있다.

　다음은 고조선이 고려 사람들이 역사의식 고취를 위해 만든 신화라는 주장을 담은 몇 가지 실례를 들어본다.

　"『삼국유사』에 나오는 기원전 24세기라는 고조선의 건국시기는 우리나라 역사의 유구성을 강조하려는 고려 사람들의 역사인식이 반영된 것이다. 실제로 고조선은 청동기 문화가 상당히 발달한 기원전 10세기 이후에 성립되었을 것이다."

　이것은 금성출판사에서 발행한 2015년도 판 고등학교 한국사교과서의 고조선조항에 실려 있는 내용이다. 고조선은 10세기 이후에 건국된 나라이고 4,300년 전에 건국되었다는 단군조선은 몽고의 지배를 받던 당시 고려 사람들의 역사의식, 즉 항몽의식이 반영된 결과라고 여긴 것이다.

가 주장하는 통설의 논리와 일제가 식민통치를 영구화하기 위해 조작한 식민사학의 논리가 무엇이 다른가.

우리에게는 지금 경제혁명, 정치혁명을 넘어 역사학의 혁명을 통한 민족정기의 회복이 시대적인 과제로 대두되어 있다 하겠다.

2. 세계가 인정하는 사료의 보고 『사고전서』 속에 나타나는 고조선의 민낯

『사고전서』는 청나라 때 건륭황제가 학자 1,300명을 동원해 10년 동안 중국의 역대문헌을 정리하여 약 8만권으로 집대성한 동양 문헌자료의 총서로서 만리장성, 경항운하와 함께 3대기적의 하나로 손꼽힌다. 그 질과 양 면에서 볼때 아마도 동서양을 통틀어서 『사고전서』를 능가하는 사료는 없을 것으로 여겨진다.

상고사는 사료가 생명이다. 사료의 뒷받침이 없는 역사 서술은 소설에 불과하다. 『삼국유사』는 우리나라에 현재 남아 있는 자료로서는 고조선을 다룬 가장 오래된 유일한 사료이다. 그러나 두 페이지에도 못 미치는 고조선 기록은 그 내용이 너무나 빈약하다. 그것만으로는 고조선이 신화인지 실제 역사인지, 발상지가 한반도의 대

다음은 한사군에 관한 기록의 한 실례를 살펴보자.
"고조선 멸망 후 한이 4군을 설치하였는데, 그중 낙랑군은 지금의 평양에 있었다는 설이 유력하다."
이것은 교학사가 발간한 2015년도 판 고조선 조항에 나오는 내용이다. 일제의 대동강 낙랑설을 유력한 설로 인정하여 따르고 있다.

동강 유역인지 대륙의 요수 유역인지 알 길이 막연하다.

김부식의 『삼국사기』가 빠뜨린 고조선 사료, 일연의 『삼국유사』가 미처 참고하지 못했던 고조선 사료, 사대 식민주의자들이 꼭꼭 숨겨놓고 밝히기를 꺼린 고조선 사료, 단재 신채호, 위당 정인보 등의 민족주의 사학자들이 그토록 찾아 헤맸으나 결국 찾지 못했던 고조선 사료들을 한, 중, 일 삼국과 세계가 모두 그 가치를 인정하는 사료의 보고인 『사고전서』 속에서 찾아내, 일제 식민사학에 의해 덧칠된 고조선의 망가진 모습이 아닌 위대하고 자랑스러웠던 고조선의 원래 모습, 즉 민낯을 아래에 소개하기로 한다.

3. 중국 요서에서 건국한 우리민족의 첫 통일국가
조선국朝鮮國

상고사를 연구하는데 있어서 금석문만큼 중요한 사료는 없다. 문헌 사료는 뒤에 내용의 위, 변조가 가능하지만 금석문은 한번 글자를 새겨 넣은 다음에는 위조나 변조가 용이하지 않기 때문이다. 『사고전서』에는 두로공 신도비문豆盧公神道碑文이 실려 있다.

두로공 신도비豆盧公神道碑는 중국 남북조시대에 북주北周에서 농우총관부장사隴右總管府長史를 역임하고 태자소보太子少保에 증직贈職된 두로 영은공豆盧永恩公의 신도비를 말한다. 두로 영은의 본래 성은 모용慕容이고 두로은豆盧恩으로도 불렸다. 그래서 또 두로은비豆盧恩碑, 모용은비慕容恩碑로 일컬어지기도 한다.

비문의 저자는 위진 남북조시대의 대표적인 문인이었던 유신庾信

이다. 비문은 유신의 문집인 『유자산집庾子山集』에 수록되어 있다. 뿐만 아니라 그때 세운 비석이 지금까지 보존되어 중국 섬서성의 함양박물관에 보관되어 있다. 필자는 함양박물관을 방문하여 비석의 보존 상태를 살펴본 일이 있다. 비석의 상단이 일부 파손된 것을 제외하고는 보존 상태는 비교적 양호하였으며 또 많은 부분에서 글자의 판독이 가능하였다.

1,500년 전에 세웠던 비석이 오늘날까지 이렇게 잘 보존될 수 있었던 것은 두로 영은의 비가 비문碑文과 서법書法이 모두 정교하여 역사상에서 문인과 서법가書法家들의 애호를 받아왔던 데서 그 원인을 찾을 수 있다.

두로 영은은 전연의 개국황제 모용황의 후예이다. 그런데 오늘날 우리가 1,500년 전 요서에서 활동한 선비족 두로 영은의 신도비문을 주목하는 까닭은 요서에서 건국한 고조선국古朝鮮國의 실체를 알려주는 결정적인 내용이 이 비문에 기재되어 있기 때문이다.

"조선건국朝鮮建國 고죽위군孤竹爲君", 이것은 두로공의 신도비문에 나오는 명문銘文의 첫 귀절이다. 묘비명에서 명문은 비문의 앞부분에서 산문체로 서술한 내용을 간단히 축약하는 성격을 지닌다.

그런데 1,500년 전에 생존했던 선비족 모용은의 비문에 '조선건국朝鮮建國'이라는 네 글자가 어째서 나오는가. 백이, 숙제의 나라 고죽국은 본래 하북성 동쪽 요서지역에 있었으므로 여기에 '고죽위군孤竹爲君'이 등장하는 것은 납득이 간다. 하지만 조선의 건국을 여기 선비족 모용의 비문에서 이야기한다는 것은 너무나도 의아스러운 일이 아닌가.

모용씨가 세운 연나라는 삼국시대를 전후하여 시라무렌강 유역에서 건국과 통치가 이루어졌으며[2] 그 훨씬 이전 이곳 요서지역에서 건국하고 통치한 나라로는 조선국과 고죽국이 있었다. 즉 모용씨가 세운 연나라는 고대의 조선국과 고죽국의 터전 위에서 건국되었기 때문에 그래서 그것을 "조선건국朝鮮建國 고죽위군孤竹爲君"이라는 여덟글자로 요약한 것이라 볼 수 있다.

모용선비慕容鮮卑의 주요 활동 무대는 진한秦漢시대의 요서와 요동, 오늘날의 하북성 동쪽 조하潮河, 난하灤河 유역일대, 그리고 하북성 서북 지역까지를 포괄했다. 이 지역은 바로 이른바 고조선이 건국을 했고 고죽국이 통치를 했으며 한무제가 한사군漢四郡을 설치했던 곳이다. 그래서 모용은의 비문은 모용선비의 역사를 이야기하면서 서두에 "조선건국 고죽위군"이라는 말을 꺼내게 된 것이다.

두로 영은의 신도비문은 북주 천화天和 원년(566) 2월에 각자刻字하여 두로 영은의 묘소 앞에 세운 것으로 되어 있다. 시기적으로 볼 때 『삼국사기』, 『삼국유사』를 저술한 것보다 이 비문의 저작 연대는 대략 700년가량 앞선다. 그렇다면 김부식과 일연은 과연 이 비문의 존재를 진정 알지 못해서 그들의 저서에서 한마디도 언급하지 않은 것인가. 혹시 우리가 알 수 없는 다른 어떤 내막이 숨겨져 있는 것은 아닐까.

---

2 모용씨의 건국시기와 관련해서는 여러 가지 설이 있다. 최홍崔鴻의 『십육국춘추』 「전연록」에서는 모용외가 모용부의 수령으로 취임한 시기를 전연국의 건립시기로 잡고 있다. 즉 전연국이 서기 284년에 건국하여 86년 동안 존재했다고 본 것이다. 그런데 『통지』에서는 모용황이 연왕이라고 호칭한 시점을 건국시기로 잡았다. 이것은 전연국이 서기 337년에 건국되어 모두 33년 동안 존속되었다고 여긴 것이다. 이 밖에도 여러가지 이설이 있다.

1,500년 전 선비족 두로 영은의 신도비문에 나오는 "조선건국 고죽위군"은 글자는 비록 여덟 자 밖에 안 되는 짧은 문장이지만 발해 유역 요서에서 고조선이 건국을 하였다는 사실을 그 어떤 자료보다도 확실하게 웅변으로 대변해주고 있다.

요서에서 활동한 선비족 두로 영은의 비문에 나오는 "조선건국 고죽위군"이라는 문귀가 일찍이 『삼국사기』, 『삼국유사』에 인용이 안 된 것은 천추에 유감스러운 일이다. 이 여덟 글자가 만일 『삼국사기』나 『삼국유사』에 인용되었더라면 일제가 위조한 대동강 낙랑설은 애초에 발을 붙이지 못했을 것이다. 하지만 『사고전서』 속에 숨겨져 있다가 지금이라도 베일을 벗고 우리 앞에 정체를 드러낸 것은 한국사의 재정립이라는 차원에서 볼 때 한편으론 천만 다행이 아닐 수 없다.

『사고전서』에 실려 있는 두로 영은의 비문이야 말로 영원히 잃어버린 줄로만 알았던 요서고조선을 21세기에 다시 되찾게 해준 일등공신이다. 상고사는 사료가 생명이라는 사실을 이런데서 실감하지 않을 수 없다고 하겠다.

4. 전연前燕의 개국황제 모용황慕容皝에게 봉한 조선공朝鮮公

모용황慕容皝(297-348)은 중국의 십육국시기 전연前燕의 창건자이다. 그는 조선족이 아니라 선비족鮮卑族이었고 한반도 사람이 아니라 요서 창려昌黎 사람이었다. 그가 생존한 시기는 이씨조선이 건국되기 1,000여 년 전이었고 그가 주로 활동한 무대는 오늘날의 시라무렌하

西拉木倫河 유역이었다.

그런데 『진서晉書』 109권 「재기載記」 〈모용황전〉에는 요서에서 활동하던 창려 사람 선비족 모용황이 전쟁에 참가하여 용감히 싸운 공로로 인해 325년 조선공에 봉해졌다는 기록이 다음과 같이 나온다.

"모용황의 자는 원진으로 모용외의 제 3자이다. 용의 얼굴, 판자처럼 생긴 이빨에 신장이 7척 8촌이나 되었다. 용감하고 굳세었고 임시응변의 지략이 많았으며 경학을 숭상하고 천문을 잘하였다. 모용외가 요동공이 되자 모용황을 세워 세자로 삼았다. 건무 초기에 관군장군 좌현왕에 임명되었고 망평후에 봉해졌다. 무리를 이끌고 토벌에 참가하여 누차에 걸쳐 공을 세웠다. 태녕말기에는 평북장군에 임명되고 조선공에 승진분봉되었다.(慕容皝 字元眞 廆第三子也 龍顔版齒 身長七尺八寸 雄毅多權略 尙經學 善天文 廆爲遼東公 立爲世子 建武初 拜爲冠軍將軍左賢王 封望平侯 率衆征討 累有功 太寧末 拜平北將軍 進封朝鮮公)"

모용황은 선비족 모용외慕容廆의 아들로 태어나 요서지역에서 주로 활동하던 인물이다. 더구나 그가 군공軍功을 세워 조선공으로 봉해지던 젊은 시절에는 그의 행동반경은 선비족의 근거지인 오늘의 시라무렌강 상류 일대를 벗어나지 않았다. 그런데 그에게 어떻게 조선공을 봉할 수 있었을까.

모용황이 활동하던 진晉나라 시대의 기록인 『진서』에는 당시 낙랑군樂浪郡이 평주에 설치되어 있고 낙랑군의 수현首縣으로서 조선현이 있었다고 기록되어 있다.

모용황은 진나라 때 사람이니 그에게 봉해진 조선은 당연히 당시 평주 낙랑군 관할의 조선현이었을 것이다. 우리가 상식적으로 생각할 때 여러 지역 가운데서 특별히 조선현을 골라 그에게 조선공으로 봉한 것은 그가 조선과 직간접으로 관련이 있어서였을 가능성이 많다.

『진서』에 기록된 낙랑군 조선현은 모용황이 활동하던 지역인 시라무렌강 유역 부근 요서에 있었고, 그 아버지 모용외를 비롯한 선비족의 조상들은 조선의 옛 땅을 근거지로 성장 발전했으며, 조선은 역사적으로 문화적으로 선비족 모용씨慕容氏와 깊이 관련되어 있었기 때문에 많은 전공을 세운 그에게 보답하는 의미에서 특별히 조선공을 봉했다고 보는 것이 합리적인 해석이 될 것이다.

그동안 식민사관은 대동강 유역에 낙랑군이 있었고 조선현이 거기에 수현으로서 존재했다고 주장해 왔다. 그러나 시라무렌강 유역에서 활동하며 전공을 세운 모용황에게 아무런 연고나 관련도 없는 거리상으로 수천 리 떨어져 있는 대동강 유역의 조선현을 떼어서 그에게 봉지로 준다는 것은 상식적으로 납득하기 어려운 일이다.

지금으로부터 1,696년 전인 서기 325년 요서의 창려 사람 선비족 모용황에게 조선공을 봉했다는 『진서晉書』「재기載記」〈모용황전〉의 기록은 당시 고조선이 대동강 유역이 아닌 발해유역 요서에 있었다는 것을 밝혀주는 결정적인 단서로서 이는 잃어버린 발해고조선을 되찾는 데 매우 중요한 의미가 있다고 할 것이다.

5. 중국 하북성 진황도시 노룡현盧龍縣에 있었던 조선성朝鮮城

한국인 가운데 중국 하북성의 노룡현盧龍縣을 아는 사람은 그리 많지 않을 것이다. 하북성 동부 청룡하青龍河 하류에 위치한 노룡현은 현재 행정구역상으로 하북성 진황도시秦皇島市에 소속되어 있으며, 진황도시는 북대하구北戴河區, 창려현昌黎縣, 무녕현撫寧縣, 해항구海港區, 노룡현, 청룡만족자치현青龍滿族自治縣, 산해관구山海關區를 포함하고 있다.

중국의 수도 북경시 동쪽에 위치한 진황도시는 발해를 마주하고 있어 풍광이 매우 아름답다. 여름철이면 모택동이 수영을 즐겼던 곳으로서, 중국공산당 간부들의 피서지로 유명한 북대하北戴河와 명나라 이후 중원과 동북을 가르는 관문인 산해관 등이 바로 이 진황도시 소속으로 노룡현과 이웃하여 있다.

그런데 이곳 노룡현에 "조선성이 있다"라는 기록이 송宋나라 때 낙사樂史(930~1007)라는 역사학자가 편찬한 지리총서인 『태평환우기太平寰宇記』에 실려 있다.

송나라의 하북도河北道 평주平州는 오늘날의 중국 하북성 동쪽의 당산시唐山市, 진황도시 일대에 해당하는 지역으로서 노룡盧龍, 석성石城, 마성馬城 3개 현을 관할하고 있었다. 그런데 『태평환우기』는 노룡현 조항에서 고죽성孤竹城, 요서성遼西城과 함께 조선성朝鮮城을 소개하고 있는 것이다.

『태평환우기』에 의하면 고죽성 다음에 조선성, 조선성 다음에 요서성의 순서로 기록되어 있다. 이것은 고죽성 부근에 조선성이 있고 조선성 인근에 요서성이 있었다는 것을 의미한다. 만일 고죽성, 조선성, 요서성이 거리상으로 서로 멀리 떨어져 있었다면 이런 순서에 따라 기록하지 않았을 것이다.

고죽국孤竹國은 주周나라가 은殷나라를 침략하여 멸망시키자 주나라를 섬기기를 거부하고 수양산에 들어가 고사리를 캐먹으며 살다가 죽은 것으로 유명한 백이伯夷, 숙제叔齊의 나라이다. 백이, 숙제의 나라가 현재의 하북성 진황도시 노룡현, 송나라 때의 평주 노룡현에 있었다. 그러므로 거기에 고죽성이 있는 것이다.

그리고 송나라 때의 노룡현이 한漢나라 때는 비여현肥如縣으로서 요서군遼西郡의 군청 소재지가 이곳에 있었다. 그러므로 거기에 요서의 폐성廢城이 남아 있었던 것이다.[3]

그렇다면 우리 밝달민족의 첫 국가인 고조선古朝鮮과 동일한 이름을 가진 조선성이 왜 송나라의 하북도 평주 노룡현 지역에 고죽성, 요서성과 함께 폐성廢城으로 남아 있었던 것일까.

『태평환우기』의 저자 낙사는 노룡현에 있는 조선성을 설명하면서 "조선성은 바로 기자箕子가 봉함을 받은 지역이다. 지금 황폐한 성이 남아 있다(朝鮮城 卽箕子受封之地 今有廢城)"라고 말하고 있다.

은나라의 왕족이었던 기자는 은나라가 멸망하자 조선으로 떠나갔다. 이에 관한 기록은 『상서대전尙書大傳』, 『사기史記』를 비롯한 수많은 중국 문헌에서 찾아볼 수 있다.

그런데 『태평환우기』의 설명은 그 당시 기자가 찾아갔던 조선은 오늘날의 대동강 유역 평양에 있던 한반도 조선이 아니라 하북성 동

---

3 『태평환우기』, 권70, 「평주平州」, "盧龍縣 本漢肥如縣也 屬遼西郡"

쪽 발해 유역 노룡현에 있던 요서조선이었다는 사실을 증명하는 결정적인 단서가 된다.

한무제 원봉元封 3년(서기전 108) 낙랑군의 수현首縣으로 설치되었던 조선현은 남북조시대인 북제北齊시기에 이르러 북평군 신창현에 편입됨으로써 역사상에서 강제 퇴장을 당했다. 그런데 수隋나라 개황開皇 6년(서기 586)에는 북제시기에 요서군을 통폐합하여 만든 비여현을 신창현으로 편입시켰다. 그러니까 수나라시기에 북평군 신창현에서 낙랑군 조선현과 요서군 비여현이 동거에 들어가게 된 셈이다. 그러다가 수나라 개황 18년(598)에 이르러서는 신창현을 노룡현으로 명칭을 바꾸었다.[4]

수나라 개황開皇 18년에 신창현新昌縣을 개정하여 최초로 설치된 노룡현은 그 이후 당唐, 송宋, 원元, 명明, 청淸 등을 거치면서 북평군北平郡, 평주平州, 영평로永平路, 영평부永平府 등으로 소속은 여러 차례 바뀌었지만 노룡현이라는 지명에는 변화가 없었으며, 1985년에 하북성 진황도시의 관할로 편입되었다.

지금은 노룡현이 진황도시 관할로 되어 있지만 송나라 때는 평주에 소속되어 있었는데 "평주 노룡현에 조선성이 있다"라는 『태평환우기』의 기록을 단순히 이 기록 하나만 놓고 보면 너무나 파격적인 내용이라서 얼른 수긍이 가지 않을 수도 있다. 그러나 이를 다른 자료의 여러 기록들과 비교검토해보면 이 기록이 오류가 아니라 사실이라는 것을 깨닫게 된다.

4　심백강, 「고조선의 장」, 『교과서에서 배우지 못한 우리역사』, 바른역사, 2014, 114-118쪽 참조.

예컨대 『산해경』에는 "북해(발해)의 모퉁이에 나라가 있는데 그이름을 조선이라 한다"라는 내용이 있다. 『무경총요』와 『왕기공행정록』에는 "중국 남쪽 송나라에서 북방 요나라 서울 영성으로 갈 때하북성 고북구 부근에 있는 조선하를 건너서 갔다"라는 기록이 나온다. 그리고 선비족 두로 영은공 신도비문에 나오는 "시라무렌하 유역에서 조선이 건국되었다" 『회남자淮南子』에 보이는 "갈석산 부근에 조선국이 있었다"라는 기록 등, 이런 내용들과 대조하여 본다면기자가 찾아갔던 그 조선은 대동강 유역 평양이 아닌 하북성 조하, 즉 조선하 유역에 있었던 것이 확실하며 따라서 『태평환우기』에 말한 평주 노룡현 지역에 있었다는 조선성은 그것이 고조선의 유적이분명하며 재론의 여지가 없다고 하겠다.

우리의 사서인 『삼국사기』, 『삼국유사』에는 요서조선에 대한 명확한 기록이 거의 없는데 여기에는 숨은 내막이 있어 보인다.[5] 그러나 다행히도 중국의 여러 문헌 특히 송나라 때의 사서인 『태평환우기』에서는 현재의 하북성 진황도시 노룡현에 조선성 유적이 있다는사실을 분명하게 밝히고 있다.

우리는 『태평환우기』가 남긴 조선성에 관한 사료를 통해, 압록

---

5 명나라의 속국이나 다름없었던 이씨조선은 중국의 심기를 건드리지 않기 위해 수천년 동안 전해져 내려오던 강화도 단군제천단의 천제를 스스로 폐지하였다. 그리고 『고조선 비사』 『조대기』와 같은 우리민족이 중원을 지배한 위대한 역사가 담긴 역사서들을 스스로 몰수하여 폐기하였다.
이런 각도에서 본다면 조선 초기에 『삼국사기』와 『삼국유사』에서 중국의 눈에 거슬리는 고조선 관련 기록을 스스로 삭제하고 별 문제가 안 될 부분만을 남겨두어서 민간에 유포했을 가능성이 전혀 없는 것도 아니다. 그렇지 않다면 중국의 정사 기록에 나오는 발해 고조선의 역사가 우리의 고대사서에는 나오지 않는 이유를 합리적으로 설명할 방법이 없다.

강 이동의 대동강 조선에 앞서 압록강 서쪽의 발해만 부근에 요서 조선이 있었던 역사적 사실을 오늘에 다시 확인할 수 있게 된 것이다.

6. 북경 북쪽에 있었던 고조선의 강 조선하朝鮮河

『무경총요武經總要』는 북송北宋 때 군사제도와 군사이론을 기록한 중국 최초의 관찬병서官撰兵書이다. 산천山川, 지리地理와 관련된 내용을 상세히 기술하고 있어 당시 송나라가 처한 지리적 역사적 상황을 살피는 데 매우 귀중한 참고자료가 된다.

북송 때는 중국이 통일되지 못하고 양분되어 있었다. 오늘날의 하남성 개봉시開封市가 송나라의 수도였고 북경지역은 요遼나라 영토에 소속되어 처음에는 남경南京이라고 하다가 나중에 다시 연경燕京으로 변경했다. 그러므로 『무경총요』에서는 연경이 송나라의 「변방邊防」 부문에 편입되어 그 산천과 지리가 다루어지고 있다.

그런데 여기서 특기할 사항은 연경의 지리를 설명하는 내용 가운데 조선하朝鮮河라는 이름이 등장한다는 사실이다.

당시 요나라 수도 중경中京은 오늘날의 내몽고자치구 적봉시赤峰市 영성현寧城縣에 자리 잡고 있었다. 따라서 연경에서 요나라의 수도 중경에 가려면 북문北門을 나가서 고장성古長城을 지나고 망경望京(지금의 북경시 조양구朝陽區 망경), 온여하溫餘河, 순주順州(지금의 북경 순의구順義區), 단주檀州(지금의 북경 밀운현密雲縣), 고북구古北口를 거쳐서 북쪽으로 가게 되어 있었다. 그런데 고북구에 당도하기 전에 먼저 조선하를 건너서 간다고 이 책은 다음과 같이 기록하고 있는 것이다.

"조선하를 지나서 90리를 가면 북쪽으로 고북(하)구에 당도하게 된다.(過朝鮮河 九十里 北至古北(河)口)"

그렇다면 여기서 말하는 조선하는 오늘날의 어떤 강을 가리키는 것일까. "연경에서 중경을 가는 도중에 조선하를 지나서 고북구에 도달한다"라고 한 『무경총요』의 기록에 따르면 조선하는 고북구 서쪽에 위치해 있었던 것이 분명하다. 그런데 현재 중국지도상에서 찾아보면 조하潮河는 고북구 서쪽에 있고 난하灤河는 고북구 동쪽에 있다. 북경과 고북구 사이를 흐르는 큰 강은 조하가 유일하다. 이는 바로 오늘의 조하潮河가 송나라 때는 조선하로 불렸다는 확실한 증거가 된다.

『무경총요』는 지금으로부터 근 천 년 전인 1044년에 편찬되었다. 시기적으로 볼 때 여기서 말하는 조선하는 600년 전에 압록강 이남에 건국되었던 이씨조선과는 전혀 무관한 것이다.

조선하가 압록강 이남 지역의 평양이나 서울 일대가 아닌 북경 부근에 있었다는 것은 고대의 조선은 한반도가 주무대가 아니라 대륙 깊숙이 중원의 요서지역에 자리하고 있었던 사실을 단적으로 증명한다.

『무경총요』는 『삼국사기』, 『삼국유사』 보다 수백 년을 앞서 편간된 책이다. 그런데 안타깝게도 김부식과 일연의 저서에는 이런 중요한 기사들이 빠져 있다.

조선하가 북송시기에 오늘의 북경시 북쪽 고북구 인근에 있었다는 사실을 오늘에 전해준 『무경총요』는 잃어버린 요서고조선의 역사를 확실히 되찾게 해준 매우 획기적인 귀중한 자료라고 하겠다.

그리고 우리가 1,000여 년 전에 북경시 부근에 조선하가 존재하고 있었던 것을 사실로 믿을 수밖에 없는 이유가 또 있다. 그런 기록이 『무경총요』에만 나오는 것이 아니라 그보다 앞서 쓰여진 왕증王曾의 『왕기공행정록王沂公行程錄』에도 이렇게 보인다는 사실이다.

"50리를 가면 금구관에 당도한다. …… 여기로부터 산으로 들어간다. ……조선하를 지나는데 칠도하라고도 부른다. 90리를 가면 고북구에 도착한다.(五十里至金溝館……自此入山……過朝鮮河 亦名七度河 九十里 至古北口)"

왕증(978~1038)은 송宋나라 왕조에서 직사관直史館, 사관수찬史館修撰 같은 벼슬을 역임하면서 역사편찬에 직접 관여하기도 했다. 벼슬은 나중에 군사기구의 최고 장관격인 추밀사樞密使에 올랐고 재상宰相을 두 차례나 역임하기도 했다. 그리고 기국공沂國公에 봉해졌다.

『왕기공행정록』은 왕증이 송나라의 특사로 요나라에 사신으로 갈 때 기록한 내용이다. 송나라 변경에서 요나라 수도 중경, 즉 오늘의 내몽고 영성현까지의 중간 경유지를 일정표 형식으로 적은 것인데 후인들이 그가 기국공에 봉해졌기 때문에 이를 『왕기공행정록』이라고 이름을 붙인 것이다.

왕증 정도의 비중 있는 인물이 "조선하의 별칭이 칠도하七度河이며 이를 건너서 고북구에 당도했다"라고 『행정록』에서 기록했다면 우리는 그 기록을 사실로 믿어도 좋을 것이다.

또한 시기는 조금 뒤지지만 조선하에 대한 기록은 『석진지析津志』
에도 보인다. 『석진지』는 원元나라 말엽의 학자 웅몽상熊夢(蒙)翔이
원나라 대도大都 즉 오늘의 북경에 대해 기술한 책이다.

그런데 북경의 역사를 전문적으로 다룬 북경지방사지北京地方史志
인 『석진지』에 조선하와 습수濕水가 등장한다.[6] 이는 『무경총요』나
『왕기공행정록』과 일맥상통하는 기록이다.

지금 조하는 말이 없다. 그러나 1,000년 전 중국인에 의해 쓰여
져 『사고전서』에 실려 있는 『무경총요』와 『왕기공행정록』은 그 강
의 본래 이름은 조하가 아니라 조선하였고 이곳은 본래 밝달민족의
첫 통일국가 고조선의 터전이었다는 사실을 웅변으로 입증해주고
있다.

7. 고조선 사람들의 직접 기록 『고조선사기古朝鮮史記』

고조선의 역사를 연구하는 데 있어 최대의 걸림돌은 사료가 부족하
다는 것이다. 현존하는 『삼국사기』에는 고조선사를 아예 다루지 않
았다. 『삼국유사』에서는 제1권 고조선 조항에서 단군조선과 기자조
선을 언급하고 있으나 2천년에 달하는 고조선 역사기록이 단 몇 줄
에 지나지 않는다.

---

6 심백강, 「제1장 조선하」, 『잃어버린 상고사 되찾은 고조선』, 바른역사, 2014, 49-65쪽
  참조.

오늘날 고조선사가 실제 역사가 아니라 신화에 지나지 않는다거나 또는 원나라 때 항몽 의식을 고취시키기 위해서 만들어진 역사라는 이러한 허튼 소리가 나오는 이유를 사료의 빈곤에서 그 원인을 찾을 수 있다.

그렇다면 고조선은 과연 당시의 직접 사료가 존재하지 않는 후대 사람들에 의해 만들어진 신화에 불과한 것인가.

『산해경山海經』은 총 18편으로 구성된 동아시아에서 지리를 전문적으로 다룬 가장 오래된 책이다. 청淸나라 때 학자 오임신吳任臣은 『산해경광주山海經廣注』라는 『산해경』에 대한 주석서를 펴냈다. 진晉나라 사람 곽박郭璞의 『산해경주山海經注』를 바탕으로 그것을 널리 보완하는 형식을 취했기 때문에 그 이름을 『산해경광주』라고 한 것이다.

오임신의 『산해경광주』에는 고조선사와 관련해서 매우 중대한 사실이 언급되어 있다. 『산해경』에 나오는 「해내경海內經」과 「대황경大荒經」이 모두 『조선기』 즉 고조선의 역사를 기술한 『고조선사기古朝鮮史記』라는 것이다.

물론 이것은 청나라 사람 오임신의 독창적 주장은 아니다. 그가 「해내경」에 대해 설명하면서 「대황경」과 「해내경」을 모두 『조선기』로 간주했던 송나라 나필羅泌이 지은 『노사路史』의 주를 인용한 것이다. 그러나 오임신이 『산해경광주』에서 나필의 『노사』 주석을 인용하였다는 것은 오임신 역시 그러한 관점에 대해 찬동하였음을 반영한다.

『산해경』 안의 「해내경」을 고대조선의 역사를 기록한 『조선기』로 간주한 것은 비단 송나라 사람 『노사』의 주석에 국한된 것이 아

니다. 중국의 다른 여러 문헌들에서도 그와 같은 견해들을 확인할
수가 있다.

예를 들어『사고전서』에 실려 있는『설략說略』,『광박물지廣博物
志』,『산서통지山西通志』,『지유識遺』,『산대각주초사山帶閣註楚辭』,『의
요疑耀』,『명의名疑』,『강한총담江漢叢談』등과 같은 저술들에서도 역
시「해내경」을『해내조선기海內朝鮮記』또는『조선기』라고 표기하고
있는 것이다.

「대황경」과「해내경」은 그 내용상으로 볼 때 중원中原의 역사 기
록이 아닌 것은 분명하다. 그래서『한서漢書』「예문지藝文志」에서도
『산해경』을 소개할 때 13편이라 하고「대황경」이하 5편은『산해경』
에 포함시키지 않았다.

혹자는『산해경』에 포함된「대황경」이하「해내경」까지의 다섯
편을 선진先秦시대의 사료가 아닌 서한西漢시대 유흠劉歆의 저술로
보기도 한다. 그러나 송나라 시대에 저술된『노사』의 주석을 비롯
해서 중국의 여러 문헌에「해내경」을『조선기』로 표현하고 있는 것
을 본다면「대황경」과「해내경」은 유흠의 저술이 아니라는 것을 알
수 있다.

본래 조선의 역사를 기록한『조선기』였던 것을 서한시대에 유흠
이 황실의 도서를 정리하면서『산해경』에 잘못 포함시켰을 가능성
이 크다.

「해내경」은 조선국에 대한 설명으로부터 서두가 시작된다.「대
황경」에서는 소호국少昊國, 군자국君子國, 백민국白民國, 숙신씨국肅愼
氏國과 함께 요임금, 순임금, 치우 등에 대해 다루고 있다. 그 전체
내용상으로 볼 때, 고조선 사람이 고조선의 건국 이전과 이후의 역

사를 직접 기록한 『고조선사기古朝鮮史記』라고 보아 큰 무리가 없을 듯하다. 그렇다면 우리는 그동안 고조선의 직접사료를 옆에 두고도 무지로 인해 외면한 꼴이 되었다.

「대황경」과 「해내경」이 바로 고대 조선의 역사를 기록한 『조선기』가 확실하다면 우리는 상고사연구에서 사료의 빈곤이라는 난제에서 벗어나게 된다. 고조선은 만들어진 신화가 아니라 실재 역사라는 사실을 당시의 직접 기록을 통해 뒷받침하게 되어, 잃어버린 고조선의 실체를 되찾는 일이 꿈이 아니라 현실로서 다가오게 된 것이다.

다만 김부식과 일연이 일찍이 이런 사료들을 참고하여 『삼국사기』, 『삼국유사』에 포함시키지 못하고 빠뜨렸고 『고조선비사』와 같은 상고사 사료들은 유실된 탓으로 한국사가 망가 질 대로 망가진 오늘날에 이르러서야 비로소 『사고전서』를 통해 이런 사료들을 접하게 된 것이 천추에 한스러울 따름이다.

8. 결론을 대신하여 – 주류사학계, 이제는 침묵을 깨고 답할 때다

현재 한국의 강단을 장악하고 있는 역사학계의 주류세력들은 사료가 없다는 것을 핑계로 일제가 한국사를 말살하기 위해 조작한 고조선 신화설, 대동강 낙랑설을 광복이후 70여년 동안 고수해왔다. 그리고 『환단고기』를 바탕으로 단군조선 실재설, 갈석 낙랑설을 주장하는 재야사학계의 목소리를 일고의 가치도 없는 허황한 소리로 치부하면서 묵살하였다.

그러나 이제는 사정이 전혀 다르다. 『사고전서』 속에 숨겨져 있
던 고조선에 대한 자료가 공개됨으로서 발해의 모퉁이 요서에 있었
던 고조선왕국의 실체가 만천하에 드러나게 된 것이다.

그 권위와 가치를 세계가 인정하는 『사고전서』의 실증적이고 객
관적인 사료를 통해 고조선의 실체가 증명된 이상 주류사학계는 이
제 침묵과 무대응으로 일관할 것이 아니라 진실이 무엇인지 답해야
한다.

고조선은 한국사의 출발점이자 핵심이다. 고조선사가 바로서면
한국사 전체가 바로 선다. 『사고전서』의 요서고조선 기록이 틀렸다
면 주류사학계는 논리적으로 반박에 나서야 하며 『사고전서』 속의
한국사 관련 기록이 옳다면 주류사학은 자신들이 그동안 줄기차게
견지해온 고조선 신화설, 대동강 낙랑설의 오류를 깨끗이 인정하고
이를 과감하게 수용해야 한다. 언제까지 이 나라 역사를 식민사학의
연장선상에 방치해 둘 수만은 없는 일이 아닌가.

역사는 민족의 혼이다. 주류사학계가 기득권 방어를 위해서 일
제강점기 조선총독부가 조선사편수회를 통해 날조한 사대 식민사관
을 끝까지 집요하게 고수한다면 민족혼을 좀먹는 잘못된 역사교육
은 결국 나라를 망치는데 이르게 될 것이다. 광복 70여년을 맞은 대
한민국, 이제는 역사광복을 통해 진정한 광복, 온전한 광복을 이룩
하여 세계의 역사문화 선진국으로 우뚝 서야하며 또 다시 망국의 길
로 들어설 수는 없는 일이다.

광복이후 70년 세월이 흐르는 동안 다른 여러 분야는 세력교체
가 이루어졌다. 예컨대 정권의 경우도 보수에서 진보로 다시 진보에
서 보수로 정권의 교체가 있었다. 그런데 유일하게 보수 세력이 70

년 동안 장기집권을 하면서 변화를 모르는 집단이 역사학계이다.

그것은 그동안 실증사학을 내세운 이병도 등이 중심이 된 주류 역사학계의 논리, 다시 말하면 단군 신화설, 대동강 낙랑설을 깰 수 있는 객관적인 근거가 비주류사학계에 부족했던 것이 한 요인이었다고 본다.

그러나 이제는 저들이 위서라고 매도하던 『환단고기』가 아닌 그 사료적 가치를 온 천하가 인정하는 『사고전서』에서 대동강유역이 아닌 발해만 일대에 중원을 지배했던 고조선이 존재했다는 기록이 밝혀져 우리의 위대한 역사, 바른역사가 명백하게 드러났다.

독도문제는 일본이 뭐라고 떠들든지 거기 말려들 필요가 없으며 무대응으로 일관하는 것이 상책이 될 수 있다. 그러나 국사문제는 국가와 민족의 미래가 걸린 문제이다. 지난 70년 동안 잘못된 일본의 식민역사를 광복된 대한민국에서 가르쳐왔다는 것도 부끄러운 일인데 지금 바른역사를 되찾은 이 마당에 학계가 기득권을 지키기 위해 침묵으로 일관한다면 그것은 망국적인 행위로서 비판받아 마땅하다.

그러면 강단을 장악하고 있는 주류 역사학계가 지금처럼 기득권에 안주하며 계속해서 침묵과 무대응으로 일관 할 때 우리는 어떻게 대응해야 할 것인가. 거기에 대해 3가지 대안을 제시한다.

첫째 정부가 나서야한다. 얼핏 생각하면 학문의 영역은 전문가의 영역이라서 정부가 나서는 것이 합당하지 않다고 생각할 수 있다. 그러나 역사문제는 국가의 장래가 좌우되는 중대 사안이다.

한국에서 주류사학의 아성은 너무 견고하고 기득권을 지키기 위한 투지는 너무 집요하다. 저들은 이미 자정능력을 상실했기 때문에 역사학은 혁명이 요구되는 상황이다. 따라서 정부가 적극 나서서 강단과 재야, 민족사학의 목소리를 골고루 들어서 거중 조정하는 작업이 필요하다. 대통령 직속의 역사특보를 두어서 역사학 혁명의 총사령탑 역할을 담당하도록 해야 하고 대통령 명의로 강단, 재야, 민족사학자를 한자리에 모와 바른역사 정립을 위한 한국사대토론회를 개최하여 거기서 방향을 잡아야한다.

역사상에서도 그러한 선례를 찾아볼 수 있다. 중국의 서한 소제 昭帝 때 소금과 철강의 국영을 놓고 개혁파와 보수파간의 의견이 서로 대립하게 되자 황제의 초청으로 이들 두 세력을 한자리에 모와서 토론회를 개최하여 국정의 방향을 정하였다. 이때 두 진영에서 나온 토론의 결과를 기록으로 정리하여 후세에 남긴 것이 그 유명한『염철론』이란 책이다.

둘째 언론이 나서야한다. 민주주의 국가에서의 언론은 국민의 알권리를 충족시켜야할 의무를 지닌다. 일제 식민역사를 계승한 강단사학이 범한 오류를 뻔히 알면서도 이를 수수방관하고 강 건너 불구경하듯 한다면 그것은 언론의 책무를 다 하는 것이 아니다.

『환단고기』는 사실 위서가 아니라 우리민족의 바른역사이다. 단지 명나라의 속국이나 다름없던 이씨조선시대에 우리 민족의 찬란한 역사를 기록한 이런 사서들이 수난을 당하여 공개적으로 전해지지 못하고 비전으로 내려왔는데 그것을 오늘에 검증할 방도가 없을 뿐이다.

그동안 강단사학이『환단고기』를 위서로 취급하면서 식민역사를 대체할 뚜렷한 다른 대안이 존재하지 않는 상황에서는 언론이 실제 어떤 역할을 하기가 어려운 점이 있었다. 그러나 지금은『환단고기』

가 아닌 『사고전서』를 통해 고조선으로부터 신라에 이르기까지 우리의 바른역사가 새롭게 밝혀졌다.

이제는 조선, 중앙, 동아가 종전처럼 역사문제에 대해 방관하는 자세로 일관할 것이 아니라 지면을 최대한 할애하여 토론의 장을 마련해서 강단사학, 재야사학, 민족사학이 역사의 핵심 사안에 대해 공개적으로 논쟁을 벌이는 기회를 제공하고 거기서 걸러진 내용을 가지고 국사편찬위원회에 건의해서 국사교과서 편찬에 반영되도록 해야 한다. 그것이 오늘 한국의 대표언론이 져야할 책무이자 풀어야 할 시대적 과제이다.

국영방송인 KBS는 100분 토론에 고조선논쟁을 주제로 올려서 전 국민들에게 강단사학, 재야사학, 민족사학의 주장을 여과 없이 생생하게 전달하여 국민들이 듣고 스스로 판단하도록 하는 것도 식민역사를 청산하고 바른역사를 세우는 하나의 방법이 될 것이다.

셋째 국민이 나서야 한다. 민주주의 국가에서 국가의 주인은 국민이다. 대통령이나 장관이 아니라 국민의 의지가 국가의 미래를 결정한다. 현재 자정능력을 이미 상실한 역사학계에 맡겨두어서는 한국의 식민역사는 바뀌어 질 희망이 없다. 나라의 주인인 국민의 한 사람의 힘은 약하다. 그러나 식민역사를 청산하고 바른역사를 세우자는 국민의 목소리가 거대한 물결이 되어 온 나라를 뒤덮을 때 역사학의 혁명은 꿈이 아니라 현실로 다가온다.

정부가 불간섭주의를 배제하고 적극적으로 나서서 거중 조정하여 대안을 마련하고 언론이 수수방관하는 태도를 지양하고 적극적으로 나서서 상호 토론의 장을 만들어 바람직한 방안을 모색하고 국민이 나 몰라라 하는 소극적인 태도를 버리고 적극적으로 나서서 식민사학의 청산과 바른역사의 정립을 외치는 삼박자가 맞아 떨어질 때 한국 역사학의 혁명이라는 대업은 성공적으로 마무리 될 수 있을 것이다.

● **참고문헌**

『사고전서』

「경부」

「사부」

「자부」

「집부」

심백강, 『사고전서 사료로 보는 한사군의 낙랑』, 바른역사, 2014.

심백강, 『잃어버린 상고사 되찾은 고조선』, 바른역사, 2014.

심백강, 『교과서에서 배우지 못한 우리역사』, 바른역사, 2014.

동북아역사재단 발표자료

2
...

『사고전서四庫全書』를 통해서 본
연燕나라와 고조선의 경계

1. 머리말

한국의 강단사학은 광복 이후 일본의 식민사학과 중국의 동북공정
이 내세운 고고학에 기대며 그 이론과 관점을 맹신하고 『사고전서』
와 같은 문헌사료를 바탕으로 한국의 독자적인 이론과 관점을 제대
로 세우지 않았다. 오늘 한국의 강단사학이 생기를 잃은 채 죽어가
고 있는 요인이 여기에 있다고 본다.

2,000년 전 서한시대의 학자 유향劉向에 의해, 황실도서를 정리하
던 중 발견되어, 4천 년 전 하나라 우왕시대 백익伯益의 저술로 평가
된 『산해경』에는 "발해의 모퉁이에 나라가 있으니 그 이름을 조선이
라 한다"라는 기록이 있다.[1] 고조선이 대동강 유역에 있었다면 왜
4,000년 전의 기록에 "발해의 모퉁이에 고조선이 있다."라고 나오겠
는가.

서한시대의 회남자淮南子는 "갈석산 동쪽에 고조선이 있다"라고
말했다.[2] 갈석산이 어디인가. 하북성 동남쪽에 있던 산이다. 고조선
이 대동강 유역에 있었다면 왜 2,000년 전 유방의 손자인 회남자가
고조선을 말하면서 갈석산을 들먹였겠는가.

1,500년 전 남북조시대의 대표적인 문인이었던 유신庾信이 쓴 두
로 영은豆盧 永恩의 비문에는 하북성 동쪽 선비족의 발상지 시라무렌
강 유역에서 고조선이 최초로 건국되었다고 적혀 있다.[3] 고조선이
대동강 유역에서 건국되었다면 1,500년 전 선비족 두로 영은의 비문
에 왜 "조선건국"이라는 네 글자가 쓰여 있는 것인가.

송나라 때 국가에서 편찬한 『무경총요武經總要』에는 "북경을 지나
서 고북구를 가는 중간에 조선하가 있다"라고 말하였다.[4] 고조선이
대동강 유역에 있던 초라한 변방 국가였다면 왜 1,000여 년 전 중국
의 사서에 조선하가 북경 북쪽을 흐르는 강으로 등장하는가.

1,000년, 2,000년, 4,000년 전의 중국 기록에 나오는 갈석산, 조선
하는 어디로 갔는가. 왜 우리의 역사교과서에는 갈석산과 조선하는
보이지 않고 청천강, 대동강, 압록강만 보이는 것인가.

우리의 조상들이 손수 쓰신 『고조선비사』, 『고구려유기』, 『백제
서기』 이런 책들이 오늘날에 전해졌다면 갈석산 동쪽에서 발해를
깔고 앉아 대륙을 지배한 우리민족의 찬란한 역사를 보다 실감나게

---

1 『산해경』「해내경」"東海之內 北海之隅 有國 名曰 朝鮮"
2 『회남자』「시칙훈」"東方之極 自碣石山 過朝鮮 貫大人之國"
3 『유자산집庾子山集』 권14「두로공신도비豆盧公神道碑」"朝鮮建國 孤竹爲君"
4 『무경총요』 권16「북번지리北番地理」에 "過朝鮮河 九十里 北至古河口"라고 보인다. 송
　나라 왕증王曾의 『행정록行程錄』에는 고하구古河口가 고북구古北口로 기록되어 있다.

만날 수 있었을 것이다.

사실 중국의 고대 문헌에 나타나는 고조선 관련 기록은 위대한 고조선사의 편린에 불과할 뿐이다. 이는 고조선을 미화하기 위해서가 아니라 저들이 중국 역사를 기록하면서 고조선이 대륙에 남긴 발자취가 워낙 장대하다보니 마지못해 한마디씩 던져놓은 것이다. 그런데 한국의 강단사학은 우리민족의 긍지를 보여주는 이런 기록들은 덮어두고 못 본척하면서 자료가 부족하다는 투정만 하고 있다.

한국의 강단사학은 갈석산과 조선하를 우리의 고조선사에서 지워버렸다. 갈석산과 조선하는 한국사에서 흔적도 없이 사라졌다. 그리고 그 자리는 모두 중국의 연나라 영토에 편입시켰다. 고조선을 말살하는데 동원된 주요 무기가 전국시대의 연나라요 그것의 이론적 근거가 『위략魏略』의 '만번한滿潘汗' 기사인 것이다.

이제 아래에서 하북성 서남쪽에 둥지를 튼 연나라는 건국 후 멸망할 때까지 그 강역이 하북성 동남쪽을 넘어본 일이 없는 약소국가였으며 고조선은 하북성의 갈석산 동쪽 발해만을 깔고 앉아 대륙을 지배한 강대한 국가였는데 그동안 이 양자의 역사가 그 진상이 완전히 뒤집히게 된 내막을, 『사고전서』를 통해서 실증하고자 한다.

『사고전서』는 청나라 건륭시대에 근 8만권으로 편찬되어 만리장성, 경항京杭운하와 함께 3대기적의 하나로 평가되는 사료의 보고이다. 다만 명, 청시대 이후의 중국자료는 민족주의가 강화된 탓으로 역사에 대한 자의적 왜곡이 많아 사료적 가치가 크게 떨어진다.

따라서 본 연구는 사료의 오염도가 비교적 적은 당, 송시대 이전의 사료를 중심으로 연구를 진행할 것이다. 이를 통해 우리 대한민국 국민들이 웅대한 고조선의 바른역사를 재인식하고 민족적 자긍심을 드높이는 계기가 되기를 기대한다.

2. 연燕나라는 어떤 나라인가

1) 연나라의 중심지

연나라는 중국 서주西周 왕조의 분봉을 받은 희성姬姓 제후국이다. 소공召公의 분봉으로부터 진왕秦王 영정嬴政 25년(서기전 222년)에 멸망하기까지 43대 군왕을 배출했고 823년 동안 존속했다. 서주시대에 건국되어 전국시대까지 존속한 연나라의 중심지는 과연 어디였는가.

사마천『사기』「화식열전」에 "대저 연나라는 또한 발해와 갈석의 사이가 하나의 도회지이다. 남쪽으로 제나라, 조나라와 통하고 동북쪽으로는 호와 변경을 마주하고 있다.(夫燕亦渤竭之間 一都會也 南通齊趙 東北邊胡)"라고 하였다.

이는 연나라의 전체 강역 중에서 발해와 갈석산의 중간지대가 연나라의 도회지, 즉 중심 지대였음을 말해준다. 또 연나라의 도회지는 "남쪽으로 제나라, 조나라와 통한다"라는 사실도 언급하였다.

반고의『전한서』「지리지」에는 "계는 남쪽으로 제나라, 조나라와 통한다. 발해, 갈석의 사이에 있는 하나의 도회지이다.(薊南通齊趙 渤碣之間一都也)"라고 하였다. 다음은 이에 대한 당나라 안사고의 주석이다. "계현은 연나라의 도읍지이다. 발은 발해이고 갈은 갈석산이다.(薊縣 燕之所都也 渤渤海也 碣碣石也)"

사마천은 발해와 갈석산의 사이가 연나라의 중심지대라고 말하고 그 지역의 구체적인 지명은 말하지 않았다. 그런데 『전한서』에는 연나라의 중심지가 발해와 갈석산의 사이에 있는 '계'라고 지명을 꼭 집어서 말하고 있다.

전국시대에 제나라는 산동성 동쪽에, 조나라는 하북성 남쪽에 있었다. 그리고 하북성의 동북쪽에는 산융, 동호가 있었다. 그런데 발해와 갈석산의 사이에 위치한 연나라의 도회지 즉 중심지가 남쪽으로 "제나라, 조나라와 통했다."라고 『사기』, 『전한서』에서 말한 것을 본다면 연나라의 중심지는 하북성 남쪽에 있었다는 사실을 확실하게 알 수 있다.

그리고 연나라의 중심지 즉 수도가 하북성 남쪽 역수 유역에 있었다는 것을 『태평환우기』의 다음 자료가 보다 명확하게 설명해 준다. "연나라가 왕을 자칭한지 10대째 되던 진시황시대에 이르러 연나라를 멸망시키고 36군을 설치했다. 연나라의 도읍지와 연나라의 서쪽 강역을 상곡군으로 삼았다.(燕稱王十葉 至始皇滅燕 置三十六郡 以燕都及燕之西陲 爲上谷郡)"⁵

진시황은 천하를 통일한 후 봉건제를 군현제로 바꾸고 총 36군을 설치했는데 이때 연나라의 수도가 위치했던 지역과 연나라의 서쪽강역을 합쳐서 상곡군으로 만들었다. 진나라의 상곡군은 어디인

---

5 『태평환우기』「하북도 유주」 조항에 나오는 내용이다.

가. 현재의 하북성 서쪽 탁록 일대로부터 그 남서쪽에 해당하는 지역이다.

『사기』와 『전한서』가 모두 발해와 갈석산의 사이를 연나라의 도회지, 즉 중심지로 보았는데 『태평환우기』에서는 그곳이 진제국시대에 상곡군이 되었다고 말했다. 진시황시대의 상곡군은 하북성 서남쪽에 해당한다. 그렇다면 여기서 말하는 갈석산은 하북성 서남쪽에 있던 갈석산을 가리킨 것이며 현재의 하북성 동쪽 창려현의 발해 연안에 있는 갈석산이 아니다.

현재의 하북성 동쪽에 있는 창려현 갈석산은 발해와 딱 붙어 있어 발해와 갈석산 사이의 도회지가 형성될만한 공간지대를 찾기 어렵고 진제국시대 북경시 서남쪽에 설치했던 상곡군과는 거리상으로도 너무 멀리 떨어져 있다. 그리고 갈석산은 한족과 동이족, 연나라와 고조선을 가르는 분계선으로 동서로 길게 뻗어 천연적인 경계를 이루었다. 그런데 창려현의 갈석산은 발해 연안에 우뚝 치솟은 경관이 수려한 산일뿐 동서로 길게 뻗은 경계를 이루는 산과는 거리가 멀다.

현대 중국에서는 요녕성 호로도시 수중현에 갈석궁 유적을 만들어 놓았다. 중국학계는 이곳을 진시황의 행궁行宮 터로 본다. 그러나 당송시대 이전의 중국 문헌에서 요녕성에 갈석산이나 갈석궁이 있었다는 기록은 찾아볼 수 없다.

『전한서』, 『통전』, 『태평환우기』에서 말한 갈석산, 갈석궁, 갈석관은 바로 『사기』 「소진열전」의 "연나라 남쪽에 갈석산과 안문산이 있다." 라고 말한 그 갈석을 가리킨다. 이 갈석산은 오늘날의 호타하, 역수 부근에 있었다. 현재의 하북성 보정시 역현, 서수현 부근의 백석산白石山(狼牙山)이 바로 이 전국시대 역수유역의 갈석산이라고 본다. 이곳 역수유역의 백석산, 즉 갈석산으로부터 동쪽으로 발해까지의 중간지대가 연나라의 도회지, 즉 중심지대였던 것이다.

그러니까 연나라의 전체 강역 중에서 서쪽으로 백석산, 동쪽으로 발해의 중간지대 예컨대 현재의 하북성 남쪽 역현, 내수현, 용성현, 신성현, 고안현 일대가 연나라의 중심에 위치한 지역이었으며 특히 연나라의 국도 '계'는 역현 부근에 있었던 것이라고 하겠다.

2) 연나라의 토착민

『서경書經』「순전舜典」에 "만이활하蠻夷猾夏"라고 나온다. '만이'는『서경』에서 보는 바와 같이 상고시대에 서쪽의 화하족이 동남방의 이민족을 지칭하는 개념으로 쓰였다. 연나라는 서주의 화하족이 동남쪽의 만이족을 공격하여 그 땅을 빼앗아 지금의 하북성 서남쪽에 세운 나라이다.

이 지역은 서주가 연나라를 세우기 이전까지는 화하족의 땅이 아니라 만이족의 땅이었다. 만이는 '만'은 남쪽의 만족, '이'는 동쪽의 이족을 가리키는 것으로 동북과 동남방에 거주하던 우리 동이민족의 통칭이었다.

"과인은 만이족이 사는 궁벽한 지역에서 살고 있다.(寡人蠻夷僻處)" 이것은 연 소왕이 자기 입으로 직접 한 말로서『전국책』「연책」소왕 조항에 나온다. 연 소왕시대는 연나라가 건국된 지 700여년이 지나 완전히 한족의 지배체제가 정착된 시기이다. 그런데도 소왕은 자신이 한족의 땅이 아니라 만이의 땅에 살고 있다고 푸념을 하였다.

여기서 소왕이 말하는 '만이'는 다음의 『사기』 「조선열전」에 나오는 '만이'와 동일한 '만이'이다. "위만이 망명하여 무리 1,000여명을 모와 상투를 틀고 만이의 옷을 입고 동쪽으로 도망쳐 변경을 빠져나갔다.(滿亡命 聚黨千餘人 魋結蠻夷服 而東走出塞)" "점차 진번 조선 만이족 및 연나라, 제나라에서 망명한 자들을 복속시켜 왕으로 되었다.(稍役屬眞番朝鮮蠻夷及燕齊亡命者王之)"

위만이 고조선으로 갈 때는 한족 옷을 벗어버리고 만이족의 옷으로 갈아입고 갔다. 또 패수를 건너서 고조선지역으로 와서는 진번 조선 등 만이족 국가와 연나라, 제나라 등 한족지역에서 망명 해온 사람들을 복속시켜 나중에 고조선 제후국의 왕으로 되었다. 『사기』에 나오는 이런 기록을 본다면 연나라 소왕이 언급한 '만이'는 사실 우리 고조선 민족과 그들의 동족을 가리킨다고 해도 과언이 아니다.

『산해경』 「해내북경」에 따르면 고조선은 "해북산남海北山南" 즉 발해의 북쪽, 갈석산 남쪽에 위치하고 있었다. 그러니까 서주의 제후국 연나라가 건국되기 1,000여 년 전부터 갈석산 남쪽과 발해의 북쪽에서 터전을 이루고 살아온 나라가 고조선이다.

연나라는 지금으로부터 약 3,000년 전에 갈석산 서쪽 만이족의 땅에 둥지를 틀고 고조선과 경계를 마주한 이웃나라가 되었던 것이다. 아마도 이 지역에는 원래 고조선과 동족인 산융족이 살았을 것인데 연나라의 침략으로 인해 더 북쪽으로 쫓겨 갔을 것이다.

뒤에 연나라가 산융족의 침략을 받아 위기에 처하자 제환공이 연나라를 구제하기 위해 군사를 이끌고 산융, 고죽을 정벌한 기록이 『관자』에 나오는데 사실은 이때의 전쟁은 산융족의 입장에서 보면 연나라에 대한 침략전쟁이 아니라 빼앗긴 고토를 회복하기 위한 차

원에서 일으킨 전쟁이었던 것이다.[6]

우리는 지금 연나라라고 하면 한족 국가를 떠올린다. 그러나 연나라의 대다수 토착민은 만이족이고 이들은 우리와 뿌리를 같이하는 동이민족이었다. 연나라가 건국한 갈석산 서남쪽은 서주가 연을 건국하기 이전까지는 본래 고조선의 형제들이 살던 우리 동포의 땅이었던 것이다.

3. 연나라의 전성기 소왕시대

1) 연 소왕은 누구인가

소왕(서기전 335-서기전 279)은 중국 전국시대 연나라의 제 39대 임금이다. 쾌왕의 아들로 태어나 서기전 312년부터 서기전 279년까지 33년 동안 재위했다. 그 아버지 쾌왕은 무능한 군주로서 요순의 양위를 흉내 내다가 국가가 혼란에 빠졌고 이웃 제나라는 그 혼란을 틈타 연나라로 쳐들어 왔다.

『맹자』에는 이때 제나라가 연나라를 공격하여 승리를 거둔 내용이 상세히 기록되어 있는데 불과 50일 만에 연나라를 완전히 점령하여 "연나라의 조상을 모신 사당인 종묘를 헐어버리고 국가가 소장한 국보급의 중요한 물건들을 제나라로 가져갔다(毁其宗廟 遷其重器)"

---

6 이와 관련된 기록은 『관자』「소광」, 『국어』「제어」 등 여러 문헌에 나온다.

라고 적혀 있다.[7]

국가가 존망의 기로에 선 위기의 시대에 아버지 쾌왕을 이어 왕위에 오른 소왕은 즉위 초기 내란으로 기울어진 국가를 바로세우고 제나라의 침략에 대한 원수를 갚기 위해 몸을 낮추고 폐백을 후하게 하여 훌륭한 현자를 초빙하고 유능한 인재를 받아드리는 정책을 시행했다.

금빛 찬란한 호화로운 궁전을 지어 현명하고 유능한 인재들을 맞아들여 거기서 거주하도록 했고 풍경이 아름다운 물가에 높고 아름다운 누각을 지어 황금 수천 냥을 가득 쌓아놓고 이를 현자들에게 예우하는 선물로 나누어 주었다.[8]

이때 모여든 인재들이 곽외郭隗, 추연騶衍, 소진蘇秦, 극신劇辛 등이다. 악의樂毅 역시 이 시기에 위魏나라에서 연나라로 왔다. 소왕은 이들 유능한 인재들을 중용하고 내정을 개혁하여 국가가 차츰 부강해져 갔다.

이에 소왕은 악의를 중용하여 상장군으로 삼아 제나라의 공격에 나섰다. 진秦, 초楚, 조趙, 위魏, 한韓 5국과 연합군을 형성하여 제나라를 공격했고 단숨에 제나라의 70여성을 점령했다. 제나라는 그 넓은 강토가 단지 거莒, 즉묵卽墨 2성만 남고 모두 함락되는 위기에 직면했다. 그러나 애석하게도 소왕은 제나라가 멸망하기 일보직전인 서기전 279년에 세상을 떠나고 말았다. 그 뒤를 이어 아들 혜왕이

---

7 『맹자』 「양혜왕 하」 "今燕虐其民 王往而征之 民以爲將拯己於水火之中也 簞食壺漿 以迎王師 若殺其父兄 系累其子弟 毀其宗廟 遷其重器, 如之何其可也"
8 이와 관련 된 기록은 『태평환우기』 「하북도 역주易州」 역현易縣 조항에서 자세히 살펴볼 수 있다.

즉위하였다.

혜왕은 평소 악의와 사이가 좋지 않았다. 그러한 약점을 이용하여 제나라에서는 연나라에 간첩을 들여보내 악의를 모함했다. 악의는 얼마 뒤 면직되었고 그 자리에는 무능한 기겁騎劫이 임명되었다. 연나라로의 귀국이 불리하다고 판단한 악의는 부득이 조나라로 망명하는 극단적인 방법을 선택했다.

기겁은 제나라와의 전투에서 대패하여 전사했다. 악의 없는 연나라 군대는 제나라의 상대가 되질 못했다. 얼마 후 제나라는 다시 잃었던 70여성을 모두 회복하였다. 소왕은 제나라를 쳐서 대승을 거두었으나 그의 갑작스런 죽음과 아들 혜왕의 어리석은 처사로 인해 다시 원점으로 회귀하는 상태가 되고 말았다.[9]

동호를 공격하여 동방의 영토를 개척한 것을 소왕의 업적으로 들 수 있다. 그러나 그것은 전국시대라는 당시의 전체판도로 볼 때 미미하기 이를 데 없는 것이었다. 소왕은 연나라를 강대하게 만든 임금이 아니라 제나라에 대한 복수를 감행했던 임금이라고 말하는 것이 정확한 표현이 될 것이다.

2) 소왕시대 이전의 연나라 강역

『전국책』「연책」에는 다음과 같은 내용이 기재되어 있다. "연나라는 동쪽에는 조선, 요동이 있고 북쪽에는 임호, 누번이 있고 서쪽에는

---

9 이에 대한 자세한 내용은 『사기』「연소공세가」, 「악의열전」 등에서 살펴볼 수 있다.

운중, 구원이 있고 남쪽에는 호타하, 역수가 있는데 지방이 2,000 리쯤 된다.(燕東有朝鮮遼東 北有林胡樓煩 西有雲中九原 南有滹沱易水 地方二千里)"

소진이 연나라 군주인 문후(서기전 361-서기전 333)에게 한 이 말 속에는 오늘날 문후시대 연나라의 위치를 파악할 수 있는 중요한 내용이 담겨 있다. 현재의 내몽고자치구 호화호특시呼和浩特市 탁극탁현托克托縣 고성촌古城村 서쪽에 전국시대 운중군의 옛 성터가 보존되어 있다.

구원군은 운중군에서 좀 더 서쪽에 위치한 지역이다. 지금의 내몽고 호화호특시 서쪽에 있는 포두시包頭市 일대가 그 지역으로 오납특전기烏拉特前旗 부근에 유적이 보존되어 있다. 이는 서기전 300년 전후 춘추전국시대에 조나라가 흉노의 땅을 빼앗아 쌓은 군청의 청사 유적으로 중국학계에서는 보고 있다.

연나라의 남쪽 국경선에 위치했던 호타하와 역수는 현재 하북성 보정시 부근에 있는 강으로 북경시에서 남쪽으로 멀리 떨어진 곳에 위치해 있다.[10]

연나라의 강역이 2,000 리였는데 그 서쪽 국경이 지금의 내몽고 서쪽 포두시 부근이고 그 남쪽 국경이 호타하, 역수부근이었다면 연 문후 당시에 연나라의 강역은 현재의 내몽고 서쪽, 산서성 동쪽, 하북성 서남쪽에 걸쳐 2,000 리를 소유하고 있었다는 사실을 알 수 있다.

특히 고대 중국인의 숫자를 표현하는 방식은 완성된 숫자를 기

---

10 김경방金景芳, 「전국칠웅戰國七雄」, 『중국노예사회사中國奴隸社會史』, 상해인민출판사, 1983, 361쪽, 조운전, 「진한시기의 북강」, 『북강통사』, 중주고적출판사, 2002, 45-47쪽 참조.

록하는 것이 하나의 상례처럼 되어 있었다. 예컨대 연나라의 강역이 1,700 리였을 경우 이를 사실대로 기록하지 않고 2,000 리로 기록한다. 1,700이라는 미완의 수보다는 거기에 300을 채워서 2,000이라는 완성의 숫자를 기록하는 특성이 있었다.

이런 차원에서 본다면 문후시대 연나라의 강역은 소진은 비록 2,000 리쯤 된다고 말했지만 실제는 2,000 리가 채 안되었다고 보는 것이 맞을 것이다. 만일 2,000 리를 초과했다면 성수를 말하기를 좋아하는 저들의 원칙에 따라 2,000 리가 아닌 3,000 리로 표현했을 가능성이 있기 때문이다.

연 소왕은 문후가 퇴위한지 불과 21년 후에 왕위에 오른 인물이다. 소진의 다소 과장이 섞인 표현가운데도 문후시대의 강역이 2,000 리쯤 된다고 말한 것을 본다면 소왕시대 이전의 연나라 강역은 1,000 리는 넘었지만 2,000 리가 채 안 되는 작은 나라였던 것이 분명하다고 하겠다.

3) 전성기 소왕시대의 연나라 강역

연나라는 소왕시대에 국력이 다소 신장되고 강역이 확대되었다. 『한서』 「지리지」에는 연나라의 확대된 강역의 넓이를 다음과 같이 설명하고 있다.

"서주무왕이 은나라를 평정한 후 소공을 연 땅에 봉했다. 그 뒤 36대에 이르러 다른 6국과 함께 왕을 자칭하였다. 동쪽에는 어양, 우북평, 요서, 요동이 있고 서쪽에는 상곡, 대군, 안문이 있다. 남쪽으로는 탁군의 역, 용성, 범양을 얻었다. 북쪽으로는 신성, 고안, 탁현, 양향, 신창 및 발해의 안차가 다 연나라의 분야이다. 낙랑, 현도 역시 여기에 속해야한다.(武王定殷 封召公于燕 其后三十六世 與六國俱稱王 東有漁陽 右北平 遼西 遼東 西有上谷 代郡 雁門 南得涿郡之易 容城 范陽 北新城 故安 涿縣 良鄕 新昌 及渤海之安次 皆燕分也 樂浪 玄菟 亦宜屬焉)"

『전국책』에 나오는 연 문후시대의 기록에는 "연나라의 동쪽에 조선과 요동이 있다"라고 되어있다. 이는 요동이 연나라의 영토가 아니라 강역밖에 있었음을 의미한다. 그런데 『한서』「지리지」에는 요동군이 연나라의 5군 중의 하나로 기술되어 있다. 그리고 문후시대에는 보이지 않던 상곡군, 어양군, 우북평군 등이 연나라의 강토에 포함되어 있는 것을 볼 수 있다.

상곡군, 어양군, 우북평군, 요서군, 요동군 이 5군은 소왕시대에 연나라 장수 진개秦開가 동호의 땅 1천리를 빼앗아 설치한 군이다. 그래서 문후시대의 강역을 설명한 『전국책』에는 이 5군이 보이지 않는다. 그런데 『한서』「지리지」에는 연나라의 강역에 5군이 포함되어 있는 것으로 봐서 이 내용은 연나라가 소왕시대에 이르러 북방으로 강토를 넓힌 전성기시대의 강역을 설명한 것임을 알 수 있다.

동방의 5군을 뺀 나머지 지역, 즉 소왕시대 이전의 연나라 강역으로 거명된 지명들은 오늘날에도 중국지도상에서 그 대부분의 확인이 가능하다. 하북성 탁주시 남쪽에 용성, 신성, 고안현 등의 『전한서』에 나오는 연나라의 옛 지명들이 그대로 보존되어 있다.

『전국책』「연책」, 『전한서』「지리지」의 기록을 통해서 본다면 연나라는 소왕 이전에는 내몽고 서쪽과 산서성 동쪽, 하북성 서남쪽

탁주시, 보정시 사이에 걸쳐서 동서로는 길고 남북으로는 짧은 왜소한 강역을 소유하고 있었다.

이때까지는 하북성 북쪽의 북경시 일대는 연나라 강역에 포함되지 않았다. 그런데 소왕시대에 이르러 진개의 간교한 계략에 의해 동호의 땅 1,000리(2,000리라는 설도 있다)를 탈취하여 여기에 장성을 쌓고 상곡군, 어양군, 우북평군, 요서군, 요동군을 설치하여 동방으로 영토를 확장하게 된 것이다.

그런데 우리가 여기서 주목할 것은 이때 연나라의 진개가 동호 땅을 빼앗아 설치한 5군이 모두 현재의 하북성 서쪽과 북쪽, 동쪽에 위치하고 있었다는 사실이다.

가령 상곡군은 군청 소재지가 하북성 장가구시張家口市 회래현懷來縣 부근에 있었다. 큰 산골짜기 위에 군청의 청사가 설치되었기 때문에 그래서 명칭을 상곡군이라고 하였다.

어양군은 군청 소재지가 지금의 북경시 동북쪽의 밀운현 일대에 있었다. 어수漁水 즉 현재 백하白河의 북쪽에 있었기 때문에 어양군이라고 하였다. 우북평군은 군청 소재지가 지금의 내몽고 영성현 서남쪽에 있었고 요서군, 요동군은 하북성 당산시, 천진시, 보정시 부근에 있었다. 진개가 동호의 땅을 빼앗아 설치한 5군이 모두 오늘날의 북경시 서쪽, 북쪽, 동쪽 지역에 위치하였던 것이다.

이것은 진개가 동호의 땅을 빼앗기 이전에는 오늘날의 하북성 서북쪽의 장가구시로부터 북경시 동남쪽에 이르기까지 발해만 유역 일대가 모두 연나라의 땅이 아니었다는 유력한 증거가 된다.

이렇게 본다면 연나라는 소왕시대 이전에는 지금의 내몽고자치구 서쪽, 산서성 동쪽, 하북성 서남쪽에 걸쳐 1,000여 리의 강토가 있었고 그 전성기인 소왕시대에 이르러 동방으로 강역을 넓혀서 북경시를 중심으로 그 서쪽, 동쪽, 남쪽 땅을 소유하게 되었던 것이다. 그러므로 연나라는 그 이전은 물론 전성기인 소왕시대의 강역도 오늘날의 하북성 동남쪽을 벗어나지 못했던 것이 분명한 것이다.

그리고 여기서 말하는 발해는 한나라 때 설치한 행정구역으로서의 발해군을 가리킨다. 하북성 동남쪽 발해만 지역에 있었다. 『한서』 「지리지」에 의하면 발해군에 안차현이 소속되어 있는 것을 볼 수가 있다. 발해군은 한 고조시대에 최초로 설치하여 부양浮陽 즉 현재의 하북성 창주시滄州市 창현滄縣을 치소로 했다. 오늘날로 말하면 하북성 창주시 동부, 산동성 덕주시 동북부(악릉, 경운일대) 산동성 빈주시 북부가 여기에 해당하는 지역이다.

『한서』 「지리지」의 기록을 통해서, 연나라 때는 한의 발해군 전체가 아니라 발해군 중에서 안차현 1개 지역만이 연나라의 강역에 포함되어 있었다는 사실을 알 수 있다. 그리고 『한서』 「지리지」는 "낙랑, 현도도 연나라에 속한다."라고 말하지 않고 "낙랑, 현도 역시 연나라에 속해야한다.(樂浪 玄菟 亦宜屬焉)"라고 말했는데 여기서 '의宜'자를 사용하여 강조한 것을 보면 이는 어디까지나 추측기사임을 미루어 알 수 있다.

한나라의 발해군은 현재의 하북성 창주시 동부, 산동성 덕주시 동북부(악릉, 경운일대) 산동성 빈주시 북부에 있었고 낙랑군은 그 동북쪽의 진황도시, 당산시, 천진시, 보정시 일대에 있었다고 본다. 그렇다면 연나라 소왕 때 낙랑군과 현도군 전역이 모두 연나라에 소속되었을 수 없고 다른 문헌 기록과도 맞지 않는다. 아마도 발해군 중의 안차현 하나가 연나라에 소속되었던 것처럼 발해군과 이웃해 있

던 낙랑군 지역도 그 중의 1, 2개현이 연나라 땅에 포함되었을 가능
성은 있다고 하겠다.

4) 연나라는 강대국이 된 적이 없다

『전국책』「연책」 문공 조항에 "연나라는 약소국이다.(燕弱國也)"라고
보인다. 소진이 연나라의 봉양군奉陽君 이태李兌와 나눈 대화 가운데
나오는 말이다. 봉양군은 연나라의 고위관료다. 연나라가 약소국이
었다는 것은 위로는 임금과 관료, 아래로는 일반백성에 이르기까지
모두가 다 인정하는 사실로서 대화에서 자연스럽게 흘러나오는 이
야기였다. 말하는 사람이나 듣는 사람 모두 이를 전혀 거북하게 여
기거나 자존심 상하게 생각하지 않았다.

"과인의 나라는 약소국이다. 서쪽으로는 강한 진나라와 마주했고
남쪽으로는 제나라, 조나라와 가깝다. 제나라, 조나라는 강대국이
다.(寡人國小 西迫强秦 南近齊趙 齊趙强國也)" 이것은 연나라 문후가 한
말이다. 『전국책』에 나온다. 연나라의 최고 통치자의 뇌리에는 항상
진나라, 제나라, 조나라는 강대국이고 연나라는 약소국이라는 관념
이 박혀 있었음을 보여준다.

"무릇 천하에 7개의 전국이 있는데 연나라는 약소국에 속한다.
(凡天下之戰國七而 燕處弱焉)" 이것은 『전국책』「연책」의 쾌왕噲王(서기
전 320-서기전 312) 조항에 나오는 내용이다. 쾌왕은 소왕의 아버지로
서 역왕의 뒤를 이어 9년 동안 재위하였다. 그러나 쾌왕시대에도 국
력은 크게 신장되지 않았다. 전국 7웅 중에서 가장 약소국가로 머물
러 있었던 사정을 쾌왕의 이 기록이 잘 대변해 주고 있다.

『전국책』쾌왕 조항에서는 또 연나라는 약소국이라 "강대한 나라를 잘 섬기는 것이 국가가 영원히 안녕을 도모할 수 있는 가장 좋은 계책이다(事强可以令國安長久 萬世之善計)"라는 사실을 말하고 있다.

국가의 최고 통치권자가 연나라는 약소국이므로 강대국을 잘 섬겨서 국가의 안정을 도모하는 것이 최상의 방책이라고 믿었던 것을 본다면 소왕의 아버지 쾌왕시대의 연나라가 강대국이 아니었던 것은 너무나도 분명한 사실이다.

쾌왕의 뒤를 이어 망해가던 연나라의 왕에 취임한 인물이 바로 소왕이다.

사마천은 『사기』 「연소공세가」에서 서주의 소공이 연에 분봉된 이후 연 희왕시대에 이르러 진시황에 의해 멸망하기까지의 연나라 800년 역사를 다루고 그것을 총평하는 글에서 다음과 같이 썼다.

> "연나라가 밖으로는 만맥과 인접하고 안으로는 제나라, 진나라 중간에 끼어 있었다. 기구하게 강대국들 사이에 끼어있던 가장 약소한 나라로 거의 멸망 직전까지 간 것이 한 두 번이 아니었다.(燕外迫蠻貊 內措齊晉 崎嶇强國之間 最爲弱小 幾滅者數矣)"

사마천의 이 총평은 연나라가 시종일관 약소국가로 존재했으며 강대국이 된 적이 없다는 사실을 잘 말해주고 있다. 연나라가 만일 소왕시대에 강대국으로 부상했다면 사마천이 왜 그 점을 대서특필하지 않고 "강대국들 사이에 낀 가장 약소한 나라였다"는 사실만을 부각시켰겠는가.

연나라는 서기전 222년에 진시황에 의해 멸망했다. 이것이 소왕

사후 불과 50여년 뒤의 일이다. 잠시 반짝했던 소왕의 업적은 소왕의 갑작스런 죽음과 함께 물거품이 되었고 그 뒤 다시 약소국으로 전락했다가 진시황에 의해 멸망한 것이다.

그래서 사마천은 제나라 역사를 다룬 「제태공세가」에서는, 총평에서 "거룩하도다. 대국의 풍모이다.(洋洋哉 固大國之風也)"라는 찬사를 남겼지만 연나라 역사를 다룬 「연소공세가」에서는 "기구하게 강대국들 사이에 낀 가장 약소한 국가였다.(崎嶇强國之間 最爲弱小)"라는 총평을 하였던 것이다.

5) 연나라를 강대국으로 오인하게 된 배경

약소국가였던 연나라에 대해 뒤에 강대국으로 오인을 하게 된 배경이 있다. 그 빌미는 바로 『위략魏略』에 나오는 연나라의 고조선 정벌기사가 제공했다. 배송지裴松之는 『삼국지』 주석에서 『위략』을 인용하여 "진개가 고조선을 정벌하여 서쪽 땅 2,000 리를 빼앗고 만번한을 경계로 삼았으며 조선이 드디어 약화되었다."라고 말했다.[11]

사실 『위략』의 이 기사는 『사기』 「흉노열전」의 "진개가 동호의 땅 1,000 리를 빼앗아 장성을 쌓고 거기에 또 5군을 설치했다."라는 기록과 같은 내용이다. 동일한 사건을 소재로 다룬 것인데 단지 동호를 조선으로 명칭을 바꾸어 표기했을 뿐이다.

---

11 『삼국지三國志』「위지魏志」 동이전東夷傳의 "爲燕亡人衛滿 所攻奪"에 대한 배송지裴松之의 주석에 삼국시대 위魏나라 사람 어환魚豢의 『위략魏略』을 인용하여 다음과 같이 말했다. "后子孫稍驕虐, 燕乃遣將秦開 攻其西方 取地二千餘里 至滿潘汗爲界 朝鮮遂弱"

그런데 이를 각기 다른 두 가지 사건으로 간주하다보니 진개가 동호의 땅 1,000 리와 고조선의 땅 2,000 리를 빼앗아 모두 3,000 리 영토를 넓힌 것으로 되어 연나라가 5,000 리 강역을 소유한 강대한 나라로 오인받는 사태가 빚어진 것이다.

『사기』「흉노열전」의 동호와 어환『위략』의 고조선은 서로 다른 별개의 실체가 아니라 동일한 존재였다는 것을 보여주는 여러 가지 근거가 있다.

첫째『사기』「흉노열전」에서 사마천은 진개가 동호의 땅 1천리를 빼앗았다는 사실만을 언급하고 고조선 땅 2천리를 빼앗았다는 말은 하지 않았다. 진개가 동호의 땅 1,000 리를 빼앗은 것과 별도로 고조선 땅 2,000 리를 빼앗았다면 이는 사건의 중요도로 볼 때 동호에서 거둔 성과를 훨씬 능가한다. 그런데 동호의 땅 1천리 빼앗은 것은 언급하면서 그보다 배나 많은 고조선 땅 2천리를 빼앗은 것은 언급하지 않았다는 것은 형평성에 맞지 않다.

『전국책』에 "연나라 동쪽에 산융, 동호가 있고 산융, 동호를 지나서 조선이 있다."라고 말하지 않고 "연나라 동쪽에 조선, 요동이 있다(燕東有朝鮮遼東)"라고 하였다. 『사기』「연 소공세가」에서는 "연나라가 밖으로 산융, 동호와 마주하고 산융, 동호를 지나서 만족, 맥족이 있다"라고 말하지 않고 "연나라가 밖으로 만족, 맥족과 마주하고 있다(燕外迫蠻貊)"라고 하였다.

『사기』「화식열전」에는 "연나라가 동쪽으로 산융, 동호의 이익을 관장한다."라고 말하지 않고 "연나라가 동쪽으로 예맥, 조선, 진번의 이익을 관장한다.(東綰濊貊朝鮮眞番之利)"라고 하였다. 이는 고조선이 산융, 동호지역을 지나서 별도로 존재한 것이 아니라 연나라

동쪽에 고조선과 예맥족이 바로 붙어 있었다는 사실을 극명하게 보여주고 있다.[12]

선비족 모용은의 비문에서는 "조선건국"을 서두에서 이야기하고 있다. 이는 무엇을 의미하는가. 선비족의 뿌리가 고조선에 닿아 있음을 나타낸 것이다. 여기서 우리는 오환, 선비는 삼국시대의 동호이고 예맥, 고조선은 전국시대의 동호라는 결론을 얻을 수가 있는 것이다. 뿐만 아니라 고조선과 고구려가 직접 호, 또는 동호로 표기된 경우도 다른 여러 문헌에서 확인이 가능하다.[13] 사마천이 「흉노열전」에서 동호의 일만 언급하고 고조선은 빼놓은 것은 고조선이 곧 동호로서 이 양자가 실체는 하나였기 때문이다.

둘째 연나라 진개가 동호 땅 1,000 리와 고조선 땅 2,000 리를 빼앗은 것이 사실이라면 이는 약소국인 연나라 역사상 가장 중대한 사건이다. 그러므로 사마천이 『사기』「흉노열전」에서 실수로 고조선 문제를 빼뜨렸다면 연나라의 역사를 총 정리한 글인 「연소공세가」에서 다루었을 것이다. 그러나 「연소공세가」에 진개가 고조선을 정벌하여 2,000 리 땅을 빼앗아 만번한을 경계로 삼았다는 기록은 보이지 않는다.

셋째 사마천은 『사기』 열전에서 각국의 유명한 장수들의 열전을

---

12 노태돈과 송호정은 동호와 고조선을 별개의 실체로 보았다. 연의 동북쪽에 동호가 있고 동호의 동쪽에 고조선이 있었다고 생각했다. 노태돈, 「고조선중심지의 변천에 대한 연구」, 『단군과 고조선사』, 사계절, 2011, 85쪽, 송호정, 「기원전 5-4세기 '연'의 동진과 조선연맹체의 형성」, 『한국고대사속의 고조선사』, 푸른역사, 2003, 245쪽 참조.

13 『한서』「지리지 하」 현도군 조항 주석에는 "應劭曰 故眞番朝鮮胡國" "應劭曰 故句驪胡"라는 기록이 인용되어 있다. 이것은 고조선과 고구려가 모두, 호 또는 동호로 인식되었다는 것을 보여주는 좋은 사례이다.

싣고 있다. 연나라 장수로는 소왕시기 장수 「악의樂毅열전」을 실었다. 진개가 동호 땅 1천리를 빼앗고 또 고조선 땅 2천리를 빼앗아 본래 2천리였던 연나라의 강토에 3천리를 더 하여 5,000 리로 넓혔다면 연나라에서 진개는 고구려의 광개토대왕과 같은 존재로서 그가 거둔 공로는 악의에 내리지 않는다. 당연히 「진개열전」을 썼어야 옳다. 그러나 사마천은 「진개열전」을 쓰지 않았고 사마천『사기』어디에서도 진개가 고조선 서쪽 땅을 공격하여 2천리를 빼앗아 만번한을 경계로 삼았다는 기록은 찾아 볼 수 없다.

넷째 진개의 고조선 정벌 기사는 사마천『사기』에만 나오지 않는 것이 아니라『전국책』에서도 그러한 기록은 찾아볼 수 없다.『전국책』은 전국시대초기부터 진시황제가 동방의 6국을 멸망시키기까지 약 240년 동안의 역사를 다룬 책이다.

『전국책』은 전국시대를 전문적으로 다룬 책으로 여기에는 당연히 연나라 역사를 기록한 「연책」이 들어가 있다. 그런데 이 「연책」안에 연나라가 고조선을 정벌하여 2,000 리를 빼앗고 만번한을 경계로 삼았다는 기록은 없다.

진개가 고조선 땅을 빼앗은 일이 동호의 땅을 빼앗은 일과 별개의 사안이라면 사마천이 실수로 「흉노열전」에서 빠뜨렸더라도 이 기록은 마땅히『전국책』에는 실려 있어야 한다. 그런데『전국책』「연책」에 진개의 고조선 정벌과 관련된 기사는 단 한 줄도 없다.

여기서 우리는 다음과 같은 결론을 얻을 수 있다. 사마천이 「흉노열전」에서 진개가 동호를 공격하여 1,000 리 땅을 빼앗아 거기에 장성을 쌓고 5군을 설치했다고 말한 것은 역사적인 사실이며 이 동호는 곧 고조선을 가리킨 것이다. 그래서 사마천은 진개가 고조선을 공격하여 땅을 빼앗았다는 사실을 별도로 취급하지 않았다. 그런데 삼국시대에 이르러 어환이 『위략』을 저술할 때 이 사건을 기술하면서 「흉노열전」의 동호를 고조선으로 바꾸어 표기한 것이다. 『위략』에는 진개가 빼앗은 땅의 넓이가 1천리에서 2천리로 된 것은 필사하는 과정에서 발생한 오자이거나 아니면 의도적인 오류라고 본다.

그리고 진개가 동호의 땅 1천리를 빼앗은 것과 고조선의 땅 2천리를 빼앗은 것은 서로 다른 두 가지 사건이 아니라 이때 진개가 빼앗은 동호의 땅이 바로 고조선 땅이었다는 것을 증명할 수 있는 결정적인 근거가 있다. 그것이 바로 요동군이다.

요동은 연 소왕시대 이전 문후 당시만 하더라도 연나라의 강역에 포함되지 않았다. 그런데 진개가 동호의 땅을 빼앗아 거기에 5군을 설치하고 장성을 축조했는데 이때 요동군이 연의 강토에 포함되었다. 본래 동호의 땅이었던 요동이 연의 5군 중에 맨 동쪽에 위치한 요동군이 되어 고조선과 접경을 이루게 되었던 것이다.

이 연나라의 요동군이 진제국이 설치한 요동군, 한나라에서 설치한 요동군과 그 위치가 다르다면 진개가 공격한 동호와 고조선이 서로 다른 두 개의 실체인 것이 맞다. 그러나 진개가 동호 땅을 빼앗아 설치한 요동군, 진제국이 연나라를 멸망시키고 설치한 요동군, 한나라때 설치한 요동군은 동일한 고조선 접경 지역이었다.

이는 동호 땅을 빼앗아 설치한 5군은 바로 고조선 땅을 빼앗아 설치한 것이라는 것을 증명하는 결정적인 근거라고 본다. 진개가 동호를 공격하여 그 땅을 빼앗아 청천강을 경계로 요동군을 설치했다고 주장하면서 동호와 고조선이 다르다고 강변하는 것은 논리적으로 자기모순에 빠지게 되는 것이다.

4. 연 소왕시대 연나라와 고조선의 경계

1) 소왕시대 연나라의 동쪽 경계 양평襄平

약소국이었던 연나라는 소왕시대에 이르러 남쪽의 강역은 변동이 없었지만 동쪽으로 강역이 확대되었다. 그러면 소왕시기에 연나라의 동쪽 경계는 과연 어디까지였을까. 이를 알아보는데 가장 중요한 참고가 되는 것은 『사기』「흉노열전」이다.

사마천은 『사기』「흉노열전」에서 "연나라에 어진 장수 진개가 있어 동호에 인질로 가게 되었는데 동호가 매우 신임하였다. 진개는 연나라로 돌아와 동호를 습격하여 격파하고 1천리를 퇴각시켰다. (…) 연나라는 또한 장성을 쌓아 조양으로부터 양평까지 이르렀으며 상곡, 어양, 우북평, 요서, 요동군을 설치하여 동호를 방어하였다.(燕有賢將秦開 爲質於胡 胡甚信之 歸而襲破走東胡 東胡却千餘里 (…) 燕亦築長城 自造陽至襄平 置上谷 漁陽 右北平 遼西 遼東郡 而拒胡)"라고 말하였다.

여기서 사마천이 말한 연 장성의 서쪽 출발지점인 조양과 동쪽의 끝나는 지점인 양평의 위치가 밝혀지면 소왕 때 확대된 연나라의 동북방 위치가 어디인지 확인하는 일이 가능하게 된다.

특히 연은 동쪽으로는 고조선과 국경을 마주하고 있었으므로 연 장성의 동단인 양평의 소재지가 현재 어느 지점인지 확인할 수 있다면 연나라가 전성기를 구가했던 소왕시대에 연과 고조선의 경계가 어디였는지 밝혀지게 되는 것이다.

조양의 위치에 대해서는 『사기집해』에 위소韋昭의 말을 인용하여 "지명이다. 상곡에 있다.(地名在上谷)"라고 말하였다. 위소(204-273)는 중국 삼국시대의 저명한 역사학자이다. 연나라 소왕 때 쌓은 장성의 서쪽 출발지점은 상곡군 조양, 현재의 북경 서쪽 탁록 일대에 있었다는 사실에 있어서는 이론의 여지가 없어 보인다. 문제는 연 장성의 동쪽 끝나는 지점인 양평의 위치가 과연 어디냐 하는 것이다.

『사기색은』은 당나라시대 사마정司馬貞이 지은 책이다. 『사기색은』에서는 양평은 "지금 요동의 치소이다.(今遼東所理)"라는 위소가 한 말을 간단히 인용하고 있다. 연장성의 동단 양평이 요동군의 치소라고만 짤막하게 언급하고 당나라 당시에 양평이 어느 지역에 해당하는지 다른 일체의 상세한 설명이 생략되어 있어 안타깝다. 그러면 당나라 때 요동군의 치소였던 양평의 실체를 찾기 위해서는 다른 문헌의 기록을 뒤져보는 수밖에 없다.

2) 연 소왕시대의 양평은 당나라시대의 안동부安東府

당나라 때 유명한 학자인 두우杜佑가 쓴 『통전通典』을 살펴보면 거기에 연나라 때 설치한 5군과 5군 중에 가장 동쪽에 위치했던 요동군의 양평현에 관해 비교적 상세한 기록을 남기고 있다. 그것을 인용하면 다음과 같다.

"연나라 장수 진개가 동호를 습격하여 격파하고 1,000여 리를 퇴각시켰다. 연나라는 또한 장성을 축조하여 조양으로부터 양평까지 이르렀다. 조양은 지금 위천군의 북쪽에 있다. 양평은 바로 요동군의 치소이다. 지금의 안동부이다.(燕將秦開 襲破東胡 却千餘里 燕亦築長城 自造陽至襄平 造陽 在今爲川郡之北 襄平卽遼東所理 今安東府)"

두우는 연나라 때 설치한 요동군의 치소 양평현은 당나라시대 안동부지역이라 말하고 있다. 당나라시대의 안동부가 연나라시대의 양평으로서 이 양자가 동일한 지역일 경우 안동부의 위치가 밝혀지면 양평의 위치도 드러나게 되는 것이다. 그러면 이제 당나라 때 안동부가 어디에 있었는지 살펴보기로 하자.

두우의 『통전』 「주군」 10, 고청주古靑州 조항에 안동부가 나온다. 이 기록에 따르면 옛 청주 즉 오늘날의 산동성 지역에 당나라 때 6개의 군과 1개의 부를 설치했는데 그 군과 부는 다음과 같다. 북해군北海郡, 제남군濟南郡, 치천군淄川郡, 고밀군高密郡, 동래군東萊郡, 동모군東牟郡, 안동부安東部.

당나라 때 동래군은 액현, 교수현, 즉묵현, 창양현 4현을 관할했는데 즉묵은 지금도 중국지도상에 나온다. 산동성 청도시 동쪽에 있다. 당나라 때 동모군은 봉래현, 문등현, 황현, 모평현을 관할했다. 현재의 중국 지도상에서 위해시 남쪽에 문등시와 모평현, 봉래현 등의 지명을 찾아볼 수 있다.

두우의 『통전』은 당나라 때 설치한 동래군과 동모군이 오늘날의 산동성 동쪽 청도시, 문등시, 연태시, 위해시 일대에 있었음을 말해준다. 그러면 동모군 옆에 설치한 안동부는 어디쯤에 있었을까. 지금 중국지도상에서 안동부는 흔적조차 나타나지 않는다. 의도적으로 다 지워버렸기 때문이다,

그러나 동래군이나 동모군의 위치로 볼때 당나라시기에 설치한 안동부가 대동강 유역의 평양지역이 될 수는 없다. 산동성의 동모군과 이웃하여 안동부가 산동성 북쪽 하북성 남쪽 어딘가에 있었다는 것은 긴 설명을 필요로 하지 않는다.

당나라 때 산동성 동모군 부근에 설치한 안동부가 바로 연나라 시대 진개가 동호의 땅을 빼앗아 쌓은 장성의 동단인 요동군 양평현이라고 말한 『통전』의 저자 두우는 과연 누구인가.

두우(735-812)는 당나라 때의 유명한 정치가요 군사가이자 역사가였다. 36년이란 기나긴 세월을 통해 『통전』 200권을 편찬했다. 그야말로 일생정력을 여기에 받친 셈이다. 그런데 두우가 태어나서 활동한 시기는 당 현종시기부터 당 헌종시대로 77세까지 살았다.

당 고종은 668년 고구려를 공격하여 평정하고 그 수도 평양성에 안동도호부를 설치했다. 두우가 『통전』에서 말한 안동부는 바로 이 연나라시대의 양평, 고구려시대의 평양성, 당나라시대의 안동도호부를 가리킨 것이다.

두우는 고구려가 망한 후 67년 뒤에 태어난 인물이다. 그러므로 두우가 직접 고구려 전쟁에 참여했던 것은 아니지만 그 당시는 고구려에 참전한 사람들이 아직 생존하여 생생한 증언을 들을 수 있었다.

지금 우리가 일제시대를 직접 경험하지 못했지만 위안부문제를 생존자들을 통해 생생한 증언을 직접 들을 수 있는 것과 마찬가지로 두우도 당과 고구려의 전쟁을 직접 목격한 것은 아니지만 생존자를 통해서 생생한 증언을 듣는 것이 얼마든지 가능한 시기였다.

또 두우는 재상을 지내기도 했지만 절도사의 직도 여러 차례 역임했다. 때로는 조정에서 국정을 논단하는 대신이었고 때로는 칼을 잡고 나가 전쟁터를 누빈 용감한 장수이기도 했다. 두우는 백면서생이 아니라 그야말로 출장입상의 문무를 겸비한 인물이었던 것이다.

세상물정에 어두운 백면서생이라면 모르되 출장입상한 두우가

40년 가까이 공 들여 쓴 저서 『통전』, 그것도 시간적으로 불과 70년 전의 일을 기록하면서 한반도 대동강 유역 평양에 설치한 당나라의 안동도호부를 산동성 부근에 있다고 말했을 이는 만무하다.

더구나 안동도호부의 위치가 대동강 유역이냐 산동성 북쪽이냐 하는 것은 사소한 문제가 아니라 당나라가 새로 확보한 동쪽의 만리 강토가 걸린 국가적으로 중차대한 문제이다. 이런 중대한 문제를 다루면서 제대로 자료 검증도 하지 않고 경솔하게 한반도 대동강 유역에 있던 안동도호부를 산동성 쪽으로 끌어다 놓는 일은 두우가 정신병자가 아니라면 상식적으로 상상도 할 수 없는 일인 것이다.

두우의 『통전』 뿐만 아니라 송나라의 낙사가 쓴 『태평환우기』에도 안동도호부는 하북도 조항에 실려 있다. 이는 안동도호부가 대동강 유역이 아니라 하북성 남쪽에 있었다고 말한 당나라 두우의 설명이 오류가 아님을 반증하는 것이다.

3) 당나라시대의 안동부는 서진시대의 평주平州

두우는 당나라시대의 안동도호부가 있던 곳이 연나라시대의 양평지역이라고 말했다. 양평의 정확한 위치를 파악하기 위해서 당나라시대에 안동부가 있었던 위치를 좀 더 상세히 살펴볼 필요가 있다. 두우가 『통전』의 「주군」 안동부 조항에서 안동부의 위치를 설명 한 내용을 검토해 보기로 한다.

두우는 안동부를 설명하는 서두에서 먼저 안동대도호부라는 명칭을 언급한다. 이는 당나라 고종시기 안동부를 승격시켜 고구려의 평양성에 안동대도호부를 설치한 사실을 가리킨 것이다. 이어서 두우는 "안동대도호부는 요수의 동쪽에 있다"고 말하고 있다. 요수의 동쪽에 안동도호부가 있다고 말한 두우의 관점은 대동강 유역에 안동도호부가 설치되었다고 보는 한국 강단사학의 관점과 크게 다르다.

그리고 "안동도호부는 춘추전국시대에는 연나라에 속했고 진제국과 서한, 동한시대에는 이 지역을 요동군이라 하였으며 동쪽으로 낙랑과 통하였다"라고 말하고 있다.[14] 이는 진제국, 양한시대에는 이 안동도호부가 있던 지역이 요동군이었다는 사실을 설명하고 있다.

그런데 우리는 여기서 두우의 다음 문장에 주목하게 된다. "진인지 겸치평주(晉因之 兼置平州)". "진인지"는 서진시대에 진제국과 양한시대처럼 여기에 요동군을 그대로 설치했다는 의미이고 "겸치평주"는 "아울러 평주를 설치했다"는 뜻이다.

서진시대에는 본래의 요동군이 있던 지역을 창려, 요동, 현도, 대방, 낙랑 5개의 군과 국으로 분할한 다음 상부기구로 평주를 설치하여 이 5개의 군, 국을 관할하도록 했다. 두우는 서진시대에 요동군의 행정구역이 하나의 요동군에서 5개의 군, 국으로 분할되고 또 평주가 새로 설치된 사실을 "진인지 겸치평주(晉因之 兼置平州)"라는 7자로 요약한 것이다.

요동군 양평현은 서진시대에 평주의 치소이기도 하였다. 양평현이 평주의 치소였다는 사실은 북위시대 역도원의 『수경주』를 통해

---

14 이와 관련해서는 두우의 『통전』 180권, 주군10, 고청주古青州, 안동부 조항에서 상세한 내용을 살펴볼 수 있다.

서 확인이 가능하다. 상흠은 대요수가 "요동군의 양평현 서쪽을 경유한다(過遼東襄平縣西)"라고 말했는데 역도원은 이 상흠이 말한 양평현을 설명하면서 이렇게 말했다. "진시황 22년에 연나라를 멸망시키고 요동군을 설치하여 이곳을 치소로 했다. 한고제 8년에 기통을 봉하여 후국으로 삼았고 왕망시대에는 창평이라고 하였다. 옛 평주의 치소이다.(秦始皇二十二年 滅燕 置遼東郡治此 漢高帝八年 封紀通爲侯國 王莽之昌平也 故平州治)"

역도원의 『수경주』와 두우의 『통전』에 따르면 연, 진, 한시대의 요동군 양평과 위, 진시대의 평주는 동일한 지역이다. 특히 양평은 서진시대 평주의 치소로서 그 중심지 역할을 했던 것을 알 수 있다. 여기서 우리는 다시 전국시대 양평의 위치가 어디인지 파악하는데 있어 위진시대 평주의 정확한 위치를 파악하는 작업이 매우 유효하다는 사실을 깨닫게 된다.

서진시대의 행정체계는 주가 군보다 상위 기구로 존재했다. 그러나 당나라 시대에 이르러서는 제도가 바뀌었다. 군 밑에 주와 현을 거느리게 되었다. 그래서 당나라 때는 북평군 산하에 평주가 소속되어 있다.

두우의 『통전』 「북평군 평주」 조항에 보면 당나라 때 평주는 현재의 하북성 진황도시 노룡현을 치소로 하고 있다. 그리고 여기가 "은나라 때는 고죽국 땅이었고 진제국, 한나라시기에는 우북평군, 요서군, 2군, 진나라, 후위시대에는 요서군 지역이었으며 수당시대에는 북평군으로 명칭이 바뀌었다"라고 말하고 있다.

두우의 『통전』에 의하면 오늘날의 산동성 서북쪽 하북성 동남쪽 일대 좀 더 구체적으로 말하면 현재의 하북성 진황도시, 당산시 일대가 당나라 때 평주가 있었던 지역이다.

요동군 양평현이 평주에 있었다는 것은 두우의 『통전』, 역도원의 『수경주』 뿐만 아니라 『후한서』「원소열전」의 주석에도 다음과 같은 내용이 기재되어 있다. "양평현은 요동군에 소속되어 있다. 옛 성이 지금의 평주 노룡현 서남쪽에 있다.(襄平縣屬遼東郡 故城在今平州 盧龍縣西南)"

이 기록은 특히 양평현의 옛 현성이 "평주 노룡현의 서남쪽에 있다"라고 하여 노룡현이라는 구체적인 지명과 서남쪽이라는 구체적인 방향을 적시하여 말함으로써 오늘날의 하북성 동남쪽 진황도시 노룡현의 서남쪽에 요동군 양평현이 있었다는 사실을 보다 확실하게 알려주고 있다.

범엽이 쓴 『후한서』의 「기전紀傳」 부분은 당 고종의 아들 장회태자章懷太子 이현李賢이 주석을 냈다. 「원소열전」에 보이는 이현의 주석은 연나라 전성기 소왕시대에 고조선과 연나라의 경계가 지금의 하북성 노룡현 서남쪽 일대였다는 것을 실증해주는 결정적인 자료라고 하겠다. 고구려를 멸망시킨 당고종의 아들 이현이 고조선의 강역을 늘이기 위해 연나라의 동쪽 경계 양평을 진황도시 노룡현으로 조작했을 이는 만무하기 때문이다.

4) 하북성 노룡현 서남쪽이 소왕시대 연과 고조선의 경계였다

『사기』, 『통전』, 『수경주』, 『후한서주』 등 지금으로부터 1,500년, 2,000년 전의 기록을 검토할 때 연의 전성기 소왕시대에 5군의 설치와 함께 축조한 연 장성의 동단은 양평이고 그 양평은 지금의 하북성 진황도시 노룡현 서남쪽에 위치해 있었던 것이 분명하며 따라서 이 지역이 연과 고조선의 경계였다는 것은 재론의 여지가 없다고 하겠다.

소왕시대 연과 고조선의 경계가 하북성 노룡현 서남쪽이었다는 것은 비단 『통전』, 『수경주』, 『후한서주』 등에 의해서만 입증되는 것이 아니다. 전국시대에 고조선이 발해만과 갈석산 부근에 강역이 있었다는 다른 여러 문헌의 기록들도 이를 뒷받침하기에 충분하다

예컨대 『산해경』에 "발해의 모퉁이에 조선이 있다" "발해의 북쪽, 갈석산 남쪽에 조선이 있다." 『회남자』에 "갈석산을 지나서 조선이 있다." 『전한서』에 "한 무제가 동쪽으로 갈석산을 지나서 낙랑, 현도군을 설치했다." 두로 영은의 비문에 "조선이 요서에서 건국했다." 『무경총요』에 "북경과 고북구 사이에 조선하가 있다." 『태평환우기』에 "하북성 노룡현에 조선성이 있다"라고 하였다.

이런 『사고전서』의 사료에 따르면 고조선은 전국시대에 발해만 북쪽, 갈석산 남쪽, 현재의 북경시 서남쪽에서 연나라와 국경을 마주하고 있었던 것이 분명하다.

그러다가 연 소왕시대에 진개가 갈석산 동남쪽의 고조선 서쪽 땅 일부, 현재의 북경시 부근을 빼앗아 거기에 상곡군, 어양군, 우북평군, 요서군, 요동군을 설치하자 본래 하북성 서남쪽에서 국경을 마주했던 연과 고조선은 다시 하북성 동남쪽을 경계로 국경을 마주하게 되었던 것이라고 하겠다.

그런데 현재 중국의 역사학계는 요녕성의 요양현이 연나라시대의 양평이라고 주장한다. 그래서 요동군 양평 관련 모든 기록에는 (　)를 하고 그 안에 요양이란 글자를 적어 넣는 것이 일반화되어

있다.[15]

현대 중국의 학계에서 이처럼 지금의 요녕성 요양현을 고대의 요동군 양평현으로 보는 근거는 무엇인가. 요양현에서 연나라시대 유물이 몇 점 나왔다는 것이 그들이 내세우는 근거의 전부이다. 문헌기록이 전혀 뒷받침이 안 되는 상황에서 연나라시기 유물이 몇 점 발굴되었다고 그곳을 모두 양평으로 간주한다면 중국에 아마 양평이 수 백 군데가 될 것이다.

그러면 『통전』, 『수경주』, 『후한서주』를 비롯한 사료적 가치가 높은 여러 고대 문헌에서 이미 양평은 하북성 동남쪽 당나라 때의 북평군, 현재의 노룡현 부근에 있었다고 분명한 기록이 나오는데도 현대 중국에서는 굳이 기를 쓰고 이를 요녕성의 요하동쪽으로 끌어다 놓으려는 이유가 과연 무엇일까.

그것은 중국이 동북방의 역사주권을 탐내는 데 요인이 있다. 연나라의 동쪽 경계 요동군 양평이 요하동쪽의 요양이라면 청천강 서쪽이 모두 연나라 요동군 땅이라고 주장하는 그들의 논리가 뒷받침이 되기 때문이다.

그러므로 중국이 동북공정을 통해 역사침탈을 시도하는 현 상황에서 한국의 역사학은 고고유물을 빙자한 중국학계의 이런 주장들

---

15 한 두 가지 실례를 들어보면 조운전趙雲田, 「진한시기의 북강北疆」, 『북강통사北疆通史』, 중주고적출판사, 2002, 46쪽에 다음과 같이 기재되어 있다. "燕國從造陽(今河北懷來) 至襄平(今遼寧遼陽) 修築長城". 이치정李治亭, 「연재동북수차설군燕在東北首次設郡」, 『동북통사』, 중주고적출판사, 2003, 601쪽에는 이렇게 기록하고 있다. "北長城自造陽至襄平 造陽卽今河北省赤城以北之獨石口 襄平卽今遼寧省遼陽市北". 『북강통사』와 『동북통사』는 중국변강통사총서로서 중국의 동북공정 이론을 뒷받침하기 위해 만들어진 책들이다.

을 그대로 신뢰해서는 안 되며 그것이 고대의 문헌기록과 정확히 부합될 때에만 이를 수용하는 현명한 자세가 필요한 것이다.

5. 『위략』의 "연과 고조선의 경계가 만번한滿潘汗"이라는 기사의 문제점

1) 『위략』의 사료적 가치에 대한 비판적 검토

『수경주』, 『통전』, 『후한서주』와 같은 권위 있는 사료에 의거해 검토할 때 연의 전성기 소왕시대에 고조선과 연의 경계가 하북성 동남쪽이었다는 것은 너무나도 명백한 사실이다. 그런데 이 너무나도 명백한 사실이 통하지 않는 것이 또한 오늘의 현실이다. 연과 고조선의 경계가 만번한이었고 만번한은 지금의 청천강 부근의 지명이었다는 것이 중국과 한국 학계의 통설처럼 되어 있다.

연과 고조선의 경계를 논하는데 있어 중국은 『수경주』, 『통전』, 『후한서주』와 같은 사료는 다 제쳐두고 『위략』의 만번한 기록만을 근거로 삼는다.[16] 한국의 강단사학은 사료의 비판적 검토 없이 중국의 견해를 그대로 따르고 있는 실정이다. 그러나 『위략』은 사료적 가치로 볼때 문제가 많은 책이다. 여기서 우리는 먼저 연과 고조선의 경계가 만번한이었다고 최초로 주장한 『위략』의 사료적 가치를

---

16 이치정, 「상주봉후우동북商周封侯于東北」, 『동북통사』, 2003, 중주고적출판사, 55-59쪽 참조.

검토해 볼 필요가 있다.

첫째 『위략』은 삼국시대 사람 어환이 편찬한 책이다. 그의 생졸 연대에 관해서는 자세히 알 길이 없다. 그러나 그의 글 『위략』 가운데 가평嘉平 6년(254)에 관한 기록이 실려 있다. 이것은 그가 서기 254년을 전후해서 활동한 사실을 말해준다.

연 소왕시대는 서기전 311년-서기전 279년으로 본다. 그러면 『위략』의 저자 어환과 전국시대의 연 소왕시대와는 약 500여년의 시차가 있다. 진개의 만번한 기사가 연나라 당시의 기록인 『전국책』이나 한나라 때 기록인 『사기』에는 나타나지 않다가 5백 여 년 뒤 삼국시대 어환의 『위략』에 갑자기 튀어나온 다는 것은 분명 사료적으로 문제가 있는 것이다.

둘째 진개의 만번한 기사는 『전국책』, 『사기』, 『한서』, 『후한서』에는 보이지 않고 『삼국지』에 처음 나타난다. 그러나 진수의 『삼국지』에도 원문에 나오는 것이 아니라 남북조시대 송나라 사람 배송지가 쓴 『삼국지』 주석에 보인다. 『삼국지』 원문에는 만번한이라는 세 글자가 안 보이는데 주석에서 나오는 이유를 어떻게 설명할 수 있을까. 이는 사료적 가치에 문제가 있다는 것을 보여주는 근거가 된다.

셋째 배송지가 인용한 『위략』은 지금 원본이 전해지지 않는다. 따라서 지금으로선 당연히 어환의 『위략』에 실재 그런 기록이 있었는지 확인할 길은 없다. 단지 배송지가 인용한 주석에서 그러한 내용을 확인할 수 있을 뿐이다.

일연은 『삼국유사』에서 『위서』를 인용하여 지금으로부터 4,000년 전에 단군왕검이 나라를 세우고 이름을 조선이라 하였다고 말하였다. 그러나 강단사학은 현재 전하는 『위서』에 단군 관련 기록이 보이지 않는다는 이유로 이를 불신하고 단군조선을 실재하지 않은 신화로 취급한다.

이런 기준을 적용한다면 어환의 『위략』이 현존하지 않는 상황에서 『위략』의 만번한 기사도 사료적 가치가 당연히 부정되어야 한다. 그러나 고조선을 정벌하여 2,000 리 땅을 빼앗고 만번한을 경계로 삼았다는 『위략』의 기록은 누구도 문제 삼지 않는다. 한국 강단사학의 고조선 연구에서 빠지지 않고 등장하는 단골메뉴이다.

넷째 『삼국지』 주석이외에 그 이전의 『사기』, 『한서』, 『후한서』, 그 이후의 『진서』, 『위서』, 『수서』, 『당서』, 『송사』 등 중국의 정사 원문 어디에도 진개가 고조선을 정벌하여 2,000 리를 빼앗아 만번한을 연과 고조선의 경계로 삼았다는 기록은 나오지 않는다.

이것이 역사적 사실이라면 왜 중국의 역대 사관들이 역사상에서 그것을 다루지 않았겠는가. 만번한 기사는 『삼국지』 주석을 제외하고는 아마도 청나라 때 편찬된 『흠정성경통지』에 인용된 것이 유일할 것이다. 청나라 이전의 다른 중국의 고대 사서에서는 거의 언급되지 않고 있다는 것은 만번한 기사의 사료적 가치를 의심케 하는 중요한 단서인 것이다.

2) '만번한'이라는 기사의 내용적 문제점

'만번한'이라는 지명은 『위략』 이외의 『전국책』, 『사기』, 『한서』, 『후한서』 등 다른 중국 고대 사서에는 거의 나오지 않는다. 『한서』 「지리지」에 살펴보면 한나라의 군현 가운데 문현, 번한현은 있지만 만현이나 또는 만번한현은 없다. 그렇다면 이 '만번한'이라는 세 글자 가운데는 분명 빠진 글자가 있거나 아니면 한 글자가 틀렸다든지 어떤 오류가 있는 것이 분명하다.

그 실수의 주인공은 『위략』의 저자 어환의 착각일수도 있고 아니면 배송지가 인용하면서 범한 오류일 수도 있다. 아니면 후인이 일부러 필사하는 과정에서 하북성 동남쪽에 있던 요동군의 위치가 적나라하게 드러나는 것을 방지하기 위해 일부러 혼동을 주려고 글자를 바꾸어 썼을 가능성도 배제할 수 없다. 또한 연 소왕시대의 요동군 양평이 어환의 남북조시대엔 만번한으로 변경된 지명일 수도 있다. 하지만 그럴 가능성은 희박해 보인다. 만번한이라는 지명은 역사상에 아예 존재하지 않기 때문이다.

중국의 후대 역사가들이 『수경주』에서 글자를 자의적으로 고친 실례를 한 예로 들어보겠다. "南巡遼隧縣 古城西 王莽更名之曰順睦也"이는 『수경주』 권14 「대요수」 조항에 나오는 문장이다.

그런데 『사고전서』의 편자는 다른 판본에서는 '남南'자가 '동東'자로, 대'隊'자가 '수隧'자로, '목睦'자가 '육陸'자로 잘못 기재되어 있다고 지적하였다.[17] 글자 17자 가운데 3자가 오자이다. 이것은 혼동을 주기 위해 필사하는 과정에서 모양이 비슷한 글자와 바꿔치기 한 것으로 의도적인 오류로 볼 수 밖에 없다.

'남'자를 '동'자로 바꿔놓으면 남쪽으로 흐르던 물이 동쪽으로 흘러가는 물이 된다. 지명을 '요대'를 '요수'로, '순목'을 '순륙'으로 바꾸면 그러한 지명은 역사상에 존재하지 않게 된다. 이러한 경우를 통

---

17 『사고전서』 「사부」, 지리류, 하거지속河渠之屬, 『수경주』, 권14, 대요수大遼水 조항 참조.

해서 볼 때 만번한이라는 세 글자는 후인의 조작에 의한 의도적인 오류일 가능성이 가장 높다고 하겠다.

지금 만번한이 오류가 분명한 상황에서 이를 실제 지명으로 인정하여 그 지역을 구체적으로 고증해내기는 어렵다. 다만 연과 고조선의 경계는 양평이고 그 지역은 오늘날의 요하동쪽 요양이 아니라 하북성 진황도시 노룡현 서남쪽이었던 것이 두우의 『통전』과 『수경주』, 『후한서주』 등을 통해 분명히 밝혀졌다.

그러면 만번한은 오늘의 산동성 북쪽, 하북성 동남쪽에 있던 요동군 산하의 어떤 지명이 분명해 보인다. 굳이 그 지명의 소재를 찾는다면 만번한의 번은 하북성 장가구시 회래현으로 비정할 수 있지 않을까 한다. 왜냐하면 『태평환우기』「하북도 회융현」 조항에 "회융현이 본래는 한나라의 번현으로 상곡군에 소속되어 있었다(懷戎縣 本漢潘縣 屬上谷郡)"라고 말하고 그 아래에 다음과 같은 내용이 기재되어 있기 때문이다.

"연나라의 장성이 있다. 『사기』에 연나라가 장성을 축조하여 조양으로부터 양평까지 이르렀다고 했는데 조양이 바로 그곳 지명이다.(燕長城 史記 燕築長城 自造陽 至襄平 造陽卽其地名)"

이 기록에 따르면 진개가 조양으로부터 양평까지 쌓았다는 연장성의 서쪽 출발지점이 바로 한나라 때의 상곡군 번현에 위치해 있었던 것이다. 그렇다면 「흉노열전」에서 말한 조양과 『위략』에서 말한 번현은 동일한 지역이라는 이야기가 된다. 번현이 연 장성의 서쪽 출발지점이라면 한현은 하북성 동쪽 끝나는 지점이 될 것이다. 『위략』의 번현과 한현은 「흉노열전」의 조양과 양평을 어환 당시의 지명으로 표현한 것이라 볼 수 있겠다. 물론 이것은 어디까지나 추측일 뿐이다. 앞으로 보다 정확한 내막을 알기 위해서는 새로운 자료의 출현을 기대하는 수 밖에 없다.

3) 고조선의 강역을 연나라 강역으로 뒤바꾸는데 이용된 '만번한' 기사

『위략』의 만번한 기사는 위에서 살펴본 바와 같이 사료적 가치나 내용상으로 볼 때 많은 문제점을 내포하고 있다. 그런데 현대 중국의 역사학계가 요녕성의 요하 동쪽까지를 모두 연나라의 영역으로 간주하면서 고조선과 연나라가 청천강 유역에서 국경을 마주했다고 주장하는 데 있어 가장 중요한 근거자료로 제시되는 것이 바로 이 『위략』의 만번한 기사이다.

　『위략』의 만번한 기사는 중국이 고조선의 강역을 연나라의 강역으로 바꿔치기하는데 이용, 내지는 악용된 결정적인 사료라고 말할 수 있다. 아래에서 이 『위략』의 만번한 기사가 연의 강역을 확대하고 고조선의 영역을 축소하는데 있어 어떻게 활용되었는지 그 실태를 점검해 보기로 한다.

　한국의 역사학은 광복 후 역사지리에 대한 연구가 거의 이루어지지 않고 있는 것이 큰 결함으로 지적된다. 현대 중국에서는 일찍이 역사지리학을 발전시켰으며 이 분야에 많은 연구업적을 남겼다. 특히 고대 역사지리학의 기초를 닦은 개척자로는 고힐강顧頡剛(1893-1980)과 담기양譚其驤(1911-1992) 등이 손꼽힌다.

　고힐강은 『중국강역연혁사』, 『중국상고사연구강의』『고사변古史

辨』등 고대사 관련 주요저술을 남겼다. 『중국역사지도집』의 고대사 부분은 바로 고힐강이 중심이 되어 집필 한 것이다.

담기양(1911-1992)은 고힐강의 제자로서 중국의 역대 강역과 민족의 이동 등을 주로 연구했다. 중국을 통일한 후 모택동의 지시에 의해 새로 편찬된『중국역사지도집』은 그가 주편主編으로 참여하여 편찬한 책이다. 중국인들은 이를 지금까지 나온『중국역사지도집』중에 가장 권위 있는 지도집으로서, 신중국 사회과학의 가장 중대한 성과중의 하나로 평가한다.

그런데 이『중국역사지도집』은 제1책에서 전국시대 연나라의 강역을 그리면서, 연의 상곡군 조양 즉 현재의 하북성 서쪽 장가구시 부근으로부터 출발한 연의 장성을 동쪽으로 길게 늘어뜨려 북한의 청천강 유역까지 연장시켰다. 북경시 서쪽에서 한반도 쪽으로 향하는 연 장성라인은 압록강을 건너 청천강 부근에서 멈추고 여기에 만번한이라 표기하였다.

길게 뻗은 연장성의 라인을 따라 그 안쪽에 상곡군, 어양군, 우북평군, 요서군, 요동군 5군을 배치했는데 5군의 맨 동쪽에 위치한 요동군의 경계는 요하동쪽에서 청천강까지, 요동군의 치소 양평현은 현재의 요녕성 요양시로 표기되어 있다.

연나라의 장성을 청천강까지 끌고 온 이런 지도가 무엇을 근거로 작성된 것인가. 바로 "진개가 고조선을 침략하여 2,000 리를 빼앗아 만번한을 경계로 삼았다."는『위략』의 기사를 바탕으로 한 것이다.

『위략』에서는 현재의 요녕성 요양시가 연나라 요동군의 치소 양평현이라거나 또는 만번한이 현재의 청천강 서쪽에 있는 지명이라고 직접 말한 사실은 없다. 그러나『중국역사지도집』제작자는 진개의 기사를 바탕으로 상상의 나래를 펼쳐서 요동군 양평현을 요양시로, 연장성의 동쪽 끝을 청천강으로 임의로 비정하여 연나라를 만리 강역을 소유했던 강대한 나라로 그린 것이다.

역사상의 연나라는 사마천이 「연소공세가」에서 800여년 동안 하 북성 서남쪽에 쭈그리고 있던 왜소한 나라였다고 말했는데 담기양이 편찬한 『중국역사지도집』에서는 고조선은 청천강 이남의 왜소한 나라로 쭈그러뜨려 놓고 연나라는 만리강토를 소유한 강대한 나라로 탈바꿈시킨 것이다.

중국은 근거 없는 자료를 바탕으로 거기에 자국의 역사를 미화하려는 의지와 상상력을 더해서 연나라 강역도를 그림으로써 고조선의 드넓은 강역을 연나라의 강역에 포함시켰다. 이것이야말로 피 한방울 흘리지 않고 수천년 동안 지켜 내려온 우리민족의 역사영토를 강탈해 간 날강도인 것이다.

4) 요동군 양평현과 '만번한'을 보는 한국 강단사학의 시각

자국의 역사를 미화하고 다른 나라의 역사를 추화하려는 것은 중국 뿐 아니라 모든 나라에서 공통적으로 나타나는 현상이다. 따라서 문 제는 요동군 양평현이나 만번한을 보는 중국의 관점이 아니라 한국의 역사학계가 이를 어떠한 시각으로 바라보고 있느냐 하는 것이다.

먼저 노태돈의 견해부터 살펴보자.

"(⋯) BC 4세기 말에서 BC 3세기 초반인 연의 소왕대에 연에게 패해 그 서쪽 영역을 크게 상실하고 만번한으로 경계를 삼았다. 이어 진의 요동군과 국경을 접했는데, 그 경계는 앞장에서 말했듯이 청천강이었다."[18]

"(⋯) BC 3세기 초반 연의 세력이 고조선을 공략하여 그 영토의 상당부분을 빼앗아 청천강을 경계로 삼게 되었다."[19]

"『위략』에 의하면 고조선이 연에게 그 서쪽 영토 2천리를 상실하고 만번한으로 경계를 삼게 되었다고 하였다. (⋯) 그런데 한 대의 요동군과 낙랑군의 경계가 청천강이었고, 연과 후기 고조선과의 경계도 청천강이었으니, 자연 만번한 즉 문, 번한 두 현의 위치도 청천강 유역 언저리에서 일단 찾아야 될 것 같다."[20]

노태돈은 여기서 연나라 소왕시대에 고조선이 연에게 패해 그 서쪽 강역을 크게 상실하고 만번한을 경계로 삼았는데 그 경계는 청천강이었다고 말한다. 마치 『중국역사지도집』 연나라 강역도의 설명문 같은 느낌을 준다. 그런데 그 근거를 『위략』에 두고 있다. 그리고 연과 고조선의 경계를 청천강이 아닌 하북성 노룡현 서남쪽으로 설명한 두우의 『통전』, 『수경주』, 『후한서주』 등은 아예 거론조차하지 않고 있다.

다음은 송호정의 견해를 알아본다.
송호정은 『수경주』 대요수 조항에 나오는 "요동의 양평현"이라

---

18 노태돈, 「고조선중심지의 변천에 대한 연구」, 『단군과 고조선사』, 사계절, 2001, 73쪽.
19 노태돈, 「고조선중심지의 변천에 대한 연구」, 『단군과 고조선사』, 사계절, 2001, 81쪽.
20 노태돈, 「고조선중심지의 변천에 대한 연구」, 『단군과 고조선사』, 사계절, 2001, 90쪽.

는 기록을 인용하여 번역하면서 "양평현(현 요양시)"라고 표기하였다.[21] 그리고 양평현이 현재의 요양시가 아니라 옛 평주의 치소라는 내용은 바로 이 기록『수경주』대요수 조항 안에 나오는데도 못 본 척 지나쳐 언급을 피하고 있다.

"전국시대 이후 연은 요령 남부지역에 진입하였고 연속해서 두 가지 중요한 조치를 시행하였다. 하나는 군을 설치하여 관리를 두고 동북 지방에 대한 정치적 통치를 강화한 것이고, 다음으로는 장성을 수축하여 군사적 방어를 강화한 것이다. (…) 고조선과 가장 가까이 위치한 요동군은 요하 유역에서 한반도 북부에 이르는 지역을 포괄하는데, 군의 치소는 양평, 곧 지금의 요양시 부근에 있었다."[22]

"문헌 기록상 연북장성은 '조양에서 양평에 이른다(自造陽 至襄平)'고 하는데, 이는 하북성 회래에서 요령성 요양을 말한다."[23]

송호정은『통전』,『수경주』,『후한서주』의 양평=노룡설은 전혀 언급하지 않은 채 현대 중국의 역사학계가 주장하는 양평=요양설을 무비판적으로 추종하고 있다.

공석구는 2015년 12월 동북아역사재단에서 한국상고사의 쟁점

---

21 송호정, 「초기고조선의 위치와 사회 성격」, 『한국고대사속의 고조선사』, 푸른역사, 2003, 58쪽.
22 송호정, 「초기고조선의 위치와 사회 성격」, 『한국고대사속의 고조선사』, 푸른역사, 2003, 245-247쪽.
23 송호정, 「초기고조선의 위치와 사회 성격」, 『한국고대사속의 고조선사』, 푸른역사, 2003, 304쪽.

이라는 주제로 학술회의를 할때 '연, 진장성의 동단과 관련된 논의' 라는 제목으로 발표를 했다. 그는 담기양이 『중국역사지도집』에서 연, 진 장성의 동단을 청천강까지 끌어다 놓고 그 부근에 만번한이 라 표기한 내용을 아무런 비판 없이 마치 당연하다는 듯 인용하고 있다. 그리고 연의 요동군 양평현을 현재의 요양으로 표기한 것에 대해서도 역시 일언반구의 반론이 없다.

한편 다음과 같은 찬사에 가까운 설명을 덧붙이고 있다. "이 책 은 이제까지의 역사지도집과 전혀 새로운 방식으로 역사속에 나타 난 중국 역대 왕조의 영역을 표현하였다. 역사상의 중국이라는 논리 를 바탕으로 하여 현재 중국의 관점에서 역사상의 영역도를 제시한 것이다. 제작에서 출판까지 국가적인 역량을 기울여 30년 가까운 세 월 만에 완성된 『중국역사지도집』의 발간은 당시 학계의 역량을 보 여준 획기적인 업적이라는 평가를 받고 있다."[24]

이는 연의 요동군의 치소 양평현을 현재의 요녕성 요양시로 보 고 연과 고조선의 경계 만번한을 현재의 청천강 유역으로 간주하는 『중국역사지도집』과 견해를 같이하는 공교수의 인식을 잘 반영한 것이라고 하겠다.

『중국역사지도집』의 연나라 강역도는 사료적 가치가 빈약한 『위 략』의 만번한 기사와 노골화된 현대 중국의 영토야욕이 빚어낸 합 작품이다. 그러나 돌이켜보면 이것은 광복 후 우리가 바른역사를 제 대로 정립하지 못한 것과 무관하지 않다.

---

24 공석구, 「연진장성의 동단과 관련된 연구」, 『한국상고사의 쟁점』, 동북아역사재단, 2015, 45-47쪽 참조.

한국의 역사학이 『통전』, 『수경주』, 『후한서주』와 같은 권위 있는 사료를 바탕으로 연과 고조선의 경계가 하북성 동남쪽이라는 논리를 일찍이 바르게 세웠다면 중국의 이런 엉터리주장이 설자리를 잃었을 것이다. 그런데도 불구하고 이런 지도가 나왔다면 국제적 망신을 면치 못했을 것이다.

사료적으로 문제가 많은 『위략』의 만번한 기사, 연나라의 장성을 청천강까지 끌어와 고조선의 역사영토를 연나라의 강역에 모두 포함시킨 『중국역사지도집』, 연의 요동군 양평현을 요양현으로 비정하는 현대 중국 역사학계의 시각은 『사고전서』 사료로 점검해보면 그 오류와 조작상이 여실히 드러난다. 단지 그러한 역량과 의지를 갖추지 못한 우리 역사학계의 현실이 서글플 뿐이다.

지금 시점에서 연과 고조선의 경계를 청천강 유역으로 보든, 하북성 동쪽지역으로 보든 그것은 어차피 완전무결한 이론은 될 수가 없다. 2,000여 년 전의 역사를 완벽하게 재생시킬 수는 없기 때문이다. 그러나 『위략』의 만번한 기사에 의한 청천강설 보다는 『통전』, 『수경주』, 『후한서주』에 의한 하북성설이 사료적 가치로 볼때 훨씬 더 설득력이 있다.

그런데 왜 지금 한국의 역사학계는 중국적 관점을 따라 청천강 유역을 만번한으로 보는 시각은 존재하는데 『통전』, 『수경주』, 『후한서주』에 근거해 하북성 동남쪽을 연의 동쪽 경계 양평으로 보는 독자적 시각은 없는 것인가. 이것이 오늘 우리 한국의 역사학계가 안고 있는 근본적인 한계이다. 언제까지 남의 눈을 빌려 우리역사를 바라볼 것인가. 이제는 우리도 중국의 눈, 일본의 눈이 아닌 우리 눈으로 우리역사를 바라보는 시각을 지녀야 하지 않겠는가.

맺는 말

흔히 역사는 미래를 비추는 거울이라고 말한다. 영광과 치욕을 함께 해온 민족의 바른역사가 서술되어 거기서 소중한 경험을 얻을 때 분명 역사는 미래를 비추는 밝은 거울이 될 수 있다. 그러나 위대한 역사는 은폐하고 부끄러운 역사는 부각시켜 민족의 역사가 심각하게 왜곡되었을 경우 그러한 역사는 미래를 비추는 거울이 아니라 오히려 미래를 가로막는 장애물이 될 수도 있다는 사실에 우리는 유념해야 한다.

지난 70년 동안 한국의 역사학이 걸어온 길을 돌이켜보면 우리민족의 긍지와 자부심을 높여주는 영광의 역사보다는 우리민족의 긍지와 자부심에 상처를 주는 치욕의 역사에 초점이 맞추어져 있었다고 본다. 어떻게 이런 일이 일어날 수 있었는가. 그것은 일제가 식민통치를 위해 조작한 반도사관이 광복 이후 제대로 청산이 안 되었기 때문이다.

예를 들어서 고조선의 강역을 살피는데 있어 두 가지 유형의 자료가 있다. 하나는 『통전』, 『수경주』, 『후한서주』 등에 나오는 기록이다. 이들 기록은 연나라와 고조선의 경계가 양평이고 그 양평은 현재의 하북성 동남쪽으로 설명하고 있다. 발해를 깔고 앉아 대륙을 지배한 고조선의 웅대했던 모습을 전해주어 우리민족의 긍지와 자부심을 높여준다.

다른 하나는 진개가 고조선을 정벌하여 2,000리 땅을 빼앗아 만번한을 경계로 삼았다는 『위략』의 기록이다. 유일하게 『삼국지』 배송지 주석에 나오는 만번한은 『통전』이나 『수경주』나 『후한서주』에 비해 사료적 가치가 크게 떨어진다. 뿐만 아니라 고조선의 패배를 내용으로 다뤄 우리민족의 긍지와 자부심에 상처를 준다.

그런데 우리 강단사학의 고조선 연구는 어떤 길을 걸어왔는가. 진개의 만번한 기사에 주로 의존해 왔다. 『통전』, 『수경주』, 『후한서주』를 인용하여 연과 고조선의 경계를 설명한 경우는 내가 과문한 탓인지는 모르겠지만 지금까지 단 한 명도 없는 것으로 알고 있다.

한국의 강단사학은 실증사학을 내세우며 자료의 인용에서 주석이냐 원문이냐 당시의 기록이냐 후대의 기록이냐를 까다롭게 따진다. "낙랑군 수성현에 갈석산이 있고 거기가 만리장성의 기점이다"라고 말한 『태강지리지』는 고조선의 대륙지배를 알려주는 결정적인 원문자료이다. 이런 기록에 대해서는 온갖 핑계를 갖다 대며 억지로 트집을 잡는다.

그런데 『삼국지』 배송지 주석에 나오는 만번한 기사에 대해서는 이것이 당시의 기록이 아닌 후대의 기록이고 원문에는 보이지 않는 주석에만 나오는 기록인데도 이를 트집 잡는 강단사학자가 있다는 이야기를 지금까지 들어본 적이 없다. 참으로 이해가 안 되는 희한한 현상이 아닐 수 없다.

강단사학의 역사연구가 우리의 수치스러운 역사에 초점을 맞추고 있다는 구체적인 실례를 한 두 가지 더 들어 보겠다. 『산해경』은 지리를 다룬 동아시아 최고의 고전이다. 여기에 고조선의 위치를 밝혀주는 중요한 기록이 있다. " 동해의 안쪽, 북해의 모퉁이에 나라가 있으니 그 이름을 조선이라 한다."가 그것이다.

이 기록은 고조선이 한반도 변두리에 있던 왜소국이 아니라 발해만을 끼고 앉아 대륙을 지배한 강대국이었다는 것을 보여주는 결정적인 사료이다. 그런데 노태돈은 '고조선중심지의 변천에 대한 연구'에서『위략』의 만번한 기사는 길게 인용하여 상세히 설명하면서 『산해경』은 사료적 가치를 문제 삼아 이 대목을 빼놓고 있다.[25]

노태돈은 자신의 입으로『산해경』은 "춘추말기에서부터 전한대에 걸치는 여러 시기에 여러 곳에서 작성된 기사들을 모은 것이다." 라고 말했다.『산해경』이 춘추시대 말부터 전한시대 기록이라면 남북조시대 배송지 주석에 등장하는『위략』의 기록보다 최소한 수백년 앞선 기록이고 사료적 가치가『위략』보다는 월등히 뛰어난다. 그런데 고조선의 대륙지배를 알려주는 이런 자랑스러운 자료는 이런저런 엉뚱한 이유를 갖다 대며 노출을 꺼린다.

송호정은『산해경』「해내북경」에서 말한 "조선이 해북산남海北山南에 있다"라는 기록에 대하여 해는 발해, 산은 의무려산을 지칭하는 것으로 보았다.[26] 그러나『전한서』에 한무제가 "갈석산을 지나서 낙랑, 현도군을 설치했다"라고 말하였고『회남자』에 "갈석산을 지나서 조선이 있다"고 하였다. 당태종이 고구려를 정벌하러 나서며 직접 쓴 「조서詔書」에는 "문죄요갈問罪遼碣" 즉 요수와 갈석산에 가서 고구려의 죄를 묻겠다고 말하였다.

고조선, 한사군, 고구려를 말할 때는 고대 중국 기록에 의례히 갈석산이 등장한다. 의무려산은 요녕성에 있고 갈석산은 하북성에 있다. 고조선이 갈석산 부근에 있었다면 고조선의 영토가 중국 대륙

---

25 노태돈, 「고조선중심지의 변천에 대한 연구」,『단군과 고조선사』, 사계절, 2001, 71-72 쪽 참조.
26 송호정, 「초기고조선의 위치와 사회 성격」,『한국고대사속의 고조선사』, 푸른역사, 2003, 55-56쪽.

깊숙이 차지하고 있었다는 것이 된다. 그런데 의무려산 남쪽에 고조선이 있었다고 하면 고조선의 역사영토를 요녕성 안으로 축소시키는 결과가 된다. 그런데 무슨 근거로 『산해경』의 "해북산남"을 의무려산 남쪽에 고조선이 있었던 것으로 해석하는지 도무지 이해할 수가 없다.

송호정이 말하는 다음의 내용은 더욱 가관이다. "또한 해내경에서 '동해의 안쪽, 발해의 모퉁이(東海之內 北海之隅)'라고 한 것은 넓게 보아 조선이 동해의 범위안, 즉 동해에 면하였음을 의미하는 것이고 좀 더 구체적으로 말하면 동해북부의 한쪽 가에 있다는 뜻으로도 볼 수 있다."[27]

『산해경』에서 말하는 동해는 산동성 동쪽의 동해를, 북해는 발해를 가리킨다. 발해는 중원의 북쪽에 위치해 있다. 그래서 북해는 발해의 다른 이름으로 쓰였다. 『산해경』에서는 분명히 "동해의 안쪽, 발해의 모퉁이에 고조선이 있다"고 말했다. 그런데 송호정은 "동해의 안쪽, 북해의 모퉁이"라는 말을 "동해북부의 한쪽 가에 있다"는 뜻으로 해석하였다.

이런 해석은 산해경의 "동해지내 북해지우"를 "동해지내 북부지우"로 자의적으로 문장을 바꾼 것이다. 북해의 '해海'자를 북부의 '부部'자로 바꾸는 모험을 감행한 것이다. 그가 이런 모험을 감행한 이유가 무엇인가. 우리민족의 왜소한 역사를 위대한 역사로 탈바꿈시키기 위해 이런 모험을 감행한 것인가. 아니다 우리민족의 대륙을

---

27 송호정, 「초기고조선의 위치와 사회 성격」, 『한국고대사속의 고조선사』, 푸른역사, 2003, 56쪽.

지배한 자랑스러운 역사를 반도안의 초라한 역사로 전락시키기 위해 이러한 모험을 자행한 것이다.

일본은 임나일본부설을 사실로 조작하기 위해, 저들의 왜소한 역사를 강대한 역사로 탈바꿈시키기 위해, 석회를 발라 광개토대왕 비문의 글자를 변조했다. 여기에는 왜소한 일본의 역사를 비문의 글자를 변조해서라도 자랑스러운 역사로 만들고 싶어 하는 저들의 간절한 염원이 숨어 있다. 우리는 자랑스러운 역사를 글자를 바꿔가면서까지 왜소한 역사로 전락시키려는 이런 행위와 심리를 어떻게 설명할 수 있을까.

지금처럼 역사가 미래를 비추는 거울이 아니라 미래를 가로막는 장애물이 되고 있는 현실을 타개하지 않고서는 한국은 희망이 없다. 국부國富보다 더 중요한 것이 국혼國魂이다. 역사가 바로 서야 국혼이 바로 선다. 국혼의 중요성을 깨닫는 지도자가 나와서 뒤틀린 역사를 바로세우고 땅에 떨어진 국혼을 진작시키는 날이 앞당겨지기를 기대한다.

동북아역사재단 발표자료

● **첨부자료**

1. 심백강의 소왕시대 이전 연나라 강역도 / 2. 심백강의 연나라 전성기 소왕시대 강역도 / 3. 중국역사지도집의 전국시대 연 5군 위치도 / 4. 송호정의 전국시대 연 5군 위치도 / 5. 심백강의 전국시대 연 5군 위치도 / 6. 중국역사지도집의 연과 고조선의 경계도 / 7. 심백강의 연나라와 고조선의 경계도 / 8. 북위시대 평주지도

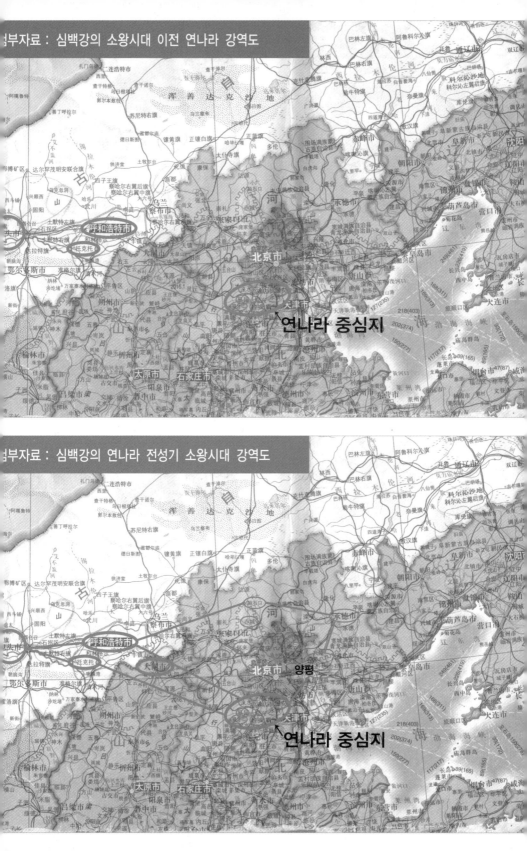

첨부자료 : 심백강의 소왕시대 이전 연나라 강역도

연나라 중심지

첨부자료 : 심백강의 연나라 전성기 소왕시대 강역도

양평

연나라 중심지

첨부자료 : 중국역사지도집의 전국시대 연 5군 위치도

상곡군 어양군 우북평군 요서군 요동군 양평 만반한

첨부자료 : 송호정의 전국시대 연 5군 위치도

시라무렌하 의무려산 요하 혼하 압록강 청천강

요서군 조양 대릉하 릉원 노합하

우북평군 난하

상곡군 어양군 어양 청하 회래 계읍(북경)

요동군 양평(요양)

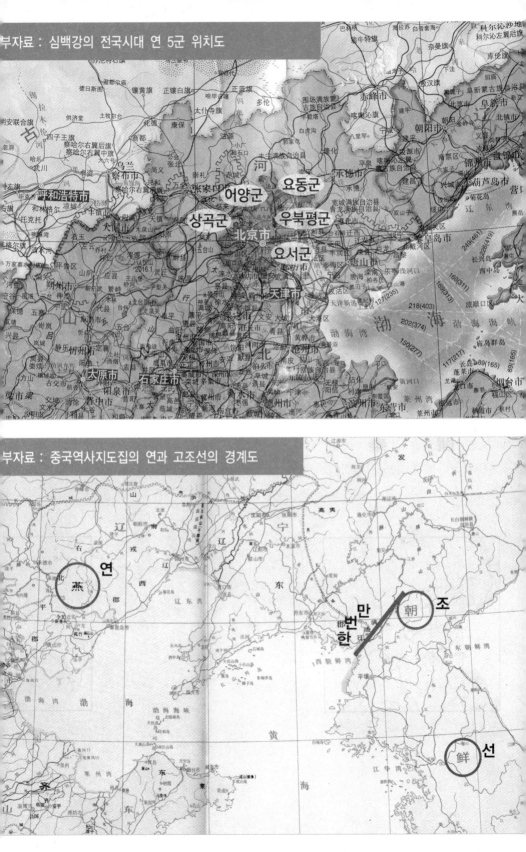

부자료 : 심백강의 전국시대 연 5군 위치도

부자료 : 중국역사지도집의 연과 고조선의 경계도

첨부자료 : 심백강의 연나라와 고조선의 경계도

연나라와 고조선의 경

연나라 중심지

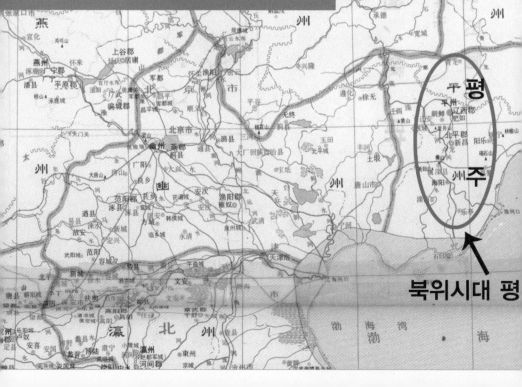

첨부자료 : 북위시대 평주지도

평

주

북위시대 평

3
...

『사고전서』를 통해서 본 고조선시대의 요수遼水와 요서, 요동, 낙랑군의 위치

1. 머리말

고조선은 발해를 끼고 앉아 대륙을 지배한 위대한 나라였다. 이 위대한 나라를 대동강 유역의 보잘 것 없는 나라로 전락시킨 주범이 한의 요동군, 요서군이다. 한국고대사 왜곡의 정점에 요동군, 요서군이 있고 그 중심에 요녕성의 요하遼河가 자리 잡고 있는 것이다.

현재의 중국 요녕성의 요하를 기준으로 고조선시대 즉 연, 진, 한시대의 요동군과 요서군을 비정한 것이 기존학계의 입장이다. 한국 사학계의 통설인 대동강 낙랑설은 고조선시대의 요동군이 현재 요녕성 요하의 동쪽에 위치하고 있었다는 논리에 기초하고 있다. 요동군이 요하의 동쪽에 있었다면 낙랑군은 그 동쪽인 대동강 유역에 있었을 수 밖에 없기 때문이다. 이러한 논리는 이병도, 노태돈, 송호정으로 이어지는 주류 강단사학으로 대표 된다.[1]

중국의 연, 진, 한시대의 요동군, 요서군은 고조선의 발상지, 서쪽 강역, 낙랑군의 위치 등을 비정할 때 매우 큰 비중으로 작용한다. 그러므로 한국의 고대사를 연구하는 데 있어서 요하의 정확한 위치를 파악하는 일은 무엇보다 선결조건이다. 그러나 한국 사학계의 그동안의 연구결과를 돌이켜보면 요하의 정확한 위치를 밝히려는 노력이 미흡했다. 이는 한국 사학계가 고조선사와 낙랑사 연구의 핵심을 간과한 커다란 실책이라고 지적하지 않을 수 없다.

이에 본 연구는 『사고전서』의 자료를 중심으로 현재의 요녕성의 요하와 고조선시대의 요하는 이름만 같을 뿐 서로 전혀 다른 강이며 현재는 요녕성에 있는 요하를 중심으로 요동과 요서를 나누지만 고조선시대에는 하북성에 있던 요수를 기준으로 요동과 요서를 나누었다는 사실을 밝히고자 한다. 이를 바탕으로 요동군 동쪽에 있었던 낙랑군이 압록강 동쪽이 아니라 하북성 동쪽에 있었던 사실도 아울러 밝히게 될 것이다.

이러한 사실을 증명하는데 있어서 종전에 우리가 전혀 검토하지 않았던 새로운 자료들이 대거 동원될 것이며 간접자료는 물론 직접자료도 선보이게 될 것이다. 뿐만 아니라 『삼국사기』나 『삼국유사』와 같은 한국 최고의 사서로 평가되는 사료보다도 연대가 훨씬 더 올라가는 1,500년~2,000년 전의 자료를 활용함으로써 본 연구가 제시하는 논증의 신뢰성을 한 층 높이게 될 것이다.

---

1 노태돈의 다음과 같은 주장은 그러한 관점을 잘 대변하고 있다. "한대의 요동군이 오늘날의 요동지역에 있었고, 그 속현인 서안평현이 압록강 하류지역에 있었다면, 자연 요동군의 동편에 있었던 낙랑군은 한반도 서북부에 있었음이 분명해진다." 노태돈, 「고조선 중심지의 변천에 대한 연구」, 『단군과 고조선사』, 사계절, 2010, 47쪽 참조.

오늘의 이 새로운 자료에 의한 연구가 한, 중 학계에 요수와 요동군, 요서군, 낙랑군의 위치에 대한 정확한 인식을 제공함은 물론 나아가 기존의 틀을 깨고 새로운 차원에서 한, 중의 고대사를 재정립하는 계기가 되기를 기대한다.

2. 현재의 요하

현재의 요하는 중국 하북성 승덕시 동쪽 평천현平泉縣 칠노도산七老圖山 산맥의 광두산光頭山(박터산, 박달산)에서 발원하여 하북성, 내몽고자치구, 길림성을 경유한 다음 요녕성을 가로질러 서남쪽으로 흘러 발해에 주입된다. 전장이 1,345킬로미터에 달하는 큰 강으로서 중국의 7대 강 중의 하나이다.

그러나 고조선시대에는 요녕성에 요하라는 강물은 존재하지 않았다. 현재의 요하는 고구려시대에는 요하가 아니라 구려하句驪河로 불렸다. 고주몽이 세운 고구려의 영토안에 이 강이 있었기 때문에 그런 명칭이 붙여진 것이다.[2] 구려하는 고구려 건국 이후 수, 당을 거치면서 수 백 년 동안 그대로 구려하로 불렸던 것이다.

---

2 『조선왕조실록』의 「세종실록 지리지」에 실려 있는 〈단군고기〉에 단군이 다스리던 제후국으로 조선, 시라尸羅, 고례高禮 등 아홉 개 나라가 있었다고 기록되어 있다. 고례, 구려는 한자 표기 상의 차이이며 실제는 동일한 나라였다고 본다. 중국의 사서에서 영지令支를 혹은 영자令疵로 표기하고 상곡군 조양造陽을 혹은 조양阻陽으로 표기하기도 한데서 그러한 사례를 엿볼 수 있다. 『흠정성경통지』 권16에는 요하가 본래는 구려하로 불렸다는 기록이 다음과 같이 나온다. "志稱今遼河 乃古之句驪 枸柳及巨流 訛傳日以滋"

그러면 이 구려하가 언제부터 구려하가 아닌 요하로 이름이 바뀌게 되었는가. 대략 오대五代시대 이후로 추정된다. 오대(907-960)란 중국역사 상에서 907년 당나라가 멸망한 이후 960년 후주後周의 조광윤趙匡胤이 진교陳橋에서 병변을 일으켜 후주의 정권을 빼앗아 북송을 건국하기까지 그 중간시기에 중원지역에 활거하고 있던 5개정권, 즉 후양後梁, 후당後唐, 후진後晉, 후한後漢, 후주後周를 가리킨다.

그러면 한, 당 이전에는 구려하로 불려오던 이 강이 왜 오대시대를 지나 북송시대에 이르는 시기에 요하로 이름이 바뀌게 되었을까. 그것은 이 지역을 차지하고 있던 고구려가 당나라에 의해 멸망하고 오대시대에는 이곳 구려하 일대가 거란족이 세운 요나라 정권의 영토로 편입된 것과 관련이 있다고 본다.

요나라(916-1125)는 거란족이 세운 왕조이다. 210년 동안 존속했다. 916년 요태조 야률아보기耶律阿保機가 정식으로 건국하여 국호를 거란이라 하였고 임황부臨潢府 즉 지금의 내몽고 적봉시 파림좌기에 수도를 정했다. 947년 요태종이 군대를 이끌고 남쪽으로 내려가 변량汴梁 지금의 하남성 개봉시開封市를 점령하여 후진後晉을 멸망시켰고 태종 야률덕광耶律德光이 개봉에서 황제로 즉위하여 이때부터 국호를 요나라로 바꾸었다[3].

요나라의 전성기 강역을 살펴보면 동쪽으로는 동해, 서쪽으로는 알타이산, 북쪽으로는 액이고납하額爾古納河, 대흥안령 일대, 남쪽으로는 하북성 남부 백구하白溝河에 이르는 광대한 영역을 소유한 강

---

3 『요사』 권1, 「본기」, 태조 상, 하. 태종 상, 하 참조.

대한 나라였다. 본래 고구려 영토였던 현재의 요하유역 일대는 요나라시기에 이르러 모두 요나라 강역에 포함되었다. 그러므로 구려하는 이때부터 요나라의 강이란 뜻의 요하로 명칭이 바뀌게 된 것이다.

청나라 이전에는 심양보다 요양遼陽이 요녕성의 중심도시 역할을 하였다. 요양은 운주雲州, 남경南京, 중경中京과 함께 요나라 4대성시의 하나였다. 그러나 요나라 이전에는 현재의 요하는 구려하였고 요하가 아니었기 때문에 당연히 요양이란 지명도 존재하지 않았다. 요녕성에 요양이란 지명이 생긴 것 또한 요나라시기부터이다.

그런데 우리의 강단사학계는 지금의 요녕성의 요하를 한나라 때의 요하로, 현재의 요양현을 한나라 때의 요동군 양평현으로 간주한다. 현재의 요녕성 요하 동쪽에 한나라시대의 행정구역인 요동군이 설치되어 있었고 그 요동군의 군청소재지가 지금의 요양현이었으며 요동군의 동쪽인 대동강 유역에 낙랑군이 설치되었다고 보는 것이 이병도로부터 노태돈, 송호정에 이르는 강단사학이 주장하는 이론의 핵심이다.

그러나 요녕성의 요하나 요양은 거란족이 세운 요나라시대에 비로소 생긴 지명이다. 그 이전 한나라 시대에는 요하라는 강은 요녕성이 아닌 하북성에 존재했다. 이러한 사실이 만일 신뢰할만한 객관적인 문헌을 통해서 증명될 수 있다면 강단사학이 70년 동안 주장해온 현재 요녕성 요하 동쪽의 한 군현 요동군설, 요동군 동쪽의 대동강 낙랑설은 모두 폐기처분되어야 마땅한 것이다.

아래에서 요나라가 오대시대에 요하유역을 지배하기 이전인 연, 진, 한 시대에는 요동군, 요서군은 현재의 요녕성 요하유역에 존재하지 않았고 한 무제가 고조선을 침략하여 설치한 한사군의 낙랑군 또한 대동강 유역에 있지 않았다는 사실을 『사고전서』의 관련 자료에 근거하여 구체적으로 밝혀보고자 한다.

3. 현재의 요하를 고조선시대의 요수로 볼 수 없는 문헌학적 근거

1) 동남쪽으로 흘러 발해로 들어갔던 요수

요수라는 명칭은 『산해경』의 「해내동경」에 최초로 나온다. 인용하면 다음과 같다. "요수는 위고 동쪽에서 발원하여 동남쪽으로 흘러 발해에 유입되며 요양으로 들어간다.(遼水出衛皐東 東南注渤海 入遼陽)"

현재 요녕성을 가로질러 흐르는 요하는 동남쪽이 아니라 서남쪽으로 흘러 발해로 들어간다. 요녕성의 요하는 지리적 위치상으로 볼 때 발해로 주입되기 위해서는 서남쪽으로 흐를 수밖에 없으며 동남쪽으로 흘러서는 불가능하다.

『산해경』에 말한 요수의 흐른 방향을 본다면 고대의 요수는 현재의 요하와는 다른 강이라는 것을 어렵지 않게 짐작할 수 있다. 연나라, 진나라, 한나라시대의 요서군, 요동군은, 서남쪽으로 흘러 발해로 주입되는 지금의 요녕성의 요하를 중심으로 그 동쪽과 서쪽을 가리킨 것이 아니라 동남쪽으로 흘러 발해에 유입된 고대의 요수를 기준으로 그 동쪽을 요동, 서쪽을 요서라 하였던 것이다.

그러면 동남쪽으로 흘러 발해로 들어가는 강물은 어디에 있는가.

하북성에 있는 강물들은 지리적 조건상 대체로 동남쪽으로 발해에 유입된다. 예컨대 난하, 조하, 영정하, 역수 이런 강 들은 동남쪽으로 흘러 발해로 들어가고 호타하는 동쪽으로 흘러 발해로 들어간다.

그런데 『산해경』「해내동경」에서는 요수가 하북성 남쪽의 호타하와 함께 나란히 소개되고 있다. 이는 『산해경』에 나오는 고대의 요수는 요녕성이 아니라 하북성의 호타하 부근에 있었음을 잘 보여 준다고 하겠다.

다만 여기서 한 가지 지적할 것은 『산해경』에 나오는 요수는 요수潦水로 표기되어 있어 지금의 요하遼河의 요遼자와는 글자가 서로 다르다는 점이다. 따라서 혹자는 『산해경』의 요수는 요동, 요서의 기준이 된 요하와는 다른 강이라는 주장을 제기할 수도 있다.

그러나 청나라의 오임신吳任臣(1628-1689)은 그의 유명한 저서 『산해경광주』에서 "요수는 임신이 생각할 때 바로 요수이다.(潦水 任臣按卽遼水)"라고 하여 요수潦水와 요하遼河를 동일한 강으로 취급하였다.

또한 서진시대의 저명한 학자인 곽박郭璞(276-324)은 『산해경』에 말한 요양현에 대한 주석을 내면서 "요양현은 요동군에 속한다.(潦陽縣 屬遼東)"라고 하였다. 곽박의 설명에서 우리는 요동潦東이 바로 요동遼東과 동일한 개념으로 쓰였으며 요수潦水가 요동, 요서를 나누는 기준이 되었다는 사실을 확인할 수 있다고 하겠다.

2) 서한시대 만리장성의 마지막 관문 거용관居庸關의 위치로 본 요수

중국의 사서에 나오는 '새塞' 자는 두 가지 의미를 내포하고 있다. 하나는 요새를 표시하고 하나는 장성을 표시한다. 그런데 중국의 만리장성은 중요한 요새마다 관문을 설치했다. 그 대표적인 관문이 9개가 있었다. 안문관雁門關, 거용관居庸關 등이 그러한 요새에 세워진 관문들이다.

유방의 손자 회남자淮南子 유안劉安이 쓴『회남자』권4에는 다음과 같은 기록이 나온다. "어떤 곳을 9새라고 말하는가. 태분, 민액, 형원, 방성, 효판, 정경, 영자, 구주, 거용이다.(何謂九塞 曰 太汾 澠阨 荊阮 方城 殽阪 井陘 令疵 句注 居庸)" 고대에 안문관을 안문새라고도 말한 데서 보듯이 관과 새는 같은 의미로 쓰였다. 그러므로 여기서 회남자가 말하는 9새는 곧 아홉 개의 관문 9관을 뜻한다.

동한시대의 학자 고유高誘는『회남자』의 주석에서 이렇게 설명하고 있다. "태분은 진晉에 있고 민액은 지금의 홍농 민지弘農 澠池가 그곳이다. 형원과 방성은 다 초楚에 있다. 효판은 홍농군 민지의 효흠음殽欽吟이 그곳이다. 정형은 상산常山에 있다. 태원관太原關과 통한다. 영자는 요서遼西에 있다. 구주는 안문雁門의 음관陰館 구주句注에 있다. 거용은 상곡上谷 조양阻陽의 동쪽에 있으며 운도관運都關과 통한다."[4]

이 기록에 의거하면 태분, 민지, 효판은 중국의 서방에 있던 변경 요새를 말하고 형원, 방성은 중국의 남쪽에 있던 변경 요새를 말하고 정경, 영자, 구주, 거용은 중국의 북방, 동방에 있던 변경 요새를 말한다.

회남자가 말한 서한시기 중국 9새에는 만리장성의 요새에 세워

---

4 "太汾在晉 澠阨今弘農澠池是也 荊阮方城 皆在楚 殽阪弘農郡澠池 殽欽吟是也 井陘在常山 通太原關 令疵在遼西 句注在雁門陰館句注 居庸在上谷阻陽之東 通運都關"

졌던 중국의 서방으로부터 북방, 동방에 이르는 주요 관문들이 다 포함되어 있다. 그런데 여기에 천하 9새의 마지막 관문으로 거용관이 언급되었고 거용관의 동쪽지역에 위치한 현재의 산해관은 포함되어 있지 않다.

거용관은 현재 북경시내에서 서쪽으로 50킬로미터 가량 떨어진 창평구昌平區 경내에 위치해 있다. 옛 진, 한시대 상곡군 지역이다. 거용관이란 명칭은 진시황시대로부터 사용하기 시작했다. 진시황이 만리장성을 축조할 때 죄수, 군졸, 그리고 강제로 징집한 백성들을 이곳으로 이주시켜 살게 했다. 그래서 용도庸徒들을 이주시켜 거주하도록 했다는 의미에서 거용관居庸關이란 명칭이 붙여지게 된 것이다. 한나라시대에는 진나라에서 사용하던 거용관이란 명칭을 그대로 사용했다.

북경시 서북쪽의 거용관이 만리장성 위에 세워진 동쪽의 마지막 관문이었던 점을 고려한다면 서한시대 회남자가 생존했을 당시의 한나라 동쪽 국경은 거용관 일대에서 약간 동쪽에 위치했을 것으로 보는 것이 사리에 맞다.

서한시기에는 현재의 하북성 진황도시 산해관 일대는 중국의 강역에 포함되어 있지 않았다. 천하 9새天下九塞에 산해관이 포함되지 않고 거용관까지가 중국의 마지막 관문이 되었던 것은 그 동쪽의 산해관 일대는 중국의 영토가 아니었다는 확실한 근거가 되기에 충분하다.

거용관을 천하 9새의 하나로 기록한 것은 『회남자』뿐만 아니라 『여씨춘추』에도 동일한 기록이 나타난다. 그러나 『여씨춘추』 역시 천하 9새에 산해관은 언급되어 있지 않다. 지금의 산해관 지역이 만리장성의 종착 지점이었다면 당시 천하 9새가 아니라 하나의 관문을 더 추가하여 천하 10새가 되어야한다.

『회남자』와 『여씨춘추』에 나오는 천하 9새에 산해관이 들어있지 않다는 것은 한나라 이전에는 거용관이 만리장성의 동쪽 끝이었으며 그 밖은 중국의 영토가 아니었음을 반증하는 주요한 근거인 것이다.

서한시대에 중국 한나라 장성의 관문이 요서에 있던 영지관, 안문에 있던 구주관을 지나서 상곡에 있던 거용관이 천하 9새의 동쪽 마지막 관문이었던 점을 고려한다면 당시 서한의 강역은 지금 북경시 서북쪽 거용관 일대까지이고 그 이동은 고조선 땅이었다는 이야기가 된다.

산해관 일대로부터 그 동쪽은 중국의 땅이 아니라 모두 고조선 땅인데 여기에 어떻게 지금의 요녕성 요하를 중심으로 중국 한나라의 행정구역인 요서군과 요동군이 설치될 수가 있었겠는가.

현재 중국 신화서점에서 발행한 중화인민공화국지도에는 만리장성의 동쪽 끝이 산해관까지 그려져 있다. 하지만 회남자 생존 당시만 해도 중국의 만리장성은 북경시 서북쪽 거용관 일대까지 왔고 산해관 일대는 만리장성 밖에 있었다. 산해관 일대가 중국의 영토로 포함된 것은 한나라 훨씬 이후 동이족이 중원에 들어가 지배하면서부터 생긴 현상이다. 아마도 오호십육국시대 이후가 될 것이다.

그러므로 진나라시대의 만리장성지도를 그린다면 동쪽 끝은 산해관이 아니라 거용관 일대까지 그려야 옳다. 지금 중국사회과학원에서 발행한 『중국역사지도집』에는 진, 한시대 만리장성의 길이를 늘여서 청천강까지 그려놓았다. 이는 역사에 대한 고증 자료를 폭넓게 검토하여 공정한 시각으로 다루지 않고 사료적 가치가 빈약한 만 번한滿番汗 자료 같은 중국에 유리한 일부 자료만을 편파적으로 선택한 데서 온 오류이다.

북경시 서북쪽의 거용관이 만리장성의 동쪽 마지막 관문이었다는『회남자』의 기록은 요수가 하북성에 있었다는 것을 밝혀주는 직접 자료는 아니다. 그러나 당시 한의 강역은 지금 북경시 서북쪽 일대까지 도달했으며 산해관 동쪽에 위치한 현재 요녕성의 요하는, 한의 군현인 요동군과 요서군을 가르는 기준이 된 요수가 아니었다는 것을 증명하는 간접자료가 되기에는 충분하다고 하겠다.

3) 갈석산에서 발원하여 남쪽으로 흘러 발해로 들어간 요수

『회남자』권4 「추형훈墜形訓」에는 중국에 대표적인 강물이 여섯 개가 있다고 말하면서 그 구체적인 이름을 다음과 같이 거명하고 있다. "어떤 것을 6수라고 말하는가. 하수, 적수, 요수, 흑수, 강수, 회수이다.(何謂六水 曰 河水 赤水 遼水 黑水 江水 淮水)"

동한시대 고유의 『회남자』주석에는 "하수는 곤륜산의 동북쪽 모퉁이에서 발원하고 적수는 그 동남쪽 모퉁이에서 발원한다. 요수는 갈석산碣石山에서 발원하여 장성의 요새 북쪽으로부터 동쪽으로 흘러 요동의 서쪽으로 직행하여 남쪽으로 바다에 들어간다. 흑수는 옹주雝州에 있다. 강수는 민산에서 발원하여 촉蜀의 서쪽 변방에 있다. 회수는 동백산桐柏山 남쪽 평양에서 발원한다."라고 하였다[5].

『이아爾雅』「석지釋地」에 "양 하의 사이를 기주라하고 하남을 예주라 하고 하서를 옹주라 하고 한남을 형주라 하고 강남을 양주라

하고 제하의 사이를 연주라 하고 제동을 서주라 하고 연을 유주라 하고 제를 영주라 한다.(兩河間曰冀州 河南曰豫 河西曰雝州 漢南曰荊州 江南曰揚州 濟河間曰兗州 濟東曰徐州 燕曰幽州 齊曰營州)"라고 하였다. 이 기록에 따르면 여기서 말하는 옹주에 있는 흑수는 오늘날의 흑룡강이 아니라 황하서쪽 섬서성 일대에 있던 강을 가리킨다.

그런데 우리가 여기서 주목하는 부분은 동한의 고유가 요수를 설명하면서 "요수는 갈석산에서 발원한다.(遼水出碣石山)"라고 설명하고 있는 점이다. 『회남자』 「추형훈墜形訓」에는 요수에 대한 언급이 뒤에서 다시 한 번 등장한다. "요수가 지석산에서 발원한다.(遼出砥石)"라는 것이 그것이다.

앞에서 회남자는 요수는 중국의 대표적인 강 여섯 개 중의 하나라고만 말하였는데 여기서 회남자는 "요수가 지석산에서 발원한다"라고 구체적으로 설명한 것이다. 이에 대한 고유高誘의 주석은 다음과 같다. "지석은 산의 이름으로 요새 밖에 있다. 요수가 발원하는 곳이다.(山名在塞外 遼水所出)"

고유는 앞에서 회남자가 요수가 중국의 6대강의 하나라고 언급한 부분의 주석에서는 "요수가 갈석산에서 발원한다(遼水出碣石山)"라고 분명히 말하였다. 그런데 여기 "요수가 지석산에서 발원한다遼出砥石"라고 회남자가 다시 말한 부분의 주석에서는 고유가 지석산에 대한 다른 설명은 없이 "지석은 산명인데 요수의 발원지이다."라고 말하였다. 이는 고유가 지석산과 갈석산을 동일한 산으로 이해했음

---

5 "河水出崑崙東北趣 赤手出其東南趣 遼水出碣石山 自塞北東流 直遼東之西 南入海 黑水在雝州 江水出岷山 在蜀西徼 淮水出桐柏山南平陽也"

을 말해준다.

　만일 고유의 "요수가 갈석산에서 발원한다."라는 주석과 "지석산이 요수의 발원지이다"라는 주석이 서로 장을 달리하여 다른 곳에 나온다면 혹시 고유가 지석산과 갈석산은 서로 다른 산인데 이를 두고 착각을 일으킨 것으로 간주할 수도 있다. 그러나 이 두 내용은 모두 『회남자』 권4 「추형훈」 같은 장 안에서 하나는 앞부분에 하나는 조금 뒷부분에 나온다. 그렇다면 바로 앞뒤에 나오는 이 문장을 두고 고유가 착각을 일으켰다고 보기는 어렵다.

　또한 『여씨춘추』 권13에도 『회남자』 「추형훈」에서 말한 바와 같은 중국의 6대 강에 대한 언급이 있다. 『여씨춘추』의 주석 작업 또한 동한의 고유에 의해서 이루어졌다. 그런데 이곳에서 고유는 역시 "요수는 지석산에서 발원한다(遼水出砥石山)"라고 말하였다.

　『회남자』와 『여씨춘추』 모두 동한시대의 고유에 의해 주석 작업이 이루어졌으므로 오류가 있었다면 분명 어느 하나는 시정되었을 것이다. 그런데 그 내용상에서 변화가 없고 두 주석이 서로 동일하다. 여러 가지 정황으로 미루어 볼 때 고유는 갈석산과 지석산을 동일한 산으로 인식한 것이 분명하다고 하겠다.

　여기서 이해를 돕기 위해 요수와 관련된 다른 자료를 좀 더 비교 검토해 보기로 한다. 『산해경』에는 "요수는 백평산 동쪽에서 발원한다.(遼水出白平東)"라고 말하였다. 상흠의 『수경』에는 "대요수는 새외의 위백평산에서 발원한다.(大遼水 出塞外衛白平山)"라고 하였다. 북위 역도원의 『수경주』에는 "요수는 지석산에서 발원한다고 말하기도 한다.(遼水亦言出砥石山)"라고 하였다.

　고유의 『회남자』 주석에서는 "요수가 갈석산에서 발원한다.(遼水

出碣石山)"라고 하였다. 고유의 『여씨춘추』 주석에서는 "요수가 지석산에서 발원한다.(遼水出砥石山)"라고 하였다. 『전한서』 「지리지」 현도군 조항에는 고구려현 주석에 "요산이 있는데 요수가 발원한다. 서남쪽으로 요대현에 이르러 대요수로 들어간다.(遼山 遼水所出 西南至遼隊 入大遼水)"라고 기록되어 있다.

　　『후한서』 「지리지」 현도군 조항에는 원문에 "고구려현, 여기에 요산이 있다. 요수가 발원한다.(高句麗遼山遼水出)"라고 하였고 주석에 "요산은 소요수가 발원하는 곳이다.(遼山小遼水所出)"라고 하였다. 『수경』에는 "고구려현에 요산이 있다. 소요수가 발원하는 곳이다.(高句麗縣 有遼山 小遼水所出)"라고 하였다.

　　이상에서 인용한 자료들을 살펴보면 요수의 발원지로서 백평산, 위백평산, 갈석산, 지석산, 요산 등의 지명이 등장하는 것을 알 수가 있다. 요수의 발원지로서 등장하는 산이 너무 많다. 이렇게 많은 산 중에서 어떤 산이 과연 요수의 발원지인지 혼동을 일으키게 된다. 그러나 자료를 차분히 분석해보면 대요수의 발원지는 백평산 또는 위백평산이고 지석산, 갈석산, 요산은 소요수의 발원지라는 것을 알 수 있다.

　　소요수의 발원지인 지석산과 갈석산은 이름만 다를 뿐 실제는 같은 산이라고 본다. 왜냐하면 지석산은 우리말로 숫돌 산이고 갈석산은 빗돌 산이란 뜻이다. 숫돌이나 빗돌은 그 모양 면에서 큰 차이가 없다. 그 산 정상에 네모반듯하면서 길쭉길쭉하여 숫돌이나 빗돌처럼 생긴 돌들이 우뚝우뚝 솟아 있어서 그 지역사람들이 빗돌 산, 또는 숫돌 산으로 불렀을 것이다.

　　그러면 요산이란 이름은 어떻게 해서 생겨난 것일까. 『설문해자』

에 "요자는 멀 원자와 같은 뜻이다.(遼遠也)"라고 하였다. 요수를 중원에서 바라볼 때 가장 멀리 떨어진 강이라 해서 중국인들이 멀리 있는 강이란 의미로 요수라 호칭했다. 이런 것을 미루어보면 갈석산이 한족의 입장에서 볼 때 산중에서 가장 멀리 떨어져 있는 산이라 하여 요산으로 불렀을 수 있다.

또 갈석산은 요수가 발원한 산이므로 여기에 근거하여 요산으로 불렀을 가능성도 없지 않다. 갈석산, 지석산이 그곳에 거주하던 토착민들이 부르던 산 이름이라면 요산은 중원에서 중국인들이 사용한 이름에서 유래했다고 말할 수 있겠다. 그러므로 갈석산, 지석산, 요산은 명칭은 서로 다르지만 사실은 동일한 산에 대한 다른 명칭이었던 것이다.

역사상에서 요녕성이나 길림성이나 한반도에 갈석산이 있었다는 기록은 찾아볼 수 없다. 갈석산은 하북성에 위치하고 있었던 산인 것은 누구도 부인하지 못한다. 그렇다면 갈석산에서 발원하여 요동군의 서쪽으로 흘러 남쪽으로 발해에 유입된 요수가 현재의 요녕성의 요하가 될수 없다는 것은 너무나 당연한 귀결인 것이다.

4) 몽염이 쌓은 만리장성이 뚫고 지나간 북방에 있던 요수

『회남자』 권18 「인간훈人間訓」에는 다음과 같은 내용이 실려 있다. "진시황이 『녹도錄圖』를 펼쳐들고 거기 적혀 있는 글을 보니 '진나라를 망칠 자는 호胡이다.'라는 말이 적혀 있었다. 그로 인하여 군졸 50만 명을 동원하여 몽공과 양옹자를 장수로 삼아 장성을 축조하는 일을 담당하도록 하였다. 서쪽은 유사에 속하고 북쪽은 요수를 뚫고

지나가고 동쪽은 조선에서 끝마무리 되었다.(秦皇挾錄圖 見其傳曰 亡秦
者胡也 因發卒五十萬 使蒙公楊翁子將 築脩城 西屬流沙 北擊遼水 東結朝鮮)"

여기서 서속유사西屬流沙는 만리장성의 서쪽 출발지점이 중국의
서방 감숙성 임조臨洮임을 말하고 북격요수北擊遼水는 만리장성이 북
방의 요수를 뚫고 지나간 것을 의미하며 동결조선東結朝鮮은 만리장
성이 동쪽으로 조선의 국경지대에서 종결된 것을 가리킨다.

중원에서 북방이란 산서성, 하북성 방향을 가리킨다. 요녕성은
동방 또는 동북방에 해당한다. 현재의 요녕성의 요하는 방위상으로
볼 때 중원의 동북방에 해당하는 지역이고 북방이 아니다. 이 기록
에 따르면 고대의 요수는 중원의 북방에 위치하였고 동방에 있지 않
았다. 동방에는 고조선이 있었다.

진박사秦博士 노생盧生은 방사方士로서 연燕나라 사람이다. 그는
사방으로 신선을 찾아다니다가 돌아올 때 참위서에 해당하는 『녹도』
라는 책 한권을 구해서 진시황에게 바쳤다. 거기에 "진나라를 망칠
자는 호이다(亡秦者胡)"라는 말이 적혀 있었는데 그 호는 호족이 아니
라 진시황의 아들 호해胡亥를 가리킨 것이었다.

그런데 진시황은 이를 호족으로 착각하고 북방의 호족을 방어하
기 위해 장수 몽염과 양옹자를 시켜서 만리장성을 쌓는 일을 담당하
도록 했다. 이때 진시황이 쌓은 만리장성은 북쪽으로 요수를 지나서
지금의 북경시 서북쪽의 거용관 부근에서 멈추었고 거기서 더 이상
동쪽으로 나아가지 않았다. 산해관 일대로부터 그 이동은 모두 고조
선의 영역이었다. 진시황이 몽염을 시켜서 쌓은 만리장성이 뚫고 지
나간 북방의 요수는 현재의 요하가 아닌 하북성의 거용관 남쪽에 있
던 다른 강을 지칭한 것이 분명하다.

5) 하북성 난하 유역 희봉구喜逢口 남쪽에 있던 요수

원元나라때 허유임許有壬이라는 문신이 있었다. 그의 자는 가용可用 호는 문충文忠이다. 생전에 저서 100권을 남겼는데 지금은 일부가 유실되고 81권만이 전해진다. 그의 저서 『지정집至正集』이 『사고전 서』 안에 수록되어 있다. 허유임이 희봉구喜逢口라는 제목으로 쓴 시 가 『지정집』 8권에 실려 전한다.

저자는 시를 쓰기에 앞서 그가 희봉구라는 제목으로 시를 쓰게 된 배경에 대해 다음과 같은 설명을 덧붙이고 있다.

"난양역滦陽驛에서 동북쪽으로 40리쯤 가면 산이 있는데 거기에 두 개의 무덤이 나란히 있다. 세간에서는 이 무덤을 두고 이런 말이 전 해온다. '옛적에 변방에 수자리 살러나가서 오랫동안 귀가하지 않은 자가 있었다. 그 아버지가 찾아 나섰는데 마침 이 산 아래에서 서로 만나게 되었다. 서로 부둥켜안고 크게 웃었는데 기쁨이 극에 달한 나 머지 죽음에 이르고 말았다. 드디어 이곳에 장사지냈는데 민간에서 는 그로 인해서 이곳을 희봉구라 부르게 되었다.' 이는 마치 망부석 이 있는 것과 유사한 경우라 할 것이다. 이 일이 어느 시대의 일인지 또 그들의 성씨가 누구인지 알 길은 없다. 그러나 그들의 이야기는 족히 사람을 감동시킬만한 구석이 있다. 그래서 시를 지어 기록으로 남긴다.(滦陽驛 東北四十里 山有雙塚 世傳 昔有久戌不歸者 其父求之 適相 遇此山下 相抱大笑 喜極而死 遂葬於是 俗因謂之喜逢口 亦猶望夫之有石也 雖莫究其世代姓氏 而其言有足感人者 故作詩而記之)"

원나라시대의 문신이었던 허유임이 '희봉구'라는 시 제목 아래에 덧붙인 이 짤막한 설명을 통해서 우리는 저자가 '희봉구'라는 곳에 갔다가 지명과 얽힌 이야기를 지방민들로부터 전해 듣고 이를 기록으로 남기기 위해 시를 쓴 것임을 알 수 있다.

허유임의 시에 시제로 등장한 '희봉구'라는 지명은 지금도 중국 지도상에 그대로 남아 있다. '희봉구'는 하북성 동쪽의 천서현遷西縣과 관성현寬城縣의 접경지대에 위치해 있다. 하북성 당산시唐山市 소속이다.

'희봉구' 이 일대의 도로는 지난날 하북 평원에서 동북으로 통하는 교통의 요지였다. '희봉구'에 관문이 설치되었는데 이 길목의 목구멍에 해당하는 위치였다. 전략적으로 얼마나 중요한 위치였는지 짐작이 가는 일이다.

고대사회에서 '희봉구' 일대는 한족과 북방 및 동북방 민족이 빈번하게 교류하던 곳으로 군대를 주둔시켜 수비를 하였다. 위진시대와 그 이후 당나라시기에는 이곳을 노룡새盧龍塞라 호칭하였다[6]. 이곳을 당산唐山으로 지명을 바꾼 것이 당나라 때이다.

이곳이 본래 당나라 땅이었다면 왜 당나라가 새삼스럽게 이름을 당산으로 바꾸었겠는가. 아마 당태종이 고구려를 침략하여 이곳을 빼앗은 것이 당산으로 지명을 변경하게 된 동기가 되었을 것이다. 그러니까 당나라시기에 이르러 당의 동쪽 국경선이 한나라시대의 북경시 서쪽 거용관 일대에서 이곳 당산시 지역 노룡새까지 확대된

---

6 『수경주』「유수」 조항, 『삼국지』「위지」, 『진서』「재기」, 『당서』「지리지」 등에 노룡새에 관한 기록이 나온다.

것으로 볼 수 있겠다.

이 부자 상봉의 가슴 아픈 미담이 전해지는 희봉구喜逢口는 명나라 때 오류로 인해 희봉구喜峯口로 불려지게 되었고 명나라 대종代宗 경태景泰 3년(1452년) 성을 쌓아 관문을 설치하고 희봉구관이라 하였다. 지금은 통상적으로 희봉구喜峯口라 호칭한다.

허유임許有壬이 희봉구에 대한 부자 상봉의 내력을 쓰면서 어느 시대에 벌어진 일인지 알 수 없다고 했는데 당나라시기 여기에 노룡새가 설치되어 있었던 점을 감안한다면 희봉구의 주인공은 바로 당나라시기에 고구려와 당의 접경지대인 노룡새에서 수자리하던 군졸과 그 아버지의 이야기가 아닐까하는 추측을 해볼 수 있다.

그러면 희봉구가 지금 중국의 어디쯤에 해당하는 지역인지 좀 더 구체적으로 알아보자. 허유임은 희봉구의 지리적 위치를 설명하면서 난양역灤陽驛에서 동북쪽으로 40리가량 떨어진 곳에 위치해 있다고 말했다.

난양의 연혁을 살펴보면 금金나라 장종章宗 승안承安 2년(1197)에 난양현이 설치되었고 치소는 지금의 하북성 천서현遷西縣 서북쪽에 있었다. 금 장종 태화泰和 4년(1204)에 폐지되었다. 원나라시대에 다시 설치되었다가 명나라 홍무洪武 초기에 폐지되었다.

현재는 하북성 당산시 천서현 관할아래에 난양진灤陽鎭이 소속되어 있는데 하북성 천서현 북쪽의 만리장성 아래 난하의 물가에 위치해 있다. 난하의 북쪽에 위치해 있기 때문에 난양이라는 지명이 붙게 된 것이다.

강물은 통상적으로 강의 북쪽을 일컬어 양이라고 한다. 현재의 난양진은 원래의 난양과 희봉구 두 향鄕을 합병하여 1996년에 설치되었다. 난양진 관할구역 안에 반가구潘家口, 희봉구喜峯口, 철문관鐵門關 등이 소속되어 있다.

이 원나라시대 허유임의 시에 나오는 희봉구와 난양역 등의 지명은 하북성 동쪽, 만리장성 남쪽, 난하 북쪽에 그대로 살아서 지금도 전해지고 있는 것을 알 수가 있다. 그러니까 바로 오늘날의 하북성 천서현 북쪽의 장성 남쪽 난하 북쪽 지대를 무대로 벌어진 사건을 배경으로 하여 원나라의 문신 허유임의 시가 쓰여진 것이다.

그러면 이제 본론으로 들어가서 희봉구喜逢口를 제목으로 쓴 그의 시를 직접 살펴보기로 한다. 앞부분은 이렇게 시작된다.

"아이가 추우면 내가 입던 옷을 벗어 입히며 어루만져주었고, 아이가 굶주리면 내가먹던 밥을 먹여주었나니 꾸지람이 왠 말인가. 장성이 나라를 지켜주어 군대 나갈 일 없다더니, 한번 떠나간 자식 돌아오질 않으니 어찌해야 좋을지. 떠나갈 때 동북변방에 수자리 살러간다면서, 곧바로 유관을 나가 요수를 건너갔네.(兒寒解衣重撫摩 兒飢推食執忍訶 長城與國遠負戈 一去不返當如何 去時云戍東北鄙 直出楡關度遼水)"

아들이 수자리 살러갔다가 나중에 부자가 상봉한 곳이 희봉구이고 그곳은 현재의 하북성 동쪽, 만리장성 남쪽, 난하 북쪽의 난양진이다. 그런데 여기서 시인은 아들이 수자리하러 떠나갈 때 유관을 나가서 요수를 건너서 갔다고 말했다.

이 요수가 만일 현재의 요하이고 수자리하는 아들이 요하동쪽에 살았다고 한다면 하북성 난하 북쪽의 난양지역은 서쪽 방위에 해당한다. 따라서 서북쪽으로 수자리 살러 갔다고 말해야 맞다. 그러나

시인은 여기서 아들이 떠나갈 때 동북변방으로 수자리 살러간다고
말했다고 표현하고 있다.

하북성 난하 유역은 현재의 요령성 요하 동쪽에서 보면 서쪽지
역이 되지만 섬서성이나 하남성 등지의 중원일대에서는 동북방 변
경에 해당한다. 따라서 여기서 말하는 수자리 살러간 아들은 섬서성
이나 하남성에 거주하던 청년으로 보아야 사리에 맞다.

그리고 중원지역에 거주하던 젊은 이가 동북방의 난하 유역으로
떠나갈 때 유관을 나가 요수를 건너서 갔다고 말했다. 그러면 유관
은 요수를 건너기 전에 경유한 관문이므로 지리적으로 요수보다 더
남쪽에 위치해야 한다. 유관에 대해서는 여러 설이 있다.

『사기』「초세가楚世家」에 "도왕 11년에 삼진이 초나라를 공격하
여 우리 대량과 유관을 패배하도록 하였다.(悼王十一年 三晉伐楚 敗我大
梁楡關)"라는 기록이 있고 사마정司馬貞의 「사기색은」에서는 "이 유관
은 마땅히 대량의 서쪽지역에 있었을 것이다.(此楡關當在大梁之西)"라
고 하였다.

대량은 현재의 하남성 개봉시 서북쪽 일대에 위치하고 있었다.
전국시대 『맹자』의 첫머리에 등장하는 양혜왕梁惠王 6년(서기전 364)
에 최초로 대량으로 명칭을 변경하여 이곳을 수도로 삼았다. 또 『사
기집해』에는 "도왕 2년에 삼진이 와서 초나라를 공격하여 승구까지
왔다가 되돌아갔다.(悼王二年 三晉來伐楚 至乘丘而還)"라는 주석에 "서광
은 말하기를, '연표에 의하면 3년에 유관을 정나라에 되돌려주었다.'
고 했다.(徐廣曰年表三年 歸楡關于鄭)"라고 하였다. 춘추시대의 정나라
는 하남성 서북쪽에 있었다.

『전한서』권51「매승열전」에는 "매승이 다시 오왕에게 유세하여

말하기를, '…진나라가 북쪽으로 유중의 관을 갖추고 있다'고 하였다.(枚乘 復說吳王日…秦北備楡中之關)"라는 기록이 있고 안사고顔師古의 이에 대한 주석에는 "지금의 유관이다.(卽今所謂楡關也)"라고 하였다. 이는 진나라의 북쪽에 유관이 있었음을 말해준다. 이에 의하면 유관은 섬서성 북쪽 어딘가에 있었을 것이다.

『유자산집庾子山集』 권3에는 "유관에는 소식이 끊기었고 한나라 사신은 경유하는 일이 두절되었네.(楡關斷音信 漢使絶經過)"라고 나온다. 여기서 한나라 사신이란 장건張騫, 감영甘英 등을 가리키는데 남북조시대 유신은 장건, 감영 등이 서역으로 사신 갈 때 경유했던 관문이 유관이었던 것으로 말하고 있다.

명, 청 이후에는 하북성 진황도시 임유관臨渝關을 통상 유관이라고 호칭하였다. 그러나 이상의 기록에 의거하면 한, 당 이전에는 하남성 서북쪽에 유관이 있었던 것이 분명하다. 이 시에 등장하는 젊은이는 이 유관을 나왔다고 보아야한다.

그렇다면 중원에 거주하던 이 젊은이가 동북방 변경의 노룡새에 가기 위해 유관을 나와서 건넜던 요수는 현재의 요녕성 요하가 아니라 하북성의 난하와 하남성 서북쪽 유관의 중간지대에 있던 강이 분명하다. 그 중간에 경유하게 되는 큰 강은 어떤 강이 있는가. 하북성 남쪽의 호타하와 역수 등이 있다. 따라서 여기서 젊은이가 건넜던 요수는 역수일 가능성이 높다.

이 시는 하북성 요양역 사람들의 전언을 바탕으로 쓴 것이다. 그러나 저자가 이 시를 쓰던 원나라시대까지는 현재의 요녕성의 요하와 다른 요수가 하북성 남쪽에 실재하고 있었다는 것을 의미한다. 그렇지 않다면 어떻게 저자가 이런 지명을 조작하여 시를 쓸 수가 있었겠는가.

남북조시대 남조의 양나라 사람으로 왕훈王訓(서기 511-536)이라는 시인이 있었다. 자는 회범懷範인데 문장을 잘 하였으며 벼슬은 시중侍中에 이르렀다. 그의 시에 '도관산度關山'이란 제목으로 쓴 시가 있다. 『고시기古詩紀』권96에 실려 있는데 여기에도 요수와 유관이 대칭적으로 다음과 같이 등장한다.

"소년이 전쟁을 익혀서, 14세에 종군을 하였네. 지난해엔 상군을 경유했고, 금년에는 운중군으로 나왔네. 요수는 깊어서 건너기 힘들었고, 유관은 단절되어 통하지 않았네.(少年便習戰 十四已從戎 昔年經上郡 今歲出雲中 遼水深難渡 楡關斷未通)"

이 시는 남북조 당시에는 요수와 유관이 변경을 가리키는 상징적인 용어로 쓰였음을 보여준다. 그런데 상군은 전국시대 위魏나라 문후시기에 최초로 설치된 군으로서 지금의 섬서성 동북쪽 수덕현綏德縣에 군청 소재지가 있었다.

운중군은 전국시대 조나라 무령왕이 처음 설치했는데 그때는 오늘날의 내몽고 토묵특우기土默特右旗 지역에 있었고 그 뒤 당나라시대에 산서성 대동시로 옮겼다.

시인이 상군과 운중군을 말하고 이어서 요수와 유관을 언급하고 있는 것을 본다면 여기서 말하는 요수와 유관은 상군과 운중군과의 관계 속에서 파악해야한다. 즉 유관은 상군, 요수는 운중군 부근 어딘가에 있었을 가능성이 높다.

남북조시대(420-589)는 우리나라로 말하면 고구려시대에 해당한다. 고구려 광개토대왕(374-412)은 서한에게 빼앗겼던 한사군 지역을 통일하여 고조선 땅을 완전히 회복하였다. 그렇다면 광개토대왕 당시 고구려의 서쪽 변경은 운중군의 동쪽 오늘날의 하북성 동남쪽 일대에 걸쳐 있었을 가능성은 충분히 있다. 왕훈의 '도관산度關山'이란 시에 요수가 유관과 대칭적으로 언급된 것을 통해서도 현재의 요녕성의 요하가 고대의 요수가 아니라는 간접적인 증거가 명백해진다.

남북조시대의 요수 다시말하면 고구려시대의 요수는 오늘날의 역수일 가능성이 농후한 것이며 따라서 고조선시대의 요수가 오늘날의 요녕성의 요하일 가능성은 단 1%로도 없는 것이다.

6) 옛 백이, 숙제의 나라 고죽국孤竹國 땅에 있던 요수

『수경주』권3 유수濡水 조항에는 "유수가 변경 장성 밖으로부터 흘러나와 동남쪽으로 요서군 영지현 북쪽을 통과한다.(濡水從塞外來 東南過遼西令支縣北)"라는 상흠의 말이 기록되어 있다. 상흠은 유수가 변경 밖에서 나와 영지현 북쪽을 지나간다고 하였는데 영지현이 어디인가.

북위의 역도원은 『수경주』에서 「지리지」를 인용하여 다음과 같이 말하고 있다. "영지현에 고죽성이 있다. 옛 고죽국이다.(令支有孤竹城 故孤竹國也)" 역도원은 또 『사기』를 인용하여 이렇게 설명한다. "『사기』에는 말하기를, '고죽군의 두 아들인 백이, 숙제가 이곳에서 나라를 양보하고 수양산에서 굶주리며 살다가 죽었다'라고 하였다. (史記曰 孤竹君之二子 伯夷叔齊 讓國於此 而餓死於首陽)"

역도원이 옛 백이, 숙제의 나라 고죽국이 있던 곳이 요서군 영지
현이라고 설명했는데 지금 하북성 진황도시 노룡현에 백이, 숙제의
고죽국 유적이 보존되어 있다. 이는 현재의 요녕성 요하 서쪽이 요
서가 아니라 옛 고죽국 즉 현재의 하북성 진황도시 노룡현 일대가
옛 요서군 지역이었음을 잘 보여준다.

역도원은 또한 유수濡水 조항에서, 요서태수와 숙제와 관련된 다
음과 같은 일화를 전하고 있다. "한나라 영제 때 요서태수 염번이
꿈을 꾸니 어떤 사람이 말하기를, '나는 고죽군의 아들이고, 백이의
아우이다. 요해에 나의 관곽이 표류하고 있다. 태수께서 어질고 선
량하다는 이야기를 들었다. 나의 관을 좀 묻어주었으면 한다.' 그 다
음날 나가보니 물위에 떠다니는 관이 있었는데 아전 중에서 비아냥
거린 자는 모두 아무런 질병도 없이 죽었다. 태수가 이에 다시 장례
를 치러주었다.(漢靈帝時 遼西太守廉飜夢 人謂己曰 余孤竹君之子 伯夷之弟
遼海漂吾棺槨 聞君仁善 願見藏覆 明日視之 水上有浮棺 吏嗤笑者 皆無疾而死 於
是改葬之)"

이 이야기는 『수경주』뿐만 아니라 『태평환우기』, 『요사습유』
등에도 동일한 내용이 기재되어 있다. 따라서 이는 조작된 것이 아
니라 실재한 일이었음을 보여준다.

역도원은 다시 『진서晉書』「지도지地道志」에서 고죽군과 관련된
다음과 내용을 인용하고 있다. "요서에 사는 사람이 요수에 떠다니
는 관이 있는 것을 발견하고 파손시키려고 하자 말하기를, '나는 고
죽국의 임금이다. 그대가 무엇 때문에 나를 파손하려고 하는가.' 하
였다. 그로 인해서 사당을 건립했는데 사당은 산 위에 있고 성은 산
곁에 있었다. 비여현 남쪽 12리의 물이 합수 되는 곳이다.(遼西人 見

遼水有浮棺 欲破之 語曰 我孤竹君也 汝破我何爲 因爲立祠焉 祠在山上 城在山側
肥如縣南十二里 水之會也)"

　역도원이 앞에서 인용한 한 영제시기의 자료 안에는 요서태수
염번이 꿈에 숙제를 만난 이야기가 담겨 있다. 그런데 『진서』「지도
지」는 꿈 이야기는 없다. 요서태수도 생략하고 요서인이라고 하였
고 백이의 아우라는 말도 없이 고죽군이라고 만 하였다. 위에서는
관이 떠 있던 곳이 요해라고 하였는데 『진서』「지도지」는 그곳이
요수라고 하였다. 이 두 기록은 표현상에서 상세하고 간략한 차이는
있지만 동일한 사건을 소재로 다루고 있다는 사실은 분명하다.

　다만 관이 떠있던 장소를 한 군데는 요해라 말하고 한군데는 요
수라 말하여 큰 차이를 보인다. 요해는 발해를 가리킨다. 백이, 숙
제의 나라 고죽국이 있던 하북성 노룡현은 발해만 부근에 있다. 고
죽국은 발해만 부근에 위치하였으므로 어떤 경로로 그랬는지는 알
수 없지만 발해에 숙제의 관이 떠 있었다는 것은 있을 수 있는 일
이다.

　또 요서인이 요수 위에 관이 떠 있는 것을 보고 사당을 세워 모
셨다고 했는데 고죽국은 하북성 진황도시 노룡현에 있었고 이곳은
나중에 요서군 지역으로 되었다. 그렇다면 『진서』에서 말한 요서군
의 요수는 지금의 하북성 진황도시 노룡현 부근, 옛 고죽국 지역에
있던 요수가 분명하며 결코 요녕성의 요하가 될 수는 없다.

　그리고 "고죽군의 사당은 산 위에 있고 성은 산 곁에 있다. 비여
현 남쪽 12리 물이 합수 되는 곳이다"라고 말했는데 이는 비여현 남
쪽의 물이 합수가 되는 양지바른 명당자리에 고죽군의 묘를 쓰고 거
기에 사당을 세워 제사를 지내준 사실을 가리킨다. 여기서 말하는

비여현은 요서군의 속현인 비여현이다.[7] 비여현은 하북성 노룡현과 이웃해 있었다. 현재 요녕성 요하의 서쪽에 노룡현이나 비여현이 설치된 사례는 없다.

역도원의 『수경주』에 등장하는 옛 고죽국 땅, 진晉나라시대 요서군 비여현 부근에 있던 요수는, 현재의 요녕성의 요하와는 다른 요수가 하북성 노룡현의 옛 고죽국 지역 부근에 있었던 것을 알려주는 주요한 근거가 되기에 충분하다.

7) 제나라 환공이 고죽국을 정벌하기 위해 건넜던 요수

『춘추별이春秋別異』는 명나라 때 학자 설우기薛虞畿와 그의 아우 설우빈薛虞賓이 공동으로 편찬한 책이다. 모두 15권으로 구성되어 있다. 『사고전서』 안에 실려 있다. 책 앞의 저자 서문에서 『춘추좌전』, 『춘추공양전』, 『춘추곡양전』 『춘추』 「삼전三傳」에 수록되지 않은 춘추시대의 자료를 별도로 모와 이를 정리하여 편찬한 것이라고 편찬 경위를 설명하고 있다.

『춘추별이』 2권에는 요수와 관련하여 다음과 같은 내용이 기록되어 있다.

"환공이 북쪽으로 고죽국을 정벌하기 위해 출발하여 비이계곡을 십리쯤 남겨두고 있었는데 흠칫하고 멈추어서 깜짝 놀라 바라보고 있었다. 잠시 후 훤칠한 키에 인물이 갖추어진 어떤 사람이 보였다.

---

7 『전한서』, 『후한서』, 『진서』, 『위서』 「지리지」에 모두 비여현은 요서군의 소속으로 기록되어 있다.

관을 쓰고 있었고 왼쪽다리는 옷을 걷어 올렸으며 말을 몰아 빠른 걸음으로 앞을 스쳐지나갔다. 좌우에 물어보니 좌우의 신하들은 못 보았다고 하였다.

관중이 말했다. '필시 이곳에 물을 건널 일이 있을 것입니다. 등산의 신을 유아라고 합니다. 신은 패왕의 임금이 나오면 등산의 신이 나타난다고 들었습니다. 그리고 또 말을 달려 앞을 빨리 지나간 것은 인도를 한 것이고 옷을 걷은 것은 앞에 물이 있다는 것을 보여준 것이며 왼쪽 옷을 걷어 올린 것은 주변으로 건너야 강을 건널 수 있다는 것을 보여준 것입니다.' 환공이 과연 관중의 말을 따라서 왼쪽으로 요수를 건넜다. 드디어 고죽국을 얻어 천하의 패자가 되었다.(桓公北征孤竹 未至卑耳谿中十里 闊然而止 瞠然而視 有頃 見人長尺而人物具焉 冠左袪衣 走馬前疾 以問左右 左右不見也 管仲曰 事必濟此 登山之神兪兒也 臣聞覇王之君興 則登山神見 且走馬前疾 導也 袪衣 視前有水也 左袪衣 視從房方涉也 桓公果從 左渡遼水 遂得孤竹 覇天下)"

다른 문헌 자료에도 제나라 환공이 고죽국을 정벌한 기사가 많이 나온다. 환공의 고죽국 정벌은 춘추시대에 실재했던 역사적 사실이 분명하다. 그런데 우리가 이 기록에서 주목하는 부분은 환공이 고죽국을 공격할 때 요수를 건너가서 정벌하여 천하의 패자가 될 수 있었다고 말하고 있는 점이다.

고죽국은 하북성 동쪽 지금의 진황도시 노룡현 부근에 있었고 환공의 제나라는 지금의 산동성 동북쪽에 있었다. 그런데 이때 환공이 고죽국을 정벌하기 위해 건넌 강이 요수였다면 이 강은 결코 현재의 요녕성 요하가 될 수 없다. 산동성 서북쪽과 하북성 동남쪽 중간지대 어딘가에 위치해 있었던 강이 분명하다.

이와 동일한 기록이 『수경주』의 유수 조항에도 실려 있다. 그러나 『수경주』에는 설명은 보다 상세하지만 내용이 약간 다르고 요수에 대한 언급도 빠져 있다. 『수경주』는 중국 역사상에서 워낙 많이 알려진 책이다. 그래서 내용의 많은 부분이 중화의 한족 중심주의적 입장에서 후인의 첨삭이 가해진 것이 아닌가 여겨진다.

8) 안문산과 함께 거명된 요수

남북조시대 남조의 시인 양강엄梁江淹(444-505)은 자가 문통文通이다. 그의 『강문통집』이 『사고전서』에 실려 있다. 강문통이 이별을 노래한 '별부別賦'에는

> "간혹 변방의 군현이 평화롭지 못하면 화살을 등에 메고 종군을 한다. 요수는 끝없이 흐르고 안산은 구름에 닿아 있다.(或乃邊郡未和 負羽從軍 遼水無極 雁山參雲)"

라는 글귀가 나온다. 여기서 안산은 안문산을 말한다. 『여씨춘추』에 "천하에 9새가 있는데 구주가 그 중의 하나이다.(天下九塞 勾注其一)"라고 하였다. 여기서 말한 구주산이 바로 안문산이다. 안문산은 천하 9새 중의 하나로 옛적에는 구주산으로 호칭되었다. 현재 안문산은 중국 산서성 대현代縣 서북쪽에 위치해 있다.

강문통의 이 '별부'는 전쟁이 터져서 군인이 무장을 하고 변경에 수비하러 달려가는데 앞에 요수와 안문산이 펼쳐져 있는 광경을 형상화한 것이다. 요수와 안문산은 다 중원의 북방 변경에 위치한 강

과 산이다. 요수는 수 백리를 굽이쳐 하염없이 흐르고 안문산은 하늘에 닿을 듯 높이 치솟아 있었다. 시인은 가족과 이별한 채 변경에 수자리 살러가는 군졸의 심경을 그리면서 북방변경의 요수와 안문산을 아울러 묘사한 것이다.

북방 산서성 대현의 안문산과 함께 거명한 요수가 동북방 요녕성의 현재의 요하일 수는 없다. 산서성의 대현代縣과 하북성의 역현易縣은 지명 상에서 교대, 교역의 의미를 내포하고 있다. 여기서 말한 요수는 대현의 안문산 부근, 역현에 있는 역수여야 한다. 그래야 대현의 안문산과 짝을 이룬다. 강문통이 말한 요수는 안문산과 동떨어진 다른 곳에 있는 강은 해당되지 않는다. 안문산 부근에 있는 산이어야 하고 변경에 위치한 강이어야 한다.

요녕성의 대표적인 산은 의무려산이다. 만일 이 요수가 현재의 요녕성의 요하를 가리킨 것이라면 강문통은 "요수는 끝없이 흐르고 안문산은 하늘에 닿아 있다.(遼水無極 雁山參雲)"라고 말하지 않고 "요수는 끝없이 흐르고 의무려산은 하늘에 닿아 있다.(遼水無極 醫巫閭參雲)"라고 썼을 것이다.

남북조시대 강문통이 말한 군졸은 의무려산이 있는 현재의 동북방 요녕성 요하유역이 아닌 산서성의 안문산과 그 부근의 요수가 있는 북방 변경지역으로 수자리 살러 갔었다. 요녕성의 의무려산과 함께 거명되지 않고 산서성의 안문산과 짝을 이루어 언급된 이 요수는 결코 현재의 요하가 될 수 없는 것이다.

4. 고조선시대의 요수는 어디인가

1) 남북조시대 유신庾信이 역수易水를 요수遼水라고 말하다

위에서 살펴본 여러 자료들은 고조선시대의 요수는 현재의 요녕성의 요하가 아니라 하북성쪽에 있었다는 것을 인식하는데 중요한 참고자료가 된다. 그러나 그것은 어디까지나 그러한 정황을 짐작할 수 있게 해주는 간접자료일 뿐이며 직접자료는 아니다. 즉 하북성의 어떤 강이 요수라고 못 박아서 말한 결정적인 자료는 없는 것이다.

그런데 남북조시대 북조 북주北周의 대표적인 문인이었던 유신庾信(513-581)이 형가荊軻가 진시황을 암살하기 위해 떠나가면서 건넜던 그 유명한 역수를 가리켜 요수라고 말하였다. 유신의 호는 유개부庾開府 자는 자산子山이다. 『사고전서』 안에는 유신이 쓰고 청나라 때 예번倪璠이 주석을 낸 『유자산집庾子山集』이 실려 있다.

『유자산집』 권3에는 '애강남부哀江南賦'와 함께 유신의 대표작 중의 하나인 '영회詠懷 27수'가 들어 있는데 '영회'는 글자 그대로 감회를 읊은 시이다. 유신이 자신의 고국인 남조의 양梁나라를 떠나 북조의 북주에 억류되어 있으면서 자신의 고향을 그리워하는 심정을 담아 지은 것인데 여러 가지 비유법을 통해 자신의 안타까운 처지를 잘 표현했다. 이 시 가운데 다음과 같은 내용이 등장한다.

"연나라의 자객은 요수를 생각하고 진나라의 사람은 농산 머리에서 바라본다.(燕客思遼水 秦人望隴頭)"

이 시의 앞 귀절 "연객사요수燕客思遼水"는 유신이, 연나라의 자객 형가荊軻의 역수易水에 얽힌 고사를 요약하여 묘사한 것이다. 유신은 연나라 태자 단丹의 문객으로 있던 형가가 진秦나라에 가서, 역수에서 태자가 자기를 전송하고 친구 고점리高漸離가 자신을 위해 악기 공축空筑을 연주하고 자신이 역수가易水歌를 부르던 것을 생각한다는 장황한 내용을 "연객사요수燕客思遼水"라는 다섯 글자로 농축해서 표현하고 있다.

시의 뒷 귀절 "진인망농두秦人望隴頭"는 농隴은 농산을 가리킨다. 농산은 진나라에 있던 동서에 걸쳐 180 리에 달하는 큰 산이다. 진 시황 당시에 산동성에서 진나라로 끌려와 부역을 하던 사람들이 이 산위에 올라가 동쪽으로 고향을 바라보면서 향수에 잠겼다는 기록이 『진주기秦州記』에 실려 있다. 이 글귀는 그러한 역사적 사실을 압축해서 묘사한 것이다.

형가荊軻는 본래 전국 7웅 중에 들지 못하는 작은 나라인 위衛나라 사람이었다. 위나라는 일찍이 이미 진나라에 의해 병합되었다. 진왕 20년(서기전 227년) 고국을 잃어버린 형가는 연나라에 와서 연 태자 단의 문객門客으로 머물고 있었다.

진왕 영정嬴政은 천하통일의 야망을 품고 동방의 6국을 차례로 통일시켜 나갔다. 통일전쟁은 서기전 230년부터 시작되었는데 가장 가까이 있던 한韓나라에 대한 공격을 시작으로 조나라, 위나라, 초나라를 연이어 정벌하여 차례로 멸망시켰다.

당시 북방에 있던 약소국가 연나라는 진나라에서 가장 멀리 떨어져 있어 겨우 명맥을 유지하고 있었으나 머지않아 위기가 닥쳐 올 것은 불을 보듯 뻔한 일이었다. 이에 연 태자 단은 진왕 영정을 암살할 계획을 세우고 형가에게 도움을 요청했다. 형가는 자기 고국을 멸망시킨 원수를 갚기 위해서 또한 태자 단이 그동안 자신에게 베풀어 준 따뜻한 은혜에 보답하기 위해서 태자단의 요구에 응하기로 결심을 굳혔다.

연 태자 단과 형가는 진나라에 반기를 들고 연나라로 도망쳐온 번어기樊於期의 수급首級과 연나라의 비옥한 땅 독항督亢의 지도地圖를 받치는 것을 명분으로 삼아 진시황에게 접근하여 암살한다는 계략을 세웠다. 서기전 227년 형가가 출발하는 날 연 태자는 여러 문객들과 함께 역수의 물가에 이르러 형가를 전별했는데 이때 형가의 가까운 친구였던 고점리가 쟁箏과 모양이 비슷한 고대의 악기인 공筑을 연주하였고 형가는 높은 소리로

"가을바람 스산한데 역수는 차갑구나, 장사가 길을 떠나니 다시 돌아오기 어려우리.(風蕭蕭兮易水寒 壯士一去兮不復還)"

라는 노래를 즉흥적으로 지어 불렀다. 이것이 그 유명한 역수가易水歌이다. 역수는 하북성 역현 경내에서 발원한다. 남南역수, 중中역수, 북北역수로 나뉜다. 강물의 흐르는 위치에 따라 남과 북, 중앙으로 나뉜 것을 볼 때 굉장히 방대한 강물임을 짐작할 수 있다. 지금은 중국 하북성 보정시 역현 일대에 있는데 전국시대 형가가 진나라로 떠나갈 당시에는 연나라의 남쪽 국경선에 위치해 있었다. 그러므로 형가는 이 역수를 건너서 진나라로 떠나가기에 앞서 '역수가'를 불렀던 것이다.

유신이 자신의 시에서 형가의 '역수가'에 나오는 역수를 역수가

아닌 요수로 표기하고 있다는 것은 깜짝 놀랄 일이 아닐 수 없다. 이는 전국시대 연나라의 남쪽 국경선에 있던, 형가가 진나라로 갈 때 건너서 간 역수가 남북조시대엔 요수로 불렸다는 근거가 되기 때문이다.

요녕성의 요하를 고대의 요수로 알고 있는 한국인의 입장에서는 하북성 남쪽의 호타하 부근 역수를 요수로 본다는 것은 너무도 어이없는 일이다. 우리는 여기서 유신이 말한 "연객사요수燕客思遼水"의 요수는 역수의 오기가 아닐까 하는 생각을 해볼 수 있다. 즉 "연객사역수燕客思易水"라 써야할 것을 "연객사요수燕客思遼水"라고 잘못 표기했을 가능성을 제기할 수 있다. 지금까지 요녕성의 요하가 요수라는 고정관념을 가져온 우리들로서는 하북성 남쪽에 있는 역수를 요수로 본다는 것은 꿈에도 생각할 수 없는 일이기 때문이다.

그러면 이것이 오자인지 오자가 아닌지 판별하기 위해선 어떤 방법이 있을까. 역수를 요수로 표기한 기록이 만일 유신의 문집 가운데 단지 이곳 한군데만 보이고 다른 곳에는 나오지 않는다면 우리는 이것이 오기라고 강변해도 달리 대꾸할 방법이 없다. 그런데 『유자산집』 가운데는 역수를 요수라고 표현한 것이 이곳 뿐 만 아니라 다른 곳에서도 확인이 된다.

2) 하북성 남쪽에 있던 연나라의 역수가 바로 고조선시대의 요수이다

"비장한 노래를 부르면서 요수를 건넜고, 부절을 지니고 양관을 나갔다. 이릉은 이곳으로부터 떠나갔고, 형경은 다시 돌아오지 못했다네.(悲歌度遼水 弭節出陽關 李陵從此去 荊卿不復還)"

이 시는 역시 유신이 쓴 '영회詠懷' 27수 중의 한 단원으로 앞의 시귀에 이어서 후반부에 나온다. 그런데 이 대목에서도 유신은 역시 형가가 건넜던 강을 역수가 아닌 요수라 표기하고 있다.

이 시에서는 형가와 이릉李陵 두 사람에 얽힌 역사적 사실을 축약해서 표현했다. 여기서 미절弭節은 지절持節과 같다. 사신이 부절을 가지고 간다는 뜻이다. 두예杜預는 "절은 국가의 부신이다.(節國之符信)"라고 말하였고 『사기색은』에서는 "절은 사신이 간직하고 가는 것이다.(節使者所擁也)"라고 하였다.

양관陽關은 서역쪽에 있었다. 『한서』「서역전」에는 "돈황으로부터 서쪽으로 옥문, 양관을 나간다.(自燉煌 西出玉門陽關)"라는 기록이 보인다. 이릉은 서한시대의 장군이다. 사마천은 이릉이 흉노에게 항복한 것을 두고 한 무제에게 그를 두둔하는 간언을 올리다가 결국 치욕적인 궁형을 당했다.

『한서』「이릉전」에는 "이릉의 자는 소경이다. 천한 2년(서기전 99년)에 보졸 5,000명을 인솔하고 변경을 나가 흉노와 싸우다가 흉노에게 항복하였다.(陵字少卿 天漢 二年 率步卒五千人 出塞 與匈奴戰 乃降凶奴中)"라는 기록이 나온다.

『사기』「자객열전」에 "형가는 위나라 사람이다. 그 선조는 제나라 사람인데 위나라로 옮겨갔다. 위나라 사람들은 그를 경경慶卿이라 불렀다. 연나라로 가자 연나라 사람들은 그를 형경이라 호칭하였다. 형경이 진나라로 들어갈 때 연태자 단이 역수에서 전별을 하였다. 고점리가 악기 공을 연주하자 형가가 거기에 화답하여 '바람은 스산한데 역수는 차갑구나, 장사가 길을 떠나니 다시 돌아오지 못하리.'라고 노래를 불렀다(荊軻衛人也 其先乃齊人 徙於衛 衛人 謂之慶卿 而之

燕 燕人 謂之荊卿 荊軻入秦 燕太子丹 餞之易水 高漸離擊筑 荊軻和而歌曰 風蕭蕭兮易水寒 壯士一去兮不復還)"라고 기록되어 있다.

이 시는 전국시대 연나라의 형가가 진시황을 암살하기 위해 역수에서 비장한 노래를 부르며 건너간 고사와 이릉이 서쪽으로 흉노에 가서 싸우다가 부득이 항복하게 된 파란만장한 역사를 글자 20자에 압축해서 표현하고 있다.

그런데 유신은 앞에서 "연객사요수燕客思遼水"라 말한 것처럼 여기서도 역시 "비가도요수悲歌度遼水"라고 하여 형가가 비장한 노래를 부르며 건너간 역수를 요수로 표현하고 있다. 이는 "연객사요수燕客思遼水"의 요수가 역수의 오기가 아니라 남북조시대의 유신은 전국시대의 연나라 역수를 요수로 인식했다는 확실한 근거가 되는 것이다.

그리고 우리가 여기서 또 하나 주목할 대목은 『유자산집』의 주석의 저자인 청나라의 예번 또한 유신의 "비가도요수悲歌度遼水"의 요수를 설명하면서 오기라 말하지 않고 "어떤 경우는 역수라 하고 어떤 경우는 연수라 한다.(一作易水 一作燕水)"라고 주석하여 요수를 역수 연수와 동일한 강으로 취급하고 있다는 점이다.

예번의 설명에 따르면 역수는 요수, 역수, 연수 3가지 명칭으로 불렸다. 연수는 연나라에 있는 대표적인 강물이니까 연수라는 호칭이 붙었을 것이다. 그러면 연나라에 있는 강물을 또 역수라고도 부르게 된 배경은 무엇일까.

전국시대 이전 상商나라시기에는 이곳이 유역有易 즉 상나라 제후국인 역국易國의 땅이었다. 그래서 아마도 역수라는 이름이 생겼을 것이다. 그러니까 역사적으로 본다면 역수가 연수보다 먼저 생긴 이름이 될 것이다. 서주세력이 이곳에 진출하여 연나라를 세우기 이

전에 연국보다 앞서 동이의 역국이 이곳에 있었기 때문이다.[8]

그러면 요수라는 이름은 언제 어떻게 해서 생겨나게 된 것일까. 섬서성에 거점을 둔 서주가 동쪽의 상나라를 멸망시킨 다음 옛 동이의 터전에 여러 제후 국가를 건립했는데 그 중에서 가장 멀리 떨어져 있는 나라가 오늘날 하북성 남쪽 역수유역에 있던 연나라였다. 따라서 연나라의 역수가 중원에서 제일 멀리 떨어진 곳에 위치한, 한족 국가의 강물이라는 의미에서 그때 멸요자를 사용하여 요수라는 또 다른 이름이 붙여지게 된 것이 아닐까 여겨진다.

연나라의 북쪽에는 흉노가 있었고 동쪽에는 조선이 있었다. 흉노나 조선에도 수많은 강들이 있다. 그러나 그것은 모두 이민족 국가인 남의 나라에 있는 강들이다. 한족국가의 강으로서 중원에서 북쪽으로 가장 멀리 떨어진 강이 연나라의 역수였으므로 한족들의 입장에선 이 역수를 요수로 바꿔 부른다는 것은 얼마든지 가능한 일이었을 것이다.

3) 하북성의 역수를 요수라고 말한 유신庾信은 누구인가

유신은 남북조시대의 남양南陽 신야新野, 지금의 하남성 신야 사람이다. 유신은 문인의 가문에서 태어났다. 그의 가문은 연속 5대에 걸

---

8 『노사路史』 권26 「역易」 조항에 상나라시대에 역국이 있었다는 기록이 다음과 같이 보인다. "所謂朔易 古有易之地 商上甲微 伐有易者 今之易州 北終東始 有代易意 故遷于代" 역주라는 지명이 "북방이 끝나고 동방이 시작되는 대체, 교역의 의미가 있다.(北終東始 有代易意)"라는 『노사』의 해석이 흥미롭다. 『노사』에 따르면 중원의 북방은 사실상 역주에서 끝나고 여기서부터는 동이의 영토가 시작된다는 것을 가리킨다.

쳐서 문집을 남겼다고 하니 어떤 가문이었는지 짐작이 가는 일이다. 유신의 아버지 유견오庾肩吾는 남조 양梁의 중서령中書令을 역임했다. 역시 당시의 저명한 문학가였다.

527년 15세의 유신은 궁중에 들어가 태자 소통蕭統의 동궁강독東宮講讀이 되었다. 531년 소통이 세상을 떠나고 뒤에 양간문제梁簡文帝가 된 소강蕭綱이 다시 태자로 책봉되자 유신의 아버지 유견오는 태자 중서자太子中庶子의 직무를 맡아 문서를 주관하였다. 이때 19세가 된 유신 또한 동궁의 초찬박사抄撰博士를 담당하여 부자가 모두 동궁에 있게 되었다.

문장에 소질이 뛰어났던 유신은 이를 계기로 나중에 궁체문학의 대표적인 작가로 성장하였다. 벼슬은 차츰 승진하여 우위장군右衛將軍에 이르렀고 무강현후武康縣候에 봉해졌다. 이것이 유신이 남조의 양나라에서 보낸 전반기의 생애이다.

554년 4월 유신은 그의 나이 24세 때 양나라 황제의 명을 받고 북조의 서위西魏에 사신으로 가게 된다. 그런데 그가 장안에 도착한 지 얼마 안 되어 양나라가 서위에 의해 멸망하였다. 유신은 남방문학을 경모하던 북조의 임금과 대신들의 만류로 장안에 눌러앉게 되었다.

서위 조정에서는 유신을 거기대장군車騎大將軍, 개부의동삼사開府儀同三司 등의 중요한 관직에 임명하여 예우하였다. 뒤에 서위는 북주北周로 대체되었는데 북주 왕조에서도 역시 서위에서처럼 유신에게 표기대장군表騎大將軍, 개부의동삼사 같은 중요한 직책을 맡기며 정중히 예우하였다.

그 당시에 남조의 진陳왕조와 북조의 북주가 서로 좋은 유대관계

를 유지하였다. 그래서 북조에 억류되어 있던 남방문인들 대부분을
고국으로의 귀환을 허락했다. 그런데 오직 유신과 왕포王襃 두 문인
에 대해서만은 남방으로의 귀환을 북주정부가 허락하지 않았다. 이
들의 문학적 재능을 너무나 아꼈기 때문이다.

유신의 북조에서의 생애를 살펴보면 한편으로는 문단의 대종사
로서 황제의 극진한 예우를 받으며 극도의 영화를 누렸다. 다른 한
편으로는 고국에 대한 그리움과 적국에서 벼슬하는 것에 대한 부끄
러움, 자유롭지 못한 처지에 대한 분노 등이 서로 뒤얽힌 삶이었다.
그래서 그의 후반기 작품에는 이런 애처로움이 진하게 묻어난다. 유
신은 581년 끝내 그의 고향에 돌아가지 못한 채 이역 땅 북방에서
파란만장한 생을 마감했다. 그때 그의 나이 69세였다.

유신은 남북조시대라는 특수한 시대를 배경으로 태어나 남방과
북방의 이질적인 문화 요소를 두루 경험하면서 그의 문학은 성숙되
어갔고 끝내 남북조 문학의 집대성자로 성공하기에 이르렀다.

애강남부哀江南賦, 고수부枯樹賦, 소군사응조昭君辭應詔, 연가행燕歌
行, 영회27수詠懷二十七首는 유신이 남긴 명작들이다. 특히 북주당대
의 고관대작들은 유신의 뛰어난 글 솜씨를 빌려 그들의 묘비명과
묘지명을 쓰기를 원했다. 그래서 유신은 또한 수많은 금석문을 남
겼다.[9]

유신은 지금으로부터 1,500여 년 전, 우리나라의 최고의 사료로
평가되는 김부식의 삼국사기(1145)가 쓰여 진 시기보다 600여 년 앞

---

9 『유자산집』 권 수首에 실린 전당錢塘 예번倪璠이 편찬한 유신의 「연보年譜」 참조.

서 태어나 살다간 인물이다. 유신은 문인이지 역사가는 아니다. 그러나 그의 작품 속에는 뒷날 명, 청시대의 민족주의에 바탕한 왜곡의 곡필이 가해지지 않은 우리상고사의 진면목을 알려주는 보석 같은 내용들이 군데군데 숨어 있다.

요수는 고조선시대 한의 요동군, 요서군과 한사군의 낙랑의 위치를 판가름하는데 결정적인 키를 쥐고 있다. 그런데 유신은 오늘날의 하북성 남쪽에 있는 역수를 요수라고 말했다. 남북조 문학의 집대성자인 천하의 유신이, 형가의 역수가로 유명한 역수와 요수를 제대로 구분하지 못해서 착각했을 이는 만무하다.

유신이 역수를 요수라 말한 "연객사요수燕客思遼水" "비가도요수悲歌度遼水"는 요수에 대한 간접자료가 아닌 직접자료이다. 유신은 지금으로부터 1,500여 년 전 남북조시대에는 현재 요녕성의 요하가 아니라 하북성 남쪽의 역수가 요수였다는 확증을 직접 자료로서 우리에게 보여준 것이다.

5. 고조선시대의 요수로 본 한의 요동군과 요서군

중국의 연, 진, 한시대 즉 고조선시대에 중국의 군현인 요동군과 요서군이 현재의 요녕성 요하를 기준으로 그 동쪽과 서쪽에 설치되었다고 보는 것이 한국과 중국 사학계의 통설이다.

그러나 위에서 『사고전서』의 여러 문헌자료를 통해서 현재의 요하가 고조선시대의 요수가 될 수 없다는 사실을 확인하였다. 뿐만 아니라 전국시대 연나라의 형가가 진시황을 암살하기 위해 건넜던 역수를 요수라고 말한 1,500년 전 남북조시대 유신의 기록에 의해서 현재의 하북성 남쪽에 있는 역수가 바로 고대의 요수였다는 확증을 얻었다.

한의 요동군, 요서군의 기준이 된 요수가 현재의 요녕성에 있는 요하가 아니라 하북성에 있는 역수라면 당시 요동군, 요서군의 위치는 대략 지금의 어디쯤에 해당하는 지역일까.

요동군은 지금의 북경시 서북쪽 일대를 중심으로 그 북쪽 지방에 있었다고 본다. 그 이유는 무엇인가. 『전한서』「지리지」에 의하면 당시 요동군에 소속된 현이 18개가 있었는데 그 수현首縣 즉 군청소재지가 있던 현이 양평현이다. 그동안 중국과 한국 학계에서는 이 한 대의 요동군 양평현을 현재의 요녕성 요하 동쪽 요양현으로 간주해왔다. 그것은 현재의 요하 동쪽을 한대의 요동군으로 인식한 데 따른 것이다.

필자는 이 한 대 요동군의 수현인 양평현을 현재의 북경시 창평구昌平區 일대로 본다. 창평구는 북경시의 서북쪽에 위치한 중국 수도 북경의 북대문北大門이다. 북경시의 중심부에서 33킬로 밖에 안 떨어진 창평은 북경의 위성도시로서 북경의 후원으로 일컬어진다. 현재 약 180만 정도의 인구가 거주하고 있는데 이 창평은 최근에 생겨난 지명이 아니라 한나라 때부터 있었던 지명으로 지방정부의 홈페이지에도 그렇게 소개되어 있다.

필자가 이 북경시 창평구를 한 대의 요동군 양평현 지역으로 보는 이유는 다음과 같다. 첫째 『전한서』「지리지」 요동군 양평현 조항에 "양평현, 목사관이 있다. 왕망은 창평이라고 하였다.(襄平 有牧師官 莽曰 昌平)"라는 기록이 나온다. 즉 서한시대의 양평현을 서한말기 신조新朝를 세운 왕망이 창평현으로 이름을 바꾸었다. 그런데 그 바뀐 창평현이란 지명이 지금까지 북경시 서쪽에 그대로 전해왔다고 보기 때문이다.

둘째 『수경주』에 의하면 상흠은 대요수가 "요동군의 양평현 서쪽을 경유한다"라고 말했고 북위의 역도원은 상흠이 말한 양평현을 설명하면서 "왕망시대에는 창평현이라고 하였다. 옛 평주의 치소이다."라고 하였다. 위진시대에 창평은 평주의 치소로서 그 중심지 역할을 했는데 위진시대의 평주는 오늘날의 북경시 부근에 설치되어 있었기 때문이다.

셋째 『후한서』「원소열전」의 주석에 " 양평현은 요동군에 속한다. 옛 성이 평주 노룡현 서남쪽에 있다."라고 말했다. 북경시 창평구는 북경시 노룡현의 서남쪽 방향에 속하기 때문이다.

넷째 진나라의 만리장성은 서쪽의 임조에서 시작하여 동쪽으로 요동군에 이르렀다고 『한서』「오행지」에 기록되어 있다. 그런데 『회남자』에 의하면 한나라 때 장성의 동쪽 마지막 관문이 거용관이다. 그 거용관 유적이 현재 북경시 창평구 관내에 있기 때문이다.

다섯째 요동군 18개 현 중의 하나가 서안평현이다. 『요사』「지리지」 상경도 임황부 조항에는 "상경 임황부는 본래 한나라 요동군 서안평현의 땅이다. 신국의 왕망은 북안평이라고 하였다.(上京臨潢府 本漢遼東郡 西安平之地 新莽曰 北安平)"라는 기록이 나온다. 요나라시대의 상경 임황부는 지금의 내몽고자치구 파림좌기 남쪽에 위치해 있었다. 이는 한 대의 요동군은 북경시 창평구 일대를 중심으로 해서 북쪽으로 현재의 내몽고 자치구 적봉시 파림좌기 일대에 걸쳐서 위치하고 있었을 가능성을 말해주기 때문이다.

북경시 창평구 일대에서 적봉시에 이르는 지역은 하북성 남쪽의 역수에서 바라볼 때 방위상으로 서쪽, 남쪽이 아닌 동쪽 지역에 해당한다. 그러므로 역수를 기준으로 할 때 이 지역을 요동군으로 간주하는데 하등의 문제될 것이 없다.

그러면 요서군은 지금의 어디에 해당하는 지역일까. 요동군이 그 수현인 양평현이 현재의 북경시 창평구이고 서안평현이 내몽고 적봉시 일대라면 요서군은 북경시 창평구로부터 그 남쪽으로 하북성 보정시 역현 일대에 걸쳐 있었을 것으로 추정된다.

서한시대에 요서군은 현재의 하북성 서수현 수성진에서 낙랑군 수성현과 접경을 이루었을 것이다. 북경시 서쪽에는 상곡군이 있었으므로 서쪽으로는 탁록을 넘지 않았을 것이다. 또한 북쪽으로는 현재의 밀운현 일대에 있던 어양군, 동쪽으로는 현재의 노룡현 일대에 있던 낙랑군 조선현과 경계를 마주하였을 것이다. 한대의 요서군은 하북성 동쪽 발해만 부근과 하북성 남쪽 역수유역에서 낙랑군과 경계가 교차하였을 것이다.

6. 고조선시대 요동군, 요서군의 위치로 본 한사군의 낙랑

앞에서 고조선시대의 요동, 요서군은 역수를 기준으로 그 동, 서에 설치되었고 그 위치는 대략 현재 북경시 서쪽 창평을 중심으로 북쪽으로 내몽고자치구 적봉시 일대, 남쪽으로는 하북성 역현 일대가 거기에 해당한다는 사실을 『사고전서』의 문헌자료에 의해서 최초로 밝혀냈다.

낙랑군이 대동강 유역에 있었다고 보는 종래의 견해는 요동군이 압록강 서쪽에 있었다고 인식한데 기초한 것이다. 그러나 한의 요동군과 요서군이 북경시 창평구를 중심으로 그 동북쪽으로는 내몽고 적봉시 파림좌기, 그 남서쪽으로는 하북성 역수유역에 걸쳐 있었다면 한사군의 낙랑군이 압록강 건너 대동강 유역에 존재할 수 없다는 것은 굳이 긴 설명이 필요치 않다.

그러면 이때 낙랑군은 오늘날의 어디에 위치하고 있었을까. 지금의 요녕성 조양시, 하북성 진황도시, 당산시, 천진시, 보정시 일대에서 요서군과 경계가 서로 겹치면서 위치하고 있었다고 본다. 그러니까 낙랑군은 동쪽은 하북성 진황도시 노룡현 일대로부터 서쪽으로는 하북성 보정시 서수현 수성진에 이르는 지역에 걸쳐 동서로 길게 뻗어 있었던 것이다.

하북성 진황도시 노룡현과 보정시 서수현 수성진에 걸쳐 낙랑군이 존재하고 있었다고 보는 이유는 노룡현에 낙랑군의 수현인 조선현이 있었다는 기록이 『진서』와 『위서』에 전하고 있고 낙랑군 25현 중의 하나인 수성현이 현재의 서수현 수성진이었던 사실이 여러 기록을 통해서 증명이 되기 때문이다.[10]

낙랑군이 요서군과 접경지대에 위치하여 두 군의 강역이 서로 교차하였다고 본 것은 『진서』와 『위서』 등에 요서군 비여현과 낙랑군 조선현이 서로 이웃하고 있었다는 기록이 나타나는데 근거를

---

10 심백강, 「낙랑군 수성현은 어디에 있었나」 『교과서에서 배우지 못한 우리역사』, 바른역사(주), 2014, 163-171쪽 참조.

둔 것이다.[11]

『태평환우기』「노룡현」조항에는 이 지역의 고대유적으로서 조선성, 고죽성, 요서성이 동시에 소개되고 있다. 이는 하북성 노룡현에 시대를 달리하면서 고조선, 고죽국, 요서군이 아울러 존재했던 사실을 말해준다.[12]

그리고 이 밖에도 한사군의 낙랑의 위치가 지금의 대동강 유역이 아니라 진황도시 노룡현 지역에 있었음을 뒷받침해주는 여러 자료들이 있다. 예컨대 『전한서』「가연지전」에는 "동쪽으로 갈석산을 지나서 현도, 낙랑으로써 군을 삼았다.(東過碣石 以玄菟樂浪爲郡)"라는 기록이 보인다. 이는 서한 무제가 갈석산 부근에 낙랑군을 설치한 사실을 말한 것이다.

서한시대의 갈석산이 어디인가. 동한의 고유는 『회남자』에 나오는 요수에 대한 주석에서 "요수는 갈석산에서 발원한다"라고 하였다. 고유의 주석에 의하면 요수는 바로 갈석산을 발원지로 하여 그 산 아래를 흐르는 강물이었다.

남북조시대 유신은 하북성의 역수를 요수라고 하였다. 이는 갈석산은 하북성 역현에서 멀지 않은 곳에 위치한 산이라는 것을 알게 해준다. 그런데 요수와 갈석산은 서로 멀리 떨어져 있지 않고 가까이 있었다는 사실이 『사기』「소진열전」에서 확인된다. 소진은 "하북

---

11 중국사회과학원에서 편찬한 『중국역사지도집』의 남북조시대 위나라 지도를 살펴보면 지금의 하북성 진황도시 일대에 평주가 있고 그 지역에 조선현과 요서군 비여현이 서로 이웃하여 있는 것을 볼 수가 있다. 심백강, 「하북성 노룡현 조선성은 요서고조선 유적」 『교과서에서 배우지 못한 우리역사』, 바른역사(주), 2014, 105-109쪽 참조.
12 『태평환우기』, 제 70권, 「평주」, 노룡현 조항 참조.

성 남쪽 호타하 부근에 역수가 있고 역수 부근에 안문산과 이웃하여 갈석산이 있다."라고 말했다.[13]

역수는 호타하 북쪽에 있으며 동남쪽으로 흘러 발해로 들어간다. 이 역수 부근에 있던 갈석산에서 동쪽으로 더 가게 되면 닿는 곳이 지금의 당산시, 진황도시이다. 따라서 『전한서』에서 말한 한무제가 "동쪽으로 갈석산을 지나서 현도, 낙랑으로써 군을 삼았다.(東過碣石 以玄菟樂浪爲郡)"라는 것은 낙랑군이 오늘날의 진황도시 노룡현 부근에 있었음을 확신할 수 있게 해주는 매우 귀중한 자료이다.

북송 때 국가에서 편찬한 『무경총요』에는 "요수가 한나라의 낙랑, 현도 땅에 있다.(遼水在漢樂浪玄菟)"라고 하였다. 대동강 유역에는 요수가 존재하지 않는다. 그러므로 이 기록은 낙랑군이 대동강유역에 있었다고 주장하는 논거에는 맞지 않다. 그러나 낙랑군이 하북성 동쪽 노룡현에서 서쪽으로 서수현 수성진에 걸쳐 있었고 유신의 말대로 하북성 남쪽의 역현 부근의 역수가 요수였다고 한다면 이 기록은 실제와 부합된다. 현재 역수가 있는 역현은 수성진과 이웃하고 있는데 한 대의 수성현은 낙랑군 25현 중의 하나였기 때문이다.

『사기』「소진열전」에는 "연나라 동쪽에 조선과 요동이 있다.(燕東有朝鮮遼東)"라고 나온다. 『사기색은』에서는 이 조선을 설명하면서 "조선의 음은 조선이다. 두 강물의 명칭이다.(朝鮮音潮仙 二水名)"라고 하였다. 『사기색은』의 조선에 대한 설명에서 우리는 조선이라는 국가의 명칭과 관련하여 한 가지 중요한 사실을 발견하게 된다. 즉 조

---

13 『사기』「소진열전」에 "燕南有潭沱易水", "南有碣石雁門之饒" 등의 기록이 나온다.

선이란 나라는 거기에 조수와 선수라는 두 강물이 있어서 이를 합쳐 조선이라 부르게 되었다는 것이다.

조선이라는 나라가 있어서 거기 흐르는 강물을 조수, 선수라 하게 되었는지 아니면 조수와 선수가 있는데 거기에서 조선이 건국을 해서 조선이라 부르게 되었는지 그 자세한 내막은 알 길이 없다.

아무래도 조선이란 나라가 있어 그 주변의 강이 조수, 선수가 되었을 가능성이 높지만 『사기색은』에 의하면 전국시대의 고조선 중심지에 조수와 선수라는 두 개의 강물이 있었던 것만은 분명한 사실이다. 그런데 한반도나 요녕성에는 조수나 선수라는 강물이 있었다는 기록이 없다. 오직 『태평환우기』에 '조선성'이 있다고 기록된 하북성 동쪽의 진황도시 노룡현 부근에 용선수龍鮮水가 있고 『무경총요』에 '조선하'가 있다고 말한 북경시 북쪽 고북구 부근에 조하潮河가 있다.

이 조하와 용선수가 바로 『사기색은』에서 말한 조수와 선수라고 여겨진다. 조하는 『무경총요』에는 '조선하'라 기록되어 있고 용선수는 『태평환우기』에서 '조선성'이 있다고 말한 그 지역에 위치해 있기 때문이다.

『사기색은』, 『태평환우기』, 『무경총요』의 기록을 종합해보면 하북성 동쪽, 북경시 동북쪽 일대에 고조선이 있었고 그 부근을 흐르는 강물이 조하, 선하, 또는 조하와 선하를 합쳐 조선하로 불렸던 것이 분명하다.

이 '조선성'과 '조선하' 일대가 한사군시대에는 낙랑군지역으로 되었다. 그러므로 조선현을 수현으로 거느렸던 한사군의 낙랑군은 대동강 유역이 아니라 하북성 동쪽 진황도시 노룡현 일대에 있었던 사실이 분명한 것이다.

여기서 한 가지 짚고 넘어가야할 사항이 있다. 그것은 낙랑군의 교군僑郡과 관련된 문제이다. 교군은 중국 고대사회에서 시행하던 특수한 행정제도이다. 원래의 영토가 함락된 뒤에 다른 지역으로 그 곳의 주민들을 이주시켜 임시로 거주하게 하던 제도를 말한다.

서기 313년 고구려가 낙랑군을 침략하자 낙랑, 대방 2군을 차지하고 있던 장통張統이 고군분투하다가 결국 포기하고 1천여 가구를 인솔하고 요서로 가서 선비족 모용외에게 투항하였으며 모용외는 요서에 낙랑군을 교치僑置 하였다는 기록이 『자치통감』 권88 건흥建興 원년(서기 313) 조항에 실려 있다.[14]

강단사학은 한사군의 대동강 낙랑설을 주장하면서 『자치통감』의 이 기록을 바탕으로, 낙랑군이 하북성 요서지역에 있는 것으로 기술한 자료들에 대하여 그것은 서한시대에 설치한 한의 군현이 아니라 그 이후에 설치된 교군, 즉 대동강 유역에 있던 낙랑군이 나중에 요서에 이동해간 것으로 간주해왔다.

그러나 하북성 남쪽에 있는 역수가 본래 요수이고 이 요수를 기준으로 연, 진, 한 시대의 요동군, 요서군이 설치되었으며 한 무제가 갈석산 동쪽에 설치한 낙랑군은 이 요동군의 동쪽에 있었다고 한다면, 한 대의 낙랑군은 대동강 유역에 설치되었다가 나중에 요서지역으로 이동해간 것이 아니라 처음부터 하북성의 갈석산 동쪽에 설치

---

14 『자치통감』 권88, 「진기晉紀」 10, 효회황제하孝懷皇帝下 건흥원년建興元年 4월四月
"遼東張統據樂浪帶方二郡 與高句麗王乙弗利相攻 連年不解 樂浪王遵說統 帥其民千餘家歸廆 廆爲之置樂浪郡 以統爲太守 遵參軍事"

되었다고 보는 것이 합당하다.

대동강유역에 있던 낙랑군이 고구려의 공격을 받아서 요서로 이동해 간 것이 아니라 하북성 동쪽 노룡현 일대에서 요서군과 이웃하고 있던 한의 낙랑군이 고구려의 공격을 받아 더 이상 버틸 수 없게 되자 당시 요서군 지역을 차지하고 있던 그 이웃의 모용외에게 장통이 투항하였고 모용외는 요서지역 일부를 분할하여 거기에 낙랑군을 임시로 다시 설치하여 장통이 데리고 온 1,000여 가구의 교민들을 거주하게 했던 것이다.

이때 만일 대동강유역에서 장통이 1,000여 가구를 이끌고 오늘날의 하북성 동남쪽에 있던 요서지역으로 이주했다고 가정한다면 패잔병이나 다름없던 장통이 고구려의 공격을 피해 수 천리를 이동해 모용에게 투항했다는 것은 사리에 맞지 않다. 한의 낙랑군은 당시에 하북성 동쪽 진황도시 부근에서 모용외가 통치하는 요서지역과 인접해 있었기 때문에 장통의 모용외에게로의 귀순이 손쉽게 가능했던 것이다.

7. 맺는말

필자는 위에서 『사고전서』에 나오는 여러 기록을 바탕으로 현재의 요하가 고조선시대의 요수가 될 수 없다는 점을 고증했다. 특히 남북조시대 유신의 문집에 역수가 요수로 기록된 데 근거하여 하북성 남쪽에 있는 역수가 바로 고조선, 고구려시대의 요수이며 이 역수를 기준으로 연, 진, 한시대의 행정구역인 요동군과 요서군이 설치되었다는 견해를 피력했다.

한 대의 요동군을 현재 요녕성 요하의 동쪽으로 간주하고 그 요동군의 수현을 요양시로 비정하는 것이 기존학계의 통설이다. 그러나 필자는 양평현이 서한시대 말기 왕망에 의해 창평현으로 이름이 바뀌었고 그 후 북경시 서쪽에 줄곧 창평현이란 지명이 지속되어오다가 최근에 북경시 창평구로 명칭이 변경된 점을 들어서 북경시 창평구가 한 대의 요동군 양평현 지역이라는 관점을 제시하였다.

요동군과 요서군이 현재의 요하를 기준으로 설치된 것이 아니고 하북성의 역수를 기준으로 설치된 것이라면 요동군 동쪽에 있었던 낙랑군도 당연히 대동강유역이 될 수가 없으며 현재의 진황도시 노룡현 일대에 있었을 것이라고 주장했다.

필자는 이와 같은 새로운 주장들을 펼침에 있어서 철저하게 『사고전서』의 사료를 뒷받침으로 하였으며 근거 없는 자의적인 주장은 일체 배제하였다. 오늘 여기 새로운 주장을 뒷받침하기 위해 제시된 자료들은 대개가 국내, 외 학계에서 거의 소개된 적이 없는 처음 발표되는 것들이다. 또 시대적으로 볼 때에도 대개가 명, 청 이전의 자료들이라서 사료적 가치가 매우 높다. 그리고 이들 자료는 대체로 지난날 중국인의 선조들이 남긴 저술이라는 점에서 사료적 객관성이 확실하다.

다만 여기 근거자료로 제시된 귀중한 자료들 가운데는 사서류보다는 『유자산집』, 『강문통집』과 같은 문집류에 속하는 자료들이 많다. 우리의 역사를 초라한 역사로 만들기 위해 취모멱자吹毛覓疵하는데 열을 올리는 일부 학자들 가운데는 또 이런 점을 들어서 비판적인 견해를 나타내는 사람도 없지 않을 것이다.

그러나 중국의 한족들은 역사적으로 살펴보면 조선에 대해 역사 콤플렉스가 작용했다. 그래서 저들이 중원의 주도세력으로 등장한 한, 당 이후 특히 우리나라가 저들의 속국으로 전락한 명나라시대에 엄청난 역사왜곡이 자행되었다. 우리 민족에 대해 역사적인 열등감을 지녔던 한족들의 동북공정과 같은 역사왜곡은 비단 오늘날에만 자행된 것이 아니었다.

　그래서 중국의 정사正史 가운데서는 고조선의 발상지, 한사군의 위치, 부여, 고구려, 백제의 강역 등 우리민족의 상고사쟁점과 관련하여 제대로 된 올바른 자료를 찾아보기가 쉽지 않다. 국가가 공권력을 동원하여 우리민족이 대륙에 남긴 커다란 발자취들을 의도적으로 왜곡하고 말살했기 때문이다. 그러나 저들의 글자를 빼거나 바꾸고 아니면 아예 삭제해버리는 악랄한 마수는 문, 사, 철, 자료의 전반에 미칠 수는 없었고 주로 정사 자료가 그 대상이 되었다.

　오늘날 우리의 상고사를 밝혀주는 값진 자료들이 중국의 역사서 보다는 문학서나 기타 경서류, 제자백가류, 문집류 등에서 많이 발견되는 원인이 여기에 있다. 저들이 수 만권에 달하는 시인의 문집이나 제자백가의 저서까지 모두 찾아 일일이 우리 한민족과 관련된 기록들을 지울 수는 없었고 그 결과 『회남자』, 『여씨춘추』와 같은 제자백가, 『유자산집』, 『강문통집』 같은 문집류에 우리상고사와 관련된 보석 같은 귀중한 자료들이 숨어 있는 것이다.

　2,000년 전 서한시대에 유방의 손자 유안이 쓴 『회남자』와 1,500년 전 남북조시대의 대표적인 문인이었던 유신이 저술한 『유자산집』 등을 비롯한 수많은 새로운 자료를 통해서, 우리가 수 천 년 전부터 중국 한족의 영토라고 알아왔던 현재의 요녕성과 하북성의

동쪽, 남쪽이 모두 고조선의 영토였고 한족이 설치한 요동군, 요서군은 현재의 요하를 중심으로 그 동쪽과 서쪽에 있었던 것이 아니라 북경시 창평구를 중심으로 그 북쪽과 남쪽에 있었다는 사실이 분명하게 밝혀졌다.

이제 한국의 고대사는 당연히 다시 써야하고 중국의 고대사 또한 다시 서술되어야 한다. 예컨대 지금까지는 요녕성에 연, 진, 한의 요동군과 요서군이 있었다는 관념 때문에 이 지역에서 출토된 명도전과 같은 유물을 모두 연나라 화폐로 간주하였다.

그러나 「사고전서」와 같은 확실한 자료의 뒷받침을 통해 요동군, 요서군, 낙랑군의 위치가 밝혀진 이상 하북성지역에서 발굴된 명도전은 연나라 화폐가 아니라 고조선의 화폐로 바로잡아야 하는 것이다.

어디 그뿐인가 그동안 이 지역에서 발굴된 치우상이 그려진 와당을 모조리 중국 연나라 와당으로 치부하였다. 그러나 한족들은 서주 목왕이 치우를 악마의 수괴로 폄훼한데서 보듯이 치우를 저주하였다. 그런데 치우상이 그려진 와당을 중국의 와당으로 사용하였을 리 만무하다. 동북아의 역사뿐만 아니라 문화 전반에 대한 재검토와 새로운 서술이 이루어져야 하는 것이다.

광복후 한국 강단사학의 상고사연구 70년을 되돌아보면 고고학이 위주가 되고 문헌연구를 소홀히 했다는 점이 지적된다. 그런데 고고학의 1차 자료는 지하에서 발굴한 유물은 물론 강과 산과 성 이런 것들도 해당되지 않는가. 그렇다면 고조선연구에서 고고학적으로 1차 연구의 대상은 말할 것도 없이 갈석산, 요산, 요수, 조선성, 조수, 선수 이런 것들이 함께 연구되었어야 옳았다.

그런데 한국의 강단사학이 이런 고고학에서의 중요한 비중을 차지하는 1차 자료는 방기한 채 와당, 목간, 비문 등 이동이 가능한 2차, 3차 자료에 치중하면서 문헌사료에 대한 연구를 소홀히 한 것은 강단사학의 치명적인 오류였다고 본다.

필자는 이번에 논문을 준비하면서 고대의 요하는 현재의 요녕성의 요하가 아니라는 사실을 밝혀주는 직접, 간접 자료가 이렇게 많은 사실에 놀랐다. 그런데 우리사학계는 그동안 이런 귀중한 자료들을 전혀 눈여겨보지 않은 채 방치했다. 지금이라도 늦지 않았다. 문헌연구를 기본으로 삼고 고고학연구를 보조로 삼아 한국의 상, 고대사 연구를 처음부터 다시 시작해야한다. 한국고대사 논쟁의 해답이 여기에 있다고 확신한다. 한국 사학계는 더 이상 주저해서는 안 되며 하루빨리 과거를 청산하고 거듭나야 하는 것이다.

지금 촛불과 태극기로 국론이 분열되어 국가와 민족이 파멸의 위기에 직면해 있다. 오늘 이 나라가 이런 파멸의 상황을 맞이하기까지 화합의 역사, 영광의 역사를 버려둔 채 분열의 역사, 치욕의 역사를 강조해온 강단사학계에 일말의 책임은 없는 것인가.

요즘 방영되는 KBS의 '한국사기'를 보면서 우리자신의 손으로 우리역사를 왜곡하는 수준이 어느 정도인지 실감할 수 있었다. 나라가 바로서기 위해서는 역사가 먼저 바로 서야한다. 본래 동양학자인 필자가 온갖 불이익을 감내하면서 역사 바로 세우기에 매달려 온 이유가 여기에 있다.

필자는 일찍이 북송 때 편찬된 『무경총요』에서 북경 북쪽에 '조선하'가 있었다는 보석을 발굴하여 초라한 반도사관을 청산하고 위대한 고조선사를 바로 세우는데 점 하나를 찍은 바 있다.

오늘 또 1,500년 전 유신의 문집에서 하북성 남쪽의 역수가 바로 요수라는 보석을 찾아내고 한의 요동군 양평현이 현재의 요녕성 요양현이 아니라 북경시 서쪽 창평이라는 사실을 밝혀내 고조선사 연구에 두 개의 점을 다시 찍는다. 이 세 개의 점을 연결하면 하나의 획이 되며 따라서 필자는 우리 고조선사 연구에서 한 획을 그었다고 자부한다.

　　1,600여 년 전 고구려의 광개토대왕은 활과 창으로 한사군을 몰아내고 고조선영토를 회복하는데 전공을 세웠다면 오늘 필자는 『사고전서』를 바탕으로 사대사관과 식민사관을 걷어내고 고조선의 역사주권을 되찾는데 기여했다고 확신한다.

　　다만 요동군, 요서군, 낙랑군을 설치한 것은 2,000여 년 전 고조선시대에 벌어진 일이다. 1개월여라는 짧은 기간에 이를 완전무결하게 논증하기에는 한계가 있다. 또한 요동군과 요서군에 관한 문제는 한국사의 차원을 넘어서 중국사의 영역에까지 파급된다. 따라서 오늘 필자가 발표한 주장에 대해 이견이 있다면 국내 학계는 물론 중국의 학계에서도 자료에 기반한 논문을 통해 체계적으로 반박해주기를 기대한다. 오류가 지적되면 수정할 것이며 합리적인 이론이 제시된다면 겸허히 수용할 것이다.

동북아역사재단 발표자료

제2장

천하를 경영한 고구려 제국

1

...

『사고전서』로 살펴 본
수, 당시대 고구려의 수도와 서쪽 강역

1. 머리말

한족 역사상 한무제와 함께 최고의 영웅으로 평가되는 당태종(598-649)은 고구려 침략을 두고두고 후회했다. 직언을 잘하는 위징魏徵이 살아 있었더라면 목숨 걸고 자신의 고구려 침공을 만류했을 텐데 그러지 못한 것을 못내 안타까워했다. 발해만을 끼고 앉아 대륙을 호령했던 고구려, 천하의 당태종 이세민이 함부로 덤비다가 혼 줄이 나서 달아났던 고구려! 참으로 자랑스러운 이름이 아닐 수 없다. 그러나 오늘날 우리가 알고 있는 고구려는 이런 대륙의 지배자로서의 자랑스러운 모습이 아니다.

서기 589년 남북조의 분열국면을 수습하고 중국 통일을 이룩한 수隋나라는 주변지역으로 세력을 확대하며 고구려에 대한 공격을 도모했다. 612년 수양제(569-618)는 113만 대군을 이끌고 요하를 건너 요동성을 포위하고 고구려의 수도 평양성을 향해 진격해왔다. 고구려 영양왕은 을지문덕장군으로 하여금 수나라 군대를 맞아 싸우도록 하여 수의 정예부대인 별동대 30만 명을 살수에서 거의 전멸시켰다.

수양제는 3차에 걸친 고구려 침략을 단행했으나 결국 고구려 멸망의 뜻을 이루지 못했고 그로 인해 국력이 소진되어 집권 38년 만에 나라가 망하는 단명한 왕조로 끝나고 말았다.

618년 고구려 영류왕이 즉위하던 해에 중국의 수나라가 멸망하고 당나라가 들어섰다. 제국건설의 야심에 불타던 당태종은 수나라 때 억울하게 죽은 중국 젊은 이들의 원한을 갚기 위해 다시 고구려 침략을 획책하였다.

이 무렵 고구려의 연개소문이 정변을 일으켜 실권을 장악하여 영류왕과 여러 대신들을 제거하고 보장왕을 왕위에 앉혔다. 침략의 기회를 엿보던 당태종은 연개소문의 왕을 시해한 죄를 묻는다는 구실을 내세워 645년 요수를 건너 고구려의 평양성을 향해 진격에 나섰다.

손쉽게 승리를 자신했던 당태종은 안시성 전투에서 60여 일 간 거센 공격을 퍼부었으나 함락되지 않자 결국 전쟁을 포기하고 돌아갔다. 복수의 칼을 갈던 당태종은 그 뒤 647년 다시 고구려의 침공에 나섰으나 역시 실패의 쓴 잔을 마셨다.

우리 국사교과서는 고구려의 주몽이 오늘날의 중국 요녕성 환인현의 오녀산성에서 건국을 하고 그 뒤 유리왕이 국내성으로 도읍을 옮겼으며 여기서 400여 년 간 도읍을 하다가 427년 장수왕 때 대동강 유역의 평양성으로 천도하였고 수나라와 당나라가 공격한 고구려의 평양성은 바로 이 대동강유역에 있던 평양성인 것으로 기술하고 있다.

그리고 수양제와 당태종이 고구려를 치기 위해 건너왔던 요하는 현재 요녕성의 요하로, 요동성은 지금의 요하 동쪽으로, 을지문덕이 살수대첩을 거두었던 살수는 청천강으로 비정하여 청소년들을 가르치고 있다.

중심부를 대동강유역 평양에 두고 중원에는 진출해본 적이 없는 고구려가 압록강 유역을 주 무대로 활동하다가 당 고종시대에 나당 연합군의 침략을 받아 멸망했다는 것이 한국의 국사교과서가 서술하고 있는 고구려의 모습이다.

그러나 우리 국사교과서가 서술하고 있는 수, 당시대 요수, 요동성, 살수와 고구려의 수도 평양, 서쪽강역의 위치는 중국의 『사고전서』에 기록된 여러 사료의 내용과 크게 다르다.

수, 당 전쟁은 당시 동아시아를 격변으로 몰아넣은 대 전쟁이었다. 그래서 이 전쟁을 다룬 중국의 기록은 차고 넘친다. 그 기록들 가운데는 고구려가 발해만의 갈석산 일대에서 대륙을 무대로 활동하며 한족과 자랑스럽게 싸운 내용이 너무 많아서 그것을 일일이 다 여기서 인용 설명하기는 어렵다.

다만 수양제와 당태종은 고구려 침략을 직접 계획하고 수행한 최고 사령탑이다. 또한 직접 고구려 전쟁에 참가했던 당사자들이기도 하다. 따라서 본 연구는 자료의 인용에서 이들 두 황제와 직접 관련이 있는 기록이나 또는 이 두 황제가 자신들의 이름으로 직접 내린 조서詔書로 한정하고 이를 통해 당시 이들이 건넜던 요수, 공격했던 요동성, 평양성, 고구려의 서쪽 강역 등의 위치가 지금의 어디에 해당하는지 살펴보고자 한다.

고구려사는 한국사의 척추에 해당한다. 뿐만 아니라 한국사의 침탈을 노리는 중국 동북공정의 핵심 사안이다. 그런 점에서 고구려사를 바로 세우는 것은 한국사를 바로 세우는 첫 걸음인 동시에 중국의 동북공정을 타파하는 요체이기도 하다.

본 발표에는 우리 국사교과서의 내용과는 전혀 다른 고구려의 모습이 등장한다. 일반 국민들은 오늘의 이 발표를 통해 수양제와 당태종이 그들의 입으로 직접 말한 당시 고구려 역사의 진실과 만남으로서 한국사의 오류가 어느 정도로 심각한 상태에 놓여 있는지 또 식민사학을 청산하지 못한 우리학계의 수준이 얼마나 한심한 수준인지 깨닫게 되는 계기가 될 것으로 믿는다.

2. 수, 당시대 고구려의 수도

1) 수나라시대 고구려의 수도

수양제의 '수장요해전망조收葬遼海戰亡詔'로 본 수나라시대 고구려의 수도

중원을 통일한 수양제는 대업 8년(612) 고구려를 멸망시켜 복속시키겠다는 야심을 품고 호왈 200만대군 실제는 113만 대군을 동원하여 고구려 친정親征에 나선다. 그러나 결과는 참패였다. 수양제는 대업 10년(614) 2월 요해遼海 즉 발해만에서 전쟁하다가 죽은 유해를 거두어 장사지내라는 조서 '수장요해전망조收葬遼海戰亡詔'를 내린다. 바로 612년 살수에서 몰살당한 수나라 장병들의 시신을 거두어 묻어

주라는 조서를 내린 것이다.[1]

이때 고구려의 평양성이 대동강유역에 있었고 살수가 오늘날의 청천강이었다면 평양을 치러갔던 수나라군대가 압록강이나 청천강 유역에서 전사를 하지 왜 발해만 부근에서 전사했겠는가.

이 '수장요해전망조收葬遼海戰亡詔'를 통해서 수양제가 정벌하러 갔던 고구려의 평양성은 대동강유역에 있지 않았고 발해만 부근에 있었으며 을지문덕이 수나라의 30만 군대를 수장시킨 살수는 한반도의 청천강이 아니라 하북성의 발해만 서쪽에 위치한 강이었다는 사실이 여실히 입증된다고 하겠다.

'수장요해전망조收葬遼海戰亡詔' 가운데는 이런 내용이 기재되어 있다. "지난해에 죄를 묻기 위해 군대를 출동시켜 장차 요빈遼濱에 도착하려고 하였다. 승리할 수 있는 만반의 전략을 모두 갖추고 있었는데 양량楊諒이 혼미하고 흉악함으로 인해서 성공과 실패를 알지 못했다.(往年出軍問罪 將屆遼濱 廟算勝略 具有進止 以諒悟凶 罔識成敗)"[2]

여기서 "출군문죄 장계요빈出軍問罪 將屆遼濱"은 고구려의 수도가 대동강 유역이 아니라 요빈, 즉 발해의 해변에 있었음을 의미한다. 이는 수양제가 고구려 공격에 나서서 만반의 준비태세를 갖추고 요해의 해변 가에 있는 고구려 수도의 함락을 목전에 두고 있을 즈음 어리석고 흉악한 양량이 반란을 일으켜 성공을 거두지 못했다는 사실을 언급한 것이다.

그러면 수양제가 말하는 고구려의 수도가 있었던 발해의 해변이

---

1 『사고전서』「집부」, 『수문기隋文紀』권2 참조.
2 이와 동일한 내용이 『수서』권4, 수양제 대업 10년 2월 조항에 기록되어 있다.

란 구체적으로 지금의 어느 지역을 가리킨 것일까. 하북성 진황도시 창려현을 가리킨다고 본다. 무엇을 근거로 오늘날의 창려현이 당나라 때 고구려의 수도가 있던 곳이라고 비정할 수 있는가.

남송 때 학자 왕응린王應麟(1233-1296)이 쓴 『통감지리통석』의 「진晉19주」 조항에 "평주는 창려현을 치소로 하였다. 한나라의 요서군 교려현 지역이고 당나라 때는 안동부가 설치된 곳이다.(平治昌黎 漢遼西交黎 唐安東府)"라는 기록이 보인다. 이는 당나라 고종 때 고구려를 멸망시키고 평양에 설치한 안동도호부가 창려현 지역이었음을 잘 설명해주고 있다.

창려현은 현재 중국 하북성 진황도시 관할 현이다. 하북성 동북부에 위치하여 발해의 해변 가에 위치해 있다. 수양제가 말한 요빈遼濱, 즉 발해의 해변이란 말과 정확히 부합된다. 수양제가 고구려의 수도가 발해의 해변에 있다고 한 말과 『통감지리통석』의 안동도호부가 설치된 곳이 창려현이었다는 말을 종합해 본다면 수, 당시대에 고구려의 수도는 현재의 발해연안 창려현에 있었던 것이 확실하여 의심의 여지가 없다고 하겠다.

그리고 '수장요해전망조收葬遼海戰亡詔'는 뒤에 다음과 같은 말이 이어진다. "드디어 사망자가 많아 미처 다 매장할 수 없게 되었다. 지금 마땅히 사람을 보내 도별로 나누어 거두어 장사지내도록 하되 요서군에 제단을 설치하고 도량 한 곳을 마련하도록 해야할 것이다.(遂令死亡者衆 不及埋藏 今宜遣使人 分道收葬 設祭於遼西郡 立道場一所)"

고구려와의 전쟁에서 수나라가 대패하여 많은 사상자가 낳는데 그들의 시체가 들판과 물가에 나뒹굴고 있었다. 그래서 수양제는 사람을 보내 각 도별로 사망자를 분류하여 시신을 거두어 장사지내주라고 하였던 것이다. 그런데 수양제는 요서군에다가 분향소 한 곳을 차리고 거기서 저들 사망자의 제사를 지내주라고 하였다.

수나라시대의 요서군은 오늘날의 요녕성의 요하 서쪽이 아니라 하북성 동남쪽에 있던 요서군을 가리킨다. 수나라 초기에는 지금의 하북성 진황도시 서쪽 옛 고죽국 지역에 요서군이 있었다.

이때 만일 고구려의 수도 평양이 대동강유역에 있었고 대동강 서쪽 청천강일대에서 수나라 군대가 고구려군에게 참패했다면 오늘날의 압록강유역이나 요하의 동쪽 요동지역에다가 전망자의 빈소를 차리라고 하지 왜 하필 하북성의 요서군에 빈소를 차려 전사자의 영혼을 위로하는 제사를 올려주라고 했겠는가.

수양제가 살수에서 참패하고 나서 내린 '수장요해전망조收葬遼海 戰亡詔'를 통해서 볼때 당시 고구려의 수도 평양성은 대동강유역이 아니라 발해만 부근, 즉 발해의 해변에 있었던 것은 너무나 확실하여 두말할 나위 없다고 하겠다.

수양제의 '재벌고구려조再伐高句麗詔'로 본 수나라시대 고구려의 수도, 환도

수양제는 서기 612년 고구려를 정벌했으나 실패한다. 수양제는 614년 제2차 고구려 정벌에 나선다. 이때 재차 고구려 정벌에 나서면서 '재벌고구려조'를 내린다.[3]

조서의 내용에는 앞에 "지난해 군대를 출동시켜 요수와 갈석산에 가서 죄를 물었다(去歲出軍 問罪遼碣)"라는 말이 있고 뒤에 "환도에

---

3 『사고전서』「집부」, 『수문기隋文紀』 권2 참조.

서 말을 먹이고 요수에서 열병식을 하겠다.(秣馬丸都 觀兵遼水)"라는 표현이 나온다.[4]

여기서 '관병觀兵'은 오늘날로 말하면 열병閱兵 의식과 같은 것이다. 『춘추좌전』「선공」 12년 조항에 "관병식을 통해서 제후들에게 위엄을 보인다.(觀兵以威諸侯)"라는 기록이 있다. 춘추시대에 군대의 사기를 고무시키고 필승의 의지를 다지는 용도로 관병의식이 행해졌음을 알 수 있다.

'재벌고구려조'에서 수양제가 말을 먹이겠다고 말한 '환도'는 고구려의 수도를 가리킨다. 열병식을 하겠다고 말한 요수는 고구려와 수나라의 국경선에 위치했던 요수 즉 지금의 하북성 남쪽의 역수를 가리킨다.

"환도에 가서 말을 먹이고 요수에서 열병식을 하겠다"는 수양제의 이 말을 두고 혹자는 이 '환도'는 압록강유역의 '환도산성'을 가리키고 '요수'는 요녕성의 '요수'를 지칭한다고 주장할 수도 있다.

그러나 앞에서 수양제는 "지난해 군대를 출동시켜 요수와 갈석산에 가서 죄를 물었다(去歲出軍 問罪遼碣)"라고 분명히 말했다. 앞에 이 말이 없다면 "환도에서 말을 먹이고 요수에서 열병식을 하겠다(秣馬丸都 觀兵遼水)"라는 말을 그렇게 해석할 수 있는 여지도 있다.

그러나 "요수와 갈석산에 가서 죄를 물었다(問罪遼碣)"라는 말이 앞에 있는 이상 이 말을 그렇게 해석하면 앞뒤가 맞지 않는다. 지난해 요수와 갈석산에 가서 고구려의 죄를 물었으나 수나라가 고구려

---

4 이와 관련된 상세한 기록은 『수서』 권4, 수양제 대업 10년 2월 조항에서 찾아볼 수 있다.

를 정복하지 못했다. 그래서 요수와 갈석산으로 고구려를 치러 다시 출발하면서 "환도에 가서 말을 먹이고 요수에 가서 열병식을 하겠다"라는 반드시 승리하고 말겠다는 결의를 보여주는 다짐을 한 것이다. 그렇다면 이 "관병요수觀兵遼水"의 '요수'는 앞의 문죄요갈問罪遼碣의 요수, 즉 갈석산 부근의 요수여야하고 이 "말마환도秣馬丸都"의 환도는 갈석산 부근의 환도여야 하는 것이다.

양서梁書 권54 고구려 조항에는 "고구려의 강역이 2천리쯤 된다. 중심부에 요산이 있고 요수가 거기서 발원한다. 그 왕은 환도의 아래에서 도읍하고 있다.(句麗地方可二千里 中有遼山 遼水所出 其王都於丸都之下)"라고 나온다.

고구려의 국가 중심부 즉 수도에 요산이 있고 요산에서 요수가 발원하는데 고구려의 왕은 이 요산과 요수가 있는 환도에 도읍하고 있었다는 것이다. 동한시대의 학자 고유高誘는 『회남자』에 나오는 요수의 주석에서 "요수는 갈석산에서 발원한다"라고 말하였다. 고유의 설명에 따르면 요산은 갈석산의 다른 이름이었다.

한, 당 이전의 갈석산은 어디에 있었는가. 『사기』「소진열전」에는 하북성 남쪽 역수 부근에 안문산과 이웃하여 갈석산이 있다고 말하였다. 남북조시대의 대표적인 문학가인 유신은 하북성 남쪽의 역수를 요수라고 말하였다.

이런 기록들을 종합해본다면 수양제가 재차 고구려를 정벌하러 떠나면서 열병식을 하겠다고 다짐한 요수는 지금의 요녕성 요하가 아니라 하북성 남쪽의 역수이고 말을 먹이겠다고 말한 고구려의 수도 환도는 길림성 집안현이 아니라 갈석산 동쪽 발해만의 물가 즉 요빈遼濱에 있었던 것이다. 그러니까 발해만의 바닷가 해변, 수양제가 '수장요해전망조'에서 말한 요해의 바닷가 요빈遼濱이 수나라시대에 고구려 수도 환도성이 있던 곳인 것이다.

지금 길림성 집안현에 환도성이 있다. 그러나 길림성 집안현이나 요녕성 환인현에 과연 갈석산이나 또는 요산, 요수가 있는가. 거기에는 요산도 요수도 없고 갈석산도 없다. 그렇다면 이 환도는 수양제가 고구려를 정벌할 당시의 고구려 수도 환도는 아닌 것이다. 아마도 집안현의 환도는 고구려가 당 고종에 의해 요해에 있던 고구려 수도 환도가 함락되고 그 뒤 동쪽으로 후퇴하여 거기 정착하면서 하북성에 있던 환도라는 이름도 함께 가져가서 붙여지게 된 지명일 것이다.

2) 당나라시대 고구려의 수도

당태종의 '요성망월遼城望月' 시詩로 본 당나라시대 고구려의 수도, 환도

당태종은 제1차 고구려 정벌에 나서 요동성을 함락시켰다. 당태종이 '요성에서 달을 바라보다(遼城望月)'라는 제목으로 지은 시가 전해지는데 이 시는 이 때 지은 것으로 여겨진다.

이 시는 서두가 "달이 휘엉청 밝으니 맑은 빛이 요수와 갈석산을 비춘다.(玄兎月初明 澄輝照遼碣)"로 시작되고 뒤에는 "수레를 멈추고 환도성을 굽어보고 우두커니 서서 요망한 기운이 없어지는 것을 관망한다.(駐蹕府丸都 竚觀妖氛滅)"로 끝을 맺는다.[5]

---

5 『사고전서』「집부」, 〈어정패문재 영물시선御定佩文齋 詠物詩選〉 권3.

여기서 앞 글귀의 '현토'는 달을 가리킨다. 달 속에 토끼가 있다는 전설이 있다. 그래서 달의 별칭을 '현토'라고 호칭한다. 뒷 글귀에서 주필駐蹕의 필은 본래는 고대사회에서 제왕이 외출할 때 먼저 경호 인력을 파견하여 연도에 행인이 지나다니는 것을 금지했던 것을 가리킨다. 뒤에는 제왕이 외출할 때 왕이 탄 수레가 중간에 잠시 머무는 지방이나 또는 제왕의 수레를 직접 가리키는 의미로도 전용되었다. 여기서는 당태종이 탄 수레를 가리킨 것이다. 요분妖氛은 상서롭지 못한 기운으로서 흔히 재앙이나 환란에 비유되는데 여기서는 고구려를 지칭한 것이다.

이 시는 고구려사와 관련하여 지금까지 우리의 상식과는 전혀 다른 새로운 내용을 알려주고 있다. 첫째는 요동성의 위치이다. 그동안 우리는 당태종이 공격했던 요동성이 압록강 서쪽에 있었던 것으로 인식해 왔다. 그러나 이 시는 요동성 위에 뜬 달이 요수와 갈석산을 밝게 비춘다고 말하고 있다. 지금 요녕성 요하의 동쪽에는 당나라시대에 갈석산이 없었다. 그렇다면 이는 당태종시대의 요동군은 압록강서쪽에 있지 않았고 하북성의 갈석산 부근에 있었다는 것을 단적으로 설명해주는 것이다.

둘째는 고구려 환도성의 위치이다. 우리는 그동안 고구려의 환도성은 지금의 길림성 집안시에 있다고 인식해왔다. 그런데 이 시는 요수와 갈석산이 있는 요동성에서 당태종이 수레를 멈추고 환도성을 바라본다고 말하고 있다. 지금의 길림성 집안시 부근에는 요수도 갈석산도 존재하지 않는다. 그렇다면 이 시에서 당태종이 말하는 환도성은 지금의 길림성 집안시 환도성이 아닌 하북성에 있던 환도성을 가리킨 것이 분명한 것이다.

당태종이 이 시를 쓸 당시 고구려의 요동성은 당나라 군대에 함락되어 당나라 수중에 들어갔다. 정관 22년 당태종이 1차 고구려와의 전쟁에서 실패하고 재차 고구려 공격에 나서려할 때 당나라의 명재상 방현령房玄齡은 상소를 올려 극구 말렸는데 거기에 이런 말이 나온다. "친히 6군을 통솔하고 요수와 갈석산에 가서 죄를 물으셨다. 열흘이 채 되지 않아서 곧바로 요동성을 함락시켰다.(親總六軍 問罪遼碣 未經旬日 卽拔遼東)" 이는 당태종의 1차 공격 때 고구려의 요동성이 함락된 사실을 알려준다.[6]

그러나 발해만의 해변에 위치한 고구려의 수도 환도성은 아직 함락되지 않은 채 건재하고 있었다. 그래서 당태종은 요동성에서 밤을 맞으면서 요동성 위에 떠오른 밝은 달을 바라보며 고구려 수도 환도성을 함락시킬 결의와 기대를 담아 이 시를 썼던 것이다.

그런데 당태종의 시 내용 가운데 압록강이나 청천강이나 대동강은 등장하지 않는다. 여기에 요수와 갈석산이 나오고 환도가 등장한다는 것은 당태종이 고구려를 공격할 당시 고구려 수도가 지금의 대동강 유역 평양이 아닌 요수와 갈석산 부근에 있었으며 그곳이 환도성으로 불렸다는 사실을 입증한다.

이 시는 당나라 이전이나 또는 그 이후에 어떤 시인에 의해 쓰여진 시가 아니고 고구려시대에 고구려 전쟁에 직접 참여했던 당태종이 쓴 시라는 점에서 그 사료적 가치와 신빙성은 다른 어떤 자료보다도 확실하다고 하겠다.

---

6 이에 관하여는 『구당서』 「방현령전」과 『정관정요』 권9 정관 22년 조항 등에 상세한 기록이 나온다.

3. 수, 당시대 고구려의 서쪽 강역

1) 수나라시대 고구려의 서쪽 강역

『구당서舊唐書』「배구열전裵矩列傳」의 기록으로 본 수나라시대 고구려의 서쪽 강역

『구당서』「배구열전」에는 다음과 같은 기록이 나온다.

"만리장성 북쪽을 순행하여 계민啓民 칸의 막사에 행차하는 황제를
따라갔다. 그 때 고구려가 사신을 보내 먼저 돌궐과 내통하고 있었
다. 계민이 그러한 사실을 숨길 수 없어 고구려 사신을 데려다가 황
제를 알현하도록 하였다. 배구가 그 사실로 인해 황제에게 다음과 같
이 아뢰었다. '고구려의 땅은 본래 고죽국이 있던 지역입니다. 서주
시대에는 이곳을 기자에게 봉했고 한나라 때는 삼군으로 나뉘었으며
진나라시대에는 요동군에 통합되기도 하였습니다. 지금은 신하로서
복종하지 않고 외국의 땅으로 되어 있습니다. 그래서 선제인 문제께
서도 오랫동안 정벌하고자 하셨던 것입니다. 다만 양량의 불초함으
로 인해서 군대를 출동했으나 공을 이루지 못했습니다. 폐하의 시대
에 이르러서 어찌 이 일을 도모하지 않고 관대冠帶의 지역이 만맥蠻貊
의 땅이 되도록 그대로 놓아 둘 수가 있겠습니까.'(從帝巡于塞北 幸啓
民可汗帳 時高麗遣使先通于突厥 啓民不敢隱 引之見帝 矩因奏曰 高麗之地
本孤竹國也 周代以之封箕子 漢時分爲三郡 晉氏亦統遼東 今乃不臣 列爲外域
故先帝欲征之久矣 但因楊諒不肯 師出無功 當陛下時 安得不有事於此 使冠帶
之境 仍爲蠻貊之鄕乎)"

배구는 수, 당 양대에 걸쳐서 중요한 직책을 담당했던 국가의 중신이다. 『구당서』 「배구열전」에 나오는 이 기록은 수양제 대업大業 3년(607) 배구가 수양제를 수행하여 돌궐의 지도자 계민啓民의 처소에 갔다가 그곳에서 거기에 먼저 와 있던 고구려사신을 발견하고 배구가 수양제게 건의한 내용을 담고 있다.

그런데 배구가 수양제에게 올린 건의문 가운데는 다른 중국의 정사正史자료에서는 찾아볼 수 없는 한국의 상, 고대사와 관련한 여러 가지 새로운 내용을 발견하게 된다.

첫째 우리는 서주시대의 기자조선이 대동강유역에 있었던 것으로 인식해 왔다. 그러나 이 기록은 기자조선이 백이, 숙제의 나라 고죽국지역에 있었던 것으로 기술하고 있다.

둘째 한무제가 설치한 한사군은 대동강유역에 있었던 것으로 우리 강단사학계는 지금까지 인정해 왔다. 그러나 이 자료는 한무제 때 설치한 한의 삼군(처음에 삼군이었다가 나중에 사군으로 됨)이 고죽국지역에 있었던 사실을 밝히고 있다.

셋째 그동안 우리 강단 사학은 요동군은 지금의 요녕성 요하 동쪽에 줄곧 있었던 것으로 주장해 왔다. 그런데 이 자료는 진晉나라 때는 고죽국지역이 요동군에 소속된 사실을 말하고 있다.

특히 우리가 이 자료에서 주목하는 부분은 수나라시기에 고죽국지역이 중원의 강역이 아닌 외국의 땅 즉 고구려의 영토로 편입되어 있다고 설명한 점이다. 이 자료에서 배구가 고죽국 땅을 두고 "지금은 신하로서 복종하지 않고 외국의 강역으로 되어 있다" 거나 "관대(중원)의 강역을 계속해서 만맥(고구려)의 터전으로 놓아 둘 수는 없다"라고 말하고 있는 것은 당시에 고죽국지역이 고구려의 영토로 되어 있었던 것을 단적으로 보여주는 것이다.

고죽국은 서주가 은을 멸망시키자 거기에 반기를 들고 수양산에서 고사리를 캐먹으며 가난하게 살다가 죽은 백이, 숙제의 나라이다. 지금의 하북성 진황도시 노룡현 일대가 그 중심지역이다. 발해만 부근에 위치한 현재의 노룡현에는 백이와 숙제가 독서하던 곳, 백이 숙제의 사당, 수양산 등 고죽국의 백이, 숙제와 관련된 많은 유적들이 보존되어 있다.

옛 고죽국 땅 현재의 하북성 진황도시 일대가 수양제시대에 모두 고구려의 강역으로 편입되어 있었다는 『구당서』 「배구열전」의 기록은 수, 당시대에 고구려가 하북성 서남쪽에서 수, 당과 국경을 마주했던 사실을 반영한다고 하겠다.

고구려의 서쪽 강역이 하북성의 산해관 서쪽 지역까지 이르렀다고 말하면 강단사학은 사이비역사학자로 규정할 것이다. 그러나 이 기록은 수, 당시대에 산해관을 넘어 하북성의 서남쪽 일대가 고구려의 서쪽 강역이었던 사실을 분명하게 밝혀주고 있다.

이 자료는 국제정세에 어두운 어느 시골 선비의 독백이 아니라 수나라 당시 황제인 양제와 대신 배구, 즉 최고 권력자 간에 논의된 내용을 담고 있다. 또 그것이 『구당서』라는 중국의 정사에 기록되어 있다는 점에서 그 사료적 가치는 어떤 논리로도 결코 폄하될 수 없다고 하겠다.

2) 당나라시대 고구려의 서쪽 강역

당태종 이세민의 '토고구려수조討高句麗手詔'로 본 당나라시대 고구려의 서쪽 강역

당태종 이세민은 당고조 이연李淵과 두황후竇皇后의 둘째아들로 태어
났다. 626년 현무문玄武門에서 쿠데타를 일으켜 자기의 형 태자 이
건성李建成과 아우 이원길李元吉 및 그 일당을 죽이고 정권을 잡았다.

쿠데타를 통해 정권을 쟁취한 이세민은 즉위한 뒤에 안으로 국
태민안을 이루고 밖으로 넓은 강토를 개척하여 중국역사상 저명한
정관지치貞觀之治를 이룩했다. 동돌궐을 멸망시키고 고창, 귀자, 토
곡혼을 정복시키고 고구려를 정벌한 것이 바로 이 시기였다.

당태종은 645년(정관19년) 2월 고구려와의 전쟁을 개시했는데 그
에 앞서 644년(정관18년) 10월에 당태종이 직접 쓴 토고구려수조討高
句麗手詔가 전해진다.[7] 여기에 "문죄요갈問罪遼碣"이라는 문구가 등장
한다. 수양제의 '재벌고구려조'에도 등장하는 이 '요갈'은 요수와 갈
석산을 가리킨다.

당태종 당시에 고구려가 대동강유역에 있었다면 "문죄대동강"이
라거나 "문죄백두산"이라고 해야지 왜 요수와 갈석산에 가서 고구려
의 죄를 묻겠다고 말했겠는가.

당태종의 "요수와 갈석산에 가서 고구려의 죄를 묻겠다"는 "문죄
요갈問罪遼碣"은 비록 글자는 네 글자 밖에 안 되지만 당시 고구려의
서쪽 강역이 요수와 갈석산 즉 오늘날의 하북성 남쪽 역수유역과 백

---

7 『당대조령집』 권130, 「토고려조」 및 『자치통감』 권197, 「당기」 13, 정관 18년 조항 참조.

석산 일대였던 사실을 알려주는 결정적인 단서가 되기에 충분하다.

왜냐하면 이것은 후세의 역사가가 당과 고구려와의 전쟁을 다룬 기록이 아닌 당시에 고구려 전쟁에 참여했던 당태종의 조서이고 또 당태종이 직접 손수 작성한 수조手詔이기 때문이다.

4. 맺는말

우리 역사학계는 수, 당이 공격한 고구려 수도가 대동강유역 평양에 있었고 을지문덕장군이 살수대첩을 이룬 장소가 청천강이었으며 고구려의 요동성이 압록강 서쪽에 있었다고 주장해 왔다. 국사교과서에서도 이렇게 서술하여 가르치고 있다.

그러나 고구려와의 전쟁의 당사자인 수양제나 당태종이 고구려를 정벌하러 가면서 쓴 조서와 당나라 당시의 기록인 구당서에는 고구려의 수도 환도는 갈석산 동쪽 발해만 부근 해변에 있었고 요동성은 갈석산 가까이에 있었으며 고구려의 서쪽 강역은 옛 고죽국 땅 지금의 하북성 진황도시 노룡현 서남쪽이었다고 말하고 있다.

광복 70여년동안 한국의 강단 사학에서 고구려에 관해 발표한 논문은 아마도 수 천편에 달할 것이다. 필자가 과문한 탓인지는 모르겠으나 오늘 필자가 발표한 자료를 인용하여 강단사학계에서 논문을 발표한 경우는 일찍이 본 일이 없는 것 같다.

그러면 우리 강단사학은 고구려와 수, 당의 전쟁을 다룰 때 무슨 자료를 근거로 하여, 수양제, 당태종, 『구당서』의 기록과는 다른 주장을 하는 것인가. 고구려와 수, 당의 전쟁관련 사료로서는 수양제,

당태종의 조서詔書와 『구당서』가 1차 사료에 해당한다. 이런 1차 사료와 다른 주장을 하려면 먼저 1차 사료를 검증하고 그것의 오류를 지적한 다음 새로운 이론을 펼쳐야 사리에 맞다.

그런데 이런 1차 사료는 광복 70여년이 지나도록 한번 거들 떠보지도 않은 채 청천강 살수설, 대동강 평양설만을 줄기차게 주장하고 있으니 이것이 과연 실증사학이라고 말할 수 있겠는가.

조상들이 피땀으로 이룩한 강토를 지키기는 고사하고 역사영토마저 우리 스스로 한반도의 대동강 유역으로 축소시킨 꼴이 되었으니 이 무슨 못난 짓이며 이 무슨 창피한 노릇인가. 우리가 이러고서도 고구려 광개토대왕의 후손이라고 말할 수 있겠는가.

중국이나 일본은 자국의 역사영토를 늘이기 위해 혈안이 되어 있는데 우리는 축소하지 못해 안달이 났으니 우리의 민족의식과 역사의식이 어쩌다 이 지경이 되었는가. 이는 일제의 식민사관이 원흉이다. 식민사관의 잔재를 털어버리지 못한 이런 역사의식을 가지고서 우리가 21세기에 과연 새로운 도약을 기약할 수 있겠는가.

경제발전도 중요하고 민주화도 중요하다. 그러나 발해만을 깔고 앉아 대륙을 지배한 고조선과 고구려의 민족혼이 살아나지 않고서는 경제발전도 정치발전도 여기서 더 이상 진전이 있을 수가 없다.

우리가 세계 10대 무역국가로서 3만불시대를 열었으면서도 대동사회를 위해 나아가지 못하고 극심한 혼란과 갈등을 겪고 있다. 이는 우리가 한강의 기적에 만족하고 갈석산과 요수에서 한족과 국경을 마주하며 침략자 당태종을 무릎 꿇린 고구려의 꿈과 이상을 잃어버렸기 때문이다.

오늘의 우리가 다시 아시아의 맹주로 일어서기 위해서는 한강의 기적이 아니라 발해와 갈석산의 기적을 이룩했던 고구려의 정신과 기상을 회복해야 한다.

손 바닥만한 한반도 안에서 우리끼리 남북으로 갈리고 촛불과 태극기로 찢어져 박이 터지게 싸우는 못난 한국인에서 벗어나기 위해서는 대륙의 주인으로서 천하를 경영했던 고구려와 고구려인의 바른역사를 다시 세워야한다. 바른역사, 특히 고구려의 바른역사를 세우는 것이야말로 우리가 38선을 넘어 통일로 나아가는 길이요 압록강을 넘어 강대국으로 비상하는 첫 걸음이다.

한가람역사연구소 발표자료

제3장

왕과 제후를 거느린 대륙백제

1
···

『사고전서』로 살펴 본
대륙백제의 강역

1. 들어가는 말

우리는 그동안 백제사 연구를 심화하고 싶어도 솔직히 자료의 빈
곤에 적지 않은 애로를 느꼈다. 그런데 심대평 충남지사의 각별한
관심과 배려로 충청남도역사문화원에서 한, 중, 일의 백제사료를
집대성하여 3권으로 백제사자료집을 묶어 냈다. 일부 미진한 점은
앞으로 시간을 두고 보완해 나가야 하겠지만 어쨌든 한, 중, 일 3국
에 산재한 백제자료를 최초로 집대성 했다는 점에서 중요한 의미
가 있다.

역사연구는 사료를 생명으로 하는 만큼 앞으로 이 백제사 자료
집을 충분히 활용한다면 백제의 정치, 경제, 종교, 사상으로부터 음
악, 미술, 음식, 의복, 건축 등 생활문화에 이르기까지 백제사연구가
지금까지와는 다른 보다 심층적인 차원에서 새로운 연구의 진행이

가능하리라고 본다.

　지금 백제사 자료집 중국편의 성격이나 가치를 일별해 보는 작업이 필요한 것도 사실이나, 지면관계상 이는 다음 기회로 미룬다. 중국의 동북공정으로 인해 동북지역의 역사주권, 영토주권 문제가 학계의 중요한 이슈로 등장되어 있는 만큼 본 연구는 이번에 간행된 백제사 자료집 중국편을 통해서 백제의 강역, 특히 그동안 자료의 빈곤으로 연구가 미진했던 백제의 대륙영토 부분을 집중적으로 고찰해 보고자 한다.

　우리는 일반적으로 백제는 한반도 서남부에 위치했던 작은 나라로 인식하고 있다.

　"백제가 괄목할 만한 발전을 이룩하게 된 것은 4세기 후반 근초고왕 때의 일이었다. 이 때, 백제는 영토를 크게 확장하여 마한의 남은 영역을 정복하여 전라도 남해안에 이르렀으며, 북으로는 고구려의 평양성까지 공격하였다. 동시에, 낙동강 유역의 가야 여러 나라에 대해서도 지배권을 행사하였다. 그리하여 백제는 오늘의 경기, 충청, 전라도와 낙동강 중류 지역, 강원, 황해도의 일부를 포함하는 넓은 영토를 확보하였다. 또, 백제는 수군을 증강시켜 중국의 요서 지방으로 진출하였고, 이어서 산둥 지방과 일본의 규슈 지방에까지 진출하는 등 활발한 대외 활동을 벌였다."

　이상은 고등학교 국사 교과서에 실려 있는 내용이다. 이 기록에 따르면 백제가 전성기 한 때 수군을 증강시켜 중국의 요서, 산둥지방까지 진출하는 등 활발한 대외활동을 벌였지만 백제의 영토는 한 발짝도 한반도 밖으로 벗어난 적이 없는 것으로 되어 있다.

　그러나 중국 사료를 자세히 살펴보면 백제의 영토범위가 한반도에 국한 되지 않고 중국대륙 동북, 동남지방에 걸쳐 넓은 영토를 확보하고 있었다는 근거가 여러 군데서 확인 된다. 아래에서 그러한 근거를 하나하나 제시하기로 한다.

2. 백제의 대륙영토와 그 사료적 근거

1...

"이 해에 위로魏虜가 또 기병騎兵 수십만 명을 발동시켜 백제를 공격하여 그 국경 안으로 들어갔다. (백제왕) 모대牟大가 장수 사법명沙法名, 찬수류贊首流, 해례곤解禮昆, 목간나木干那를 파견하여 군사를 인솔하고 위魏나라 군대를 습격해 크게 격파하였다."[1]

이 글은 『남제서南齊書』권58 열전列傳 제39 동남이東南夷 백제전百濟傳에 실려 있는 내용이다. 백제전 원문의 전반부가 잘려나가고 없는 상태여서 앞에 말한 "이 해"가 어느 해인지 정확히 알 수는 없다. 그러나 이 문장 바로 뒤에 "건무2년建武二年"에 관한 기사가 실려 있는 것으로 보아서 대략 건무 원년에 해당하는 기사가 아닐까 추측된다. 건무는 남북조시대 남제南齊 명제明帝의 연호(서기 494~498)이다.

---

[1] 是歲魏虜 又發騎數十萬 攻百濟 入其界 牟大遣將沙法名 贊首流 解禮昆 木干那 率衆襲擊 虜軍大破之"

그런데 이 문장 안에 "위로魏虜가 또 기병 수십만 명을 동원하여 백제를 공격했다."라는 내용이 있는 점으로 미루어볼 때 위나라가 백제를 공격한 것은 이번이 처음이 아니고 그 전에도 있었음을 짐작할 수 있다.

우리가 여기서 주목할 것은 당시 중국은 위왕조魏王朝와 제왕조齊王朝로 나뉘어 위나라는 북쪽에 제는나라 남쪽에 각각 위치하고 있었는데 이때 북위北魏의 동북방 국경선은 오늘의 하북성 북경근처 유하濡河 부근이며 국경선 너머엔 고막해庫莫奚, 거란契丹, 고구려高句麗 이런 나라들이 버티고 있었다.

이 때 백제가 만일 한반도 이남에 있었다면 북위가 백제를 침공하기 위해선 육로로는 거란, 고구려 같은 나라가 가로막고 있어 공격이 불가능하기 때문에 굳이 공격하자면 수군을 통해 바다를 이용하는 수밖에 없었을 것이다.

그런데 여기서 수군이 아닌 기병 수십만 명을 동원하여 백제를 공격하고 그것도 위나라 군대가 백제의 국경선 안까지 쳐들어갔다고 기술 한 것을 보면 해상이 아닌 육로를 통해 공격한 것이 확실하다.

북방 민족이 세운 나라로 오늘의 하북성 북경 쪽에 있던 북위北魏가 육로를 통한 백제의 공격이 가능했다는 것은 당시 백제가 거란, 고구려와 함께 중국의 동북지방에 위치해 있었다는 것을 반증하는 중요한 단서가 된다.

백제가 위魏나라와 싸워 대승을 거두었다는 기사는 『남제서南齊書』 이외에도 중국 자료 중에 여러 군데서 확인된다. 『자치통감資治通鑑』 권136 제기齊紀2 세조무황제世祖武皇帝 상지상上之上 영명永明 6

년(서기 488)조에는 "위나라가 군대를 보내 백제를 공격했지만 백제에게 패배한 바 되었다.(魏遣兵擊百濟 爲百濟所敗)"라고 하였다.

『남제문기南齊文紀』 상명제표上明帝表에는 다음과 같이 보인다. "모대牟大가 봉함을 받은 해에 위로魏虜가 기병 수십만 명을 발동시켜 백제를 공격했는데 모대가 장수 사법명沙法名 등을 보내 위나라 군대를 공격하여 크게 패배시켰다."[2]

이 때, 북위는 남제와 함께 중원을 반분하여 지배하던 강대국이었다. 그런데 백제가 이런 북위와 맞서 싸워 대패시켰다는 것은 당시 백제의 강대한 위상을 실증적으로 보여주는 대목이다. 당시 백제는 거란, 고구려 등과 어깨를 나란히 하며 중국의 동북지방을 지배한 강대국이었다는 사실이 북위와의 전승기사에서 여실히 증명된다고 하겠다.

2...

"백제는 처음에 마한馬韓 54국 중의 하나였다가 진晉 이후에 여러 나라를 병합하고 마한의 옛 영토를 확보하였다."라고 중국의 여러 사서에 기록되어 있다.[3] 그런데 백제가 확보한 마한의 옛 영토가 비단 한반도에 국한되지 않고 중국 대륙 쪽에 뻗어있었음을 짐작케 하는 기록들이 중국의 여러 사료를 통해서 확인된다.

---

2 "牟大受封之歲 魏虜發騎數十萬攻百濟 大遣將沙法名等擊虜軍大敗之"
3 『구당서舊唐書』199권상 열전列傳 제149 동이백제조東夷百濟條 "百濟國 本亦扶餘之別種 嘗爲馬韓故地" 『통고通考』 "馬韓五十四國 百濟是其一也……自晉以後 吞倂諸國 據有馬韓故地"

예컨대 『흠정만주원류고欽定滿洲源流考』 권8 강역 조항에 마한의 영토에 대해 다음과 같이 구체적으로 기술하고 있다. "마한은 북쪽으로 낙랑과 인접해 있었다. 관할은 지금의 개평盖平 복주復州 영해寧海에 있었다."[4] 그리고 이런 말도 덧붙였다. "마한에 소속된 여러 나라 중에는 비리神離라는 두 글자를 덧붙인 경우가 많은데……『진서晉書』에는 비리국神離國이 숙신肅愼 서북쪽에 있다는 기재도 있다. 비陴와 비卑는 음이 서로 비슷하다. 『요사遼史』에는 비리군陴離郡이 있는데 지금의 무순성撫順城이다. 이것은 마한의 영토가 비단 동남쪽으로 넓었을 뿐만 아니라 서북쪽으로도 몹시 널리 뻗어 있었음을 말해준다."[5]

『후한서後漢書』 효안제본기孝安帝本紀 제5에 "건광 원년(서기 122) 겨울 12월 고구려, 마한, 예맥이 현도성을 포위했다.(建光元年 冬十二月 高句麗馬韓穢貊 圍玄菟城)"는 기사가 나온다. 이때 고구려, 예맥은 모두 그 영토가 중국 동북쪽에 있었다.

고구려, 예맥과 함께 현도성 포위작업에 나섰던 마한이 만일 오늘의 한반도 이남에 있었다면 거리상으로 볼 때 임진강, 대동강, 압록강을 건너가 현도성 포위 작업에 참여한다는 것이 현실적으로 불가능한 일이었다고 본다. 따라서 이때 마한은 그 영토가 고구려, 예맥과 함께 중국의 동북지역에 위치해 있었다고 보는 것이 합리적이다.

---

4 "馬韓北與樂浪接 所轄則在今盖平復州寧海"
5 "至所屬諸國 多繫以卑離二字……晉書又載有神離國在肅愼西北 陴與卑音相近 遼史有陴離郡 爲今撫順城 是不獨東南廣 而西北亦極袤亘矣"

마한의 영토가 중국대륙에 있었다는 사실은 다음 『송사宋史』의 기록에서 보다 뚜렷이 확인된다. "정안국定安國은 본래 마한의 종족으로 거란의 공격을 받아 격파되어 그 추장酋長이 남은 백성을 규합해 서쪽 변방을 확보하고 건국개원建國改元하여 정안국이라 자칭하였다."[6]

정안국은 우리 국사 교과서에는 이름조차 거명되지 않는다. 하지만 정안국은 송나라때 마한족이 마한의 옛 땅에 살다가 거란의 침략을 받아 중국의 서쪽 변방으로 쫓겨 가서 세운 역사상 엄연히 실재했던 나라 이름이다. 이때 이들이 살던 마한의 옛 땅이 만일 한반도 남부에 있었다고 가정한다면 거란의 침략을 받기도 어렵거니와 또 그랬을 경우 어떻게 백성을 이끌고 중국의 서쪽으로 도망치는 일이 가능했겠는가.

『문헌통고文獻通考』에는 정안국에 관한 기사가 보다 상세히 실려 있는데 여기에는 정안국왕 오원명이 여진女眞의 사신을 통해 송태종宋太宗에게 올린 글에 "부여부夫餘府도 어제 거란을 등지고 아울러 본국으로 돌아왔다.(而又夫餘府 昨背契丹 並歸本國)"라는 기록도 보인다. 이때 부여부는 당연히 한반도가 아닌 중국 동북지역에 있었다.

우리는 『송사宋史』의 기록을 통해서 정안국이 차지하고 살았던

6 『송사宋史』 열전列傳 제 250 외국外國7 "定安國本馬韓之種, 爲契丹所攻破, 其酋帥糾合餘衆, 保于西鄙, 建國改元, 自稱定安國. 開寶三年, 其國王烈萬華 因女眞遣使入貢, 乃附表貢獻方物(中略)
元興六年十月日, 定安國王臣玄明表上聖皇帝前. 上答以詔書曰: 勅定安國王烏玄明. 女眞使至, 得所上表, 以朕嘗賜手詔諭旨, 且陳感激, 卿遠國豪帥, 名王茂緒, 奄有馬韓之地, 介于鯨海之表, 强敵吞倂, 失其故土, 沉冤未報, 積憤奚伸, 矧彼獯戎, 尙搖蠆毒, 出師以薄伐, 乘夫天災之流行, 敗血刃 相尋, 滅亡可待(後略)

마한의 옛 영토가 한반도 남부가 아닌 중국 동북쪽에 위치해 있었던 사실을 확인할 수 있으며 따라서 정안국 이전에 마한의 옛 영토를 모두 차지했던 백제 역시 그 영토가 한반도에 국한되지 않고 중국 대륙에 걸쳐 있었다는 사실이 간접적으로 입증되는 것이라고 하겠다.

3...

『자치통감資治通鑑』 권97 진기晉紀19 효종목황제孝宗穆皇帝 상지상조上之上條에 "처음에 부여가 녹산鹿山에 있다가 백제의 침략을 받아 부락이 쇠산衰散하여 서쪽으로 연燕나라 가까이 옮겨갔다."는 기록이 나온다.[7]

　여기서 부여가 본래는 녹산에 있다가 백제의 침략을 받아 서쪽 지역인 연나라 부근으로 옮겨가게 되었다고 했는데 그렇다면 녹산은 과연 오늘의 어디쯤에 해당하는 지역일까.

　『흠정성경통지欽定盛京通志』에 당시 부여가 있었던 정확한 위치와 서쪽으로 옮겨가게 된 배경에 대해 다음과 같이 서술하고 있다. "개원開原으로부터 그 북쪽 천 여리는 다 부여의 영토였다. 남북조시대에 모용씨慕容氏에게 침략을 받자 달아나 옥저沃沮를 확보하였고 또 백제의 침략으로 인해 서쪽으로 연燕나라 가까이 옮겨갔다. 그 나라의 왕성王城은 요遼에 있어서는 통주通州가 되고 금金에서는

---

7 "初夫餘居于鹿山 爲百濟所侵 部落衰散 西徙近燕"

융주隆州가 되니 바로 발해渤海의 부여부扶餘府이다."[8] 또 『봉사행정록奉使行程錄』 안설按說에는 이런 기사도 보인다. "개원은 바로 한漢나라 때 부여의 영역인데 백제의 구국舊國이다.(開原 卽漢時夫餘界 百濟之舊國也)"

오늘날 요녕성 북쪽에 개원시가 있고 거기서 북으로 더 올라가면 부여시가 있었다.(지금은 송원松原으로 명칭이 변경됨.) 아마 이 일대가 서쪽으로 옮겨가기 전 부여가 있었던 지역이 아닌가 여겨진다.

여기서 우리는 오늘의 개원시일대가 한漢나라 때는 백제의 구국舊國인 부여의 영토였다가 그곳이 뒤에 백제의 침략을 받아 백제 땅으로 탈바꿈하게 된 경위를 파악할 수 있다. 따라서 이는 백제의 영토가 중국 동북대륙에 있었던 것을 확인시켜주는 또 하나의 중요한 단서가 된다고 하겠다.

4...

『구당서舊唐書』 권199상 열전列傳 제149 동이東夷 백제전百濟傳에 "신라, 발해, 말갈에 의한 영토분할이 백제가 멸망에 이르게 된 궁극적 배경이다."라고 설명하고 있다.[9] 백제의 멸망원인에 관해서는 김부식의 『삼국사기』도 역시 『구당서』와 동일한 내용을 전하고 있다

『흠정만주원류고欽定滿洲源流考』 권6 부족部族6 발해조渤海條에는

---

8 "自開原以北千餘里 皆夫餘之境 南北朝爲慕容氏所侵 走保沃沮 又因百濟侵逼 西徙近燕
其國王城 在遼爲通州 金爲隆州 卽渤海之扶餘府"
9 "其地自此 爲新羅及渤海靺鞨所分 百濟之種遂絶"

발해가 백제를 합병하였다는 내용이 이렇게 적혀 있다. "발해는 흑수말갈黑水靺鞨의 남쪽에 있었다. 실은 말갈의 속말부粟末部이다. 남쪽으로는 백제를 합병하고 북쪽으로는 흑수黑水를 겸병하여 폭원幅員이 5,000리에 달하니 동방에서 가장 큰 나라가 되었다."[10]

그리고 『고금기요古今紀要』에는 신라, 발해, 말갈이 백제의 영토를 분할하여 나누어 가진 시기를 중국 최초의 여성 황제인 당무후唐武后시기로 기술하고 있다. "무후시대에 그 영토가 신라, 말갈, 발해에 의해 분할되어 백제가 끝내 멸망하였다."[11]

말갈은 퉁구스, 즉 동호족東胡族의 한 종족이다. 그들은 선진 서한시대에 숙신肅愼, 동한, 동진16국東晉十六國시대에 읍루挹婁, 남북조시대엔 물길勿吉, 수, 당시기엔 말갈이라 호칭하였다. 이들은 남북조시대에 비로소 중국과 교류하였다.

뒤에 거란이 강성하자 말갈의 자손들이 혼동강混同江 주변에 모여 살았는데 강 서남쪽에 사는 이들을 숙여진熟女眞, 강 동쪽에 사는 이들을 생여진生女眞이라 부르게 되었다. 다 요遼나라를 신하로서 섬겼으며 뒤에 흥종興宗의 휘자諱字 진眞을 피하여 여직女直으로 개칭하였다.

말갈족은 역사적으로 볼 때 숙신, 읍루, 물길, 말갈, 여진 등으로 시대에 따라 그 명칭은 여러 차례 바뀌었지만 그들의 활동 근거지는 대체로 크게 변동이 없었다. 송화강松花江 이동에서 동해바다까지

---

10 "渤海處黑水靺鞨之南 實靺鞨之粟末部也 南併百濟 北兼黑水 幅員五千里 在東方最爲大國"
11 『고금기요古今紀要』 권15. 당唐7. 사이四夷. "武后時其地 爲新羅靺鞨渤海所分 百濟遂絶"

그리고 혼동강 이남에서 연길延吉 등을 위시한 백두산 일대에 이르는 지역에 살았다. 그리고 이때 발해는 오늘의 길림성과 흑룡강성 일대에 위치해 있었다.

우리가 여기서 갖게 되는 의문은 신라가 백제의 영토를 차지하게 되었다는 것은 말이 되지만 어떻게 중국의 동북지역에 살던 발해와 말갈이 백제의 영토를 나누어 갖는 일이 가능했겠는가 하는 점이다.

우리 사학계의 통설대로 이때 백제가 만약 한강이남 한반도 서남쪽에 위치해 있었다면 길림성, 흑룡강성 지역에 거주하는 발해와 말갈이 백제의 영토를 분할 점령한다는 것은 사실상 불가능한 일인 것이다.

당시 백제의 수도는 한반도 서남쪽에 있었지만 그 영토 범위는 대륙을 포함하여 오늘의 요녕성, 길림성, 흑룡강성에 광범위하게 걸쳐 있었던 것이며, 그래서 한반도 서남쪽의 백제 영토는 신라가 차지하고 대륙 동북 지역에 있던 백제 영토는 발해와 말갈이 나누어 가졌던 것이라고 보는 것이 합리적인 견해라고 하겠다.

『어정패문운부御定佩文韻府』 권67의 3 거성去聲 제조濟條에는 『괄지지括地志』의 "백제국이 서남쪽 발해 가운데 있다.(百濟國在西南渤海中)"는 내용이 인용되어 있고, 『통감지리금석通鑑地理今釋』 권97 진기晉紀 19에는 "백제가 압록강변에 있다.(百濟 鴨綠江邊)"라는 기록도 보인다.

이런 중국의 여러 기록들을 종합해본다면 백제의 영토가 멸망할 당시까지도 한반도서남부에 국한되지 않고 북쪽으로 발해, 말갈과 국경을 맞대고 있었던 것이 확실하다.

오늘의 요녕성, 하북성, 길림성, 흑룡강성 일대에 위치해 있었던 발해와 말갈이 백제의 영토를 분할, 점거하는 바람에 백제가 멸망하게 되었다는 중국 측의 사료는 백제의 영토범위가 중국대륙 동북지역을 포함하고 있었다는 사실을 반증하는 또 하나의 단서가 되기에 충분하다고 하겠다.

5...

백제국은 원래 5부部 37군郡 200성城 76만호로 구성되어 있었다. 그런데 당唐나라가 현경顯慶 5년(서기 660년)에 침략하여 이를 재편, 웅진熊津, 마한馬韓, 동명東明, 금련金漣, 덕안德安 등 5도독부都督府 체제로 바꾸고 백제의 원주민 출신 가운데서 도독都督, 자사刺史, 현령縣令을 선출했다. 여기에 관한 내용은 『구당서舊唐書』와 『신당서新唐書』에 모두 상세히 기록되어있다.

그런데 당나라가 설치한 5도독부 가운데 웅진, 마한은 우리에게 낯익은 이름이지만 동명, 금련, 덕안은 한반도에서는 찾아볼 수 없는 낯선 지명들이다. 그렇다면 당나라가 동명, 금련 등과 같은 도독부는 과연 어디에 설치했던 것일까.

『흠정만주원류고』에 따르면 동명도독부가 중국 요동 개원 부근에 있었다는 사실을 다음과 같이 밝히고 있다. "동명이라고 한 것은 동명이 백제의 시조로서 고리藁離에서 하河를 건너 왔기 때문에 이렇게 지명을 붙인 것이니 당연히 고리국藁離國과 서로 가까운 거리에 있었을 것이다. 『요지遼志』를 상고해보면 고리藁離는 봉주鳳州, 한주韓州가 되는데 다 오늘의 개원 지역에 있었다. 그렇다면 동명도독부를 설치한 지역 또한 당연히 개원과 서로 가까웠을 것이다."[12]

우리는 지금 당나라에서 설치한 백제의 5도독부 가운데서 동명, 금련, 덕안 등 세 도독부의 정확한 위치를 고증하지 못하고 있는 실정이다. 그러나 당나라에서 설치한 백제의 5도독부 가운데 하나인 동명도독부가 요동의 개원에 있었다는 사실을 발견한 것은 중요한 의미를 갖는다. 이는 백제의 영토가 중국 대륙에 걸쳐 있었다는 사실을 반증하는 또 하나의 단서가 되어주기 때문이다.

6…

우리는『송서宋書』「동이전東夷傳」과『남제서南齊書』「동남이전東南夷傳」에 의해서 백제에서 시행했던 왕후王侯 제도의 일단을 살펴볼 수 있다. 우현왕右賢王, 좌현왕左賢王, 면중왕面中王, 도한왕都漢王, 팔중후八中侯, 아착왕阿錯王, 매로왕邁盧王, 불사후弗斯候, 매라왕邁羅王, 벽중왕辟中王, 불중후弗中侯, 면중후面中侯 등이 그것이다

이들은 백제에서 임명한 왕과 제후의 명칭인데 이들 명칭에 담긴 정확한 의미가 무엇인지 또 백제가 시행한 왕후 제도가 상징적인 것인지 아니면 실제적인 것이었는지에 대해 관련 자료의 빈약으로 쉽게 결론을 내리기 어려운 부분이 있다.

그러나 그것이 비록 명의상의 것이고 상징적인 것이었다 하더라도 우리는 거기에 깊은 의미를 부여하지 않을 수 없다고 본다. 왜냐

---

12 "曰東明者 東明爲百濟之祖 自藁離渡河 以之名地 當與藁離國相近 考遼志 藁離爲鳳州 韓州 皆在今開原境 則東明都督府之設 亦應與開原相邇矣"

하면 동양의 전통사회에서 왕후를 거느린다는 것은 황제국의 천자만이 가능한 일인데다 이는 고구려나 신라에서는 찾아볼 수 없고 백제의 경우에서만 발견되는 특수한 제도이기 때문이다.

백제의 영토가 만일 한반도 서남쪽에 국한된 작은 나라였다면 비록 명의상으로나마 이런 왕후를 분봉하여 거느린다는 것이 격식에 맞지도 않을 뿐더러 몹시 무모하기 짝이 없는 일이었을 것이다. 그런데 고구려도 시행하지 못한 이런 왕후제도를 백제가 시행했다는 것은 백제는 어찌 보면 고구려를 능가하는 드넓은 영토를 대륙에 소유하고 있었던 사실을 암묵적으로 반증하는 것이라 해도 틀린 말이 아닐 것이다.

『흠정만주원류고』권3 부족3 백제조의 다음과 같은 기록은 이를 잘 뒷받침해 준다고 하겠다. "백제는 국내에 여러 왕과 제후를 세워 훈의勳懿에 보답하였으며 송宋나라, 제齊나라 시대로부터 이미 그러하였다. 그렇다면 이는 국토는 넓고 백성은 많았다는 증거이다."[13]

그리고 『남제서南齊書』「동남이전東南夷傳」〈백제조百濟條〉에 보면 백제에서 임명한 태수太守들 중에 광양태수廣陽太守, 광릉태수廣陵太守, 성양태수城陽太守 등이 있는데 광양, 광릉, 성양이란 지명은 당시 한반도에는 없고 중국에 있던 지명들이다.

광양은 후위後魏때 하북성 밀운현密雲縣 동북쪽에, 광릉은 남조송 때 강소성 경내에, 성양은 진晉나라때 산동성 복양현濮陽縣 동남쪽에 있었다. 이것은 남북조시대에 백제의 영토 범위가 오늘의 중국

---

13 "其國內衆建侯王 以酬勳懿 自宋齊時已然 則又地廣民綢之驗也"

동북지역에 국한되지 않고 동남방의 강소성, 산동성 지역까지 확대되었다는 것을 뜻한다.

최치원이 당나라 태사 시중太師侍中에게 올린 글에서 "고구려, 백제가 전성기에는 강한 군대가 백만이나 되어서 남쪽으로는 오월吳越을 침략하고, 북쪽으로는 유幽, 연燕, 제齊, 노魯의 지역을 뒤흔들어서 중국의 큰 두통거리가 되었다.(高句麗百濟 全盛之時 强兵百萬 南侵吳越 北擾幽燕齊魯 爲中國巨蠹)"라고 회고 하였다.

여기서 오월吳越은 오늘의 강소성, 절강성을 가리킨 것이고, 유幽, 연燕은 하북성, 제齊, 노魯는 산동성을 가리킨 것이다. 이병도는 이 기록이 최치원의 과장된 주장이라고 하여 사실로써 인정하지 않았다.

그러나 태사 시중은 당시 당나라 국정을 책임진 오늘의 총리에 해당하는 막강한 권력의 소유자였다. 그런 그를 향하여 최치원이 외교사절의 직분을 띤 신분으로서 근거 없는 허튼 소리를 남발했을 리 만무하다.

최치원이 당나라의 태사 시중에게 이런 말을 당당하게 할 수 있었던 것은 과장이 아니라 바로 이와같이 중국의 강소성, 산동성, 하북성 등지에 백제가 태수를 임명한 기록이 중국의 역사 사료를 통해서 뒷받침이 되기 때문에 가능했다고 본다.

백제가 고구려도 시행하지 못한 왕후 제도를 시행하고 중국 동북, 동남방의 광활한 지역에 태수를 임명했다는 중국 사료의 기록은 백제의 영토 범위가 드넓은 대륙에 뻗쳐 있었다는 사실을 반증하는 또 하나의 단서가 된다고 하겠다.

7...

『수서隋書』 권81 열전列傳 제46 동이東夷 백제전百濟傳에는 "수나라의 육군六軍이 요하遼河를 건너오자 백제의 임금 장璋이 또한 국경에 나와 대오를 정돈하며 전쟁에 임할 태세를 갖추었는데 말로는 수군隋軍을 돕는다고 하면서 실제는 (고구려와 내통하여) 양다리를 걸쳤다. (六軍渡遼 璋亦嚴兵於境 聲言助軍 實持兩端)"라는 내용이 나온다.

이때 만일 백제가 한반도 남쪽에 있었다면 수나라 군대가 요하를 건너오자 백제군이 이들을 도와 싸울 준비를 했다는 것은 논리적으로 맞지 않는다. 차라리 수나라 군대가 임진강이나 한강을 건너오자 백제군이 수나라 군대를 도와서 싸울 준비를 했다고 하면 오히려 설득력이 있다.

수나라 군대가 고구려를 치기위해 임진강이나 한강이 아닌 요하를 건너오자 백제의 군대가 국경에서 수나라 군대를 도와 싸울 준비를 하는 척 했다는 것은 이때 백제 역시 그 영토가 한반도 남부가 아닌 요하에서 멀지 않은 지역에 위치해 있었다는 것을 의미한다.

후한 말에 요동은 공손씨公孫氏 손에 들어갔고 남북조시대 특히 진晉시대에 이르러서는 요동은 고구려에, 요서는 백제의 손에 넘어갔으며 그러한 형국은 상당기간 계속되었다.

그렇기 때문에 수나라의 육군六軍이 고구려를 공격하기 위해 요하를 건너오자 백제가 국경에서 수군을 도와 전쟁에 임할 태세를 갖추는 척 했던 것이며 백제가 만일 요하와 수 천리 떨어진 한반도 남부에 있었다면 백제가 취한 이런 태도는 전혀 무의미한 행동이 되는 것이다. 따라서 『수서隋書』의 이 기록은 백제 영토의 동북 대륙 소재를 반증하는 또 하나의 단서가 되기에 충분하다고 하겠다.

8...

『송서宋書』 97 열전列傳 제57 동이東夷 백제百濟條에 다음과 같은 기록이 나온다. "백제국은 본래 고구려와 함께 요동에서 동쪽으로 1,000여리 떨어진 곳에 있었다. 그런데 뒤에 고구려는 요동을 침략해 소유하고, 백제는 요서를 침략해 소유하였다. 백제의 소치所治는 진평군晉平郡 진평현晉平縣이었다."[14]

이 기록의 내용은 백제가 요서를 지배했다는 사실을 중국의 정사正史가 인정한 것이며, 특히 백제의 소치所治는 소도所都를 말한 것으로 백제의 수도가 진평군 진평현에 있었음을 가리킨 것이다.

『송서宋書』에 진평군 진평현에 백제의 수도가 있었다고 말했으나 그 지역이 어디인지는 정확히 설명하지 않았다. 그런데 『문헌통고文獻通考』에서 진평을 "당나라 때 유성柳城과 북평北平의 사이에 있던 지역(唐柳城北平之間)"이라고 밝혔다.

당나라 때 유성과 북평이 어느 지역인가. 요하 서쪽에 유성군이 있고 난하灤河 동쪽에 북평군이 있었다. 즉 오늘의 요하와 난하의 사이에 진평군이 있었던 것이다. 『흠정만주원류고』에서는 이 일대가 "지금의 금주錦州, 녕원寧遠, 광녕廣寧 일대이다."라고 보다 구체적으

---

14 "百濟國 本與高驪 俱在遼東之東千餘里, 其後高驪略有遼東, 百濟畧有遼西. 百濟所治, 謂之晉平郡晉平縣"

로 청나라 당시의 지명을 열거해서 말했다.[15]

그리고 『흠정만주원류고』 권4 부족部族4 신라조新羅條에서는 고구려, 백제, 신라 삼국의 강역을 논하면서 "지금의 개원, 광녕, 금주, 의주義州, 녕원으로부터 남쪽으로 개평盖平, 복주復州, 녕해寧海 또 동남쪽으로 바다를 건너 조선의 전라, 황해, 충청 등 도에 이르기까지가 백제의 강역이다."라고 말했는데 이는 요서백제 당시의 백제의 전체 강역에 대해 기술한 것으로 볼 수 있겠다.

백제의 요서 지배는 『송서宋書』뿐만 아니라 『양서梁書』와 『남사南史』 등에도 모두 비슷한 내용이 기록되어 있다. 우리가 주목할 점은 『송서』에는 백제의 요서 지배 시기가 밝혀져 있지않은데 반하여 『양서』와 『남사』에는 백제가 요서와 진평을 점거하고 지배한 시기가 진세晋世 즉 진나라 시대라고 밝혀져 있다는 점이다.

한, 당시대와 같이 중원이 하나로 통일되어 막강한 권력을 행사하던 때라면 백제가 요서를 침략하여 진평에 수도를 정하는 일이 현실적으로 불가능 했을 것이다. 그러나 진晋나라 시대는 중국 역사상 가장 혼란스러웠던, 한족들이 소위 말하는 오호 십육국五胡十六國이 전개된 시기로서 변방의 보잘 것 없는 약소민족들도 너도 나도 중원을 차지하여 왕조를 건립하고 황제를 자칭하기에 바빴다.

이 때 요동 대방에 근거지를 두고 있던 백제가 요서로 진출하여 진평에 수도를 세우고 요서를 지배했다는 것은 논리적으로 전혀 문제 될 것이 없다. 따라서 중국의 정사正史를 위시한 모든 사서들은

---

15 『흠정만주원류고』 권3 부족部族3 백제조百濟條 "馬端臨謂 晉平在唐柳城北平之間 實
　　今錦州寧遠廣寧之境"

그것을 사실로서 인정하고 있으며 청나라 때 고증학자들도 이 문제를 가지고 이의를 제기한 경우는 없었다.

그런데 여기에 대해 한반도 서남쪽에 있었던 백제가 요서를 지배할 능력도 또 그럴 필요성도 없었다며 깎아 내리기 시작한 것이 일제의 식민사학자들이었다. 오늘 우리 역사학계가 백제의 요서지배를 지배가 아닌 진출로 격하시키며 이를 대외 활동 차원에서 다루고 있는 것은 일제 식민사관의 잔재라 할 것이다.

오늘 우리의 일부 역사학자는 요서백제의 기록이 『송서』, 『양서』, 『남사』 등 남조의 자료에만 보이고 『위서魏書』나 『북사北史』 등 북조 관련 자료에는 등장하지 않는다는 점을 들어서 이를 사실로서 인정하기를 거부하는 주요 이유로 내세우기도 한다.

그러나 이러한 관점에는 동의하기 어려운 면이 있다. 왜냐하면 당시 백제는 북조와는 매우 심각한 적대적 관계를 유지하고 있었다. 그러한 사실은 위魏나라가 공격해오자 백제의 대성大姓 8족族인 사법명沙法名, 해례곤解禮昆, 목간나木干那 등이 군대를 이끌고 가 위나라 군대를 습격하여 크게 격파시켰다는 『남제서南齊書』의 기록에서 여실히 증명된다.

이런 차원에서 볼 때 북조北朝의 사료들에서 백제가 요서 진평을 지배한 사실이 누락된 것은 어찌 보면 지극히 당연한 귀결이다. 적대국인 북조의 입장에서는 백제를 미화하는 내용을 의도적으로 말살 누락시켰을 가능성이 충분히 점쳐지기 때문이다.

『흠정만주원류고』에는 "『송서』에 '백제의 소치所治가 진평군 진평현이라 했다.'라고 하였고 『통고通考』에 '그곳이 당나라 유성柳城 북평北平의 사이에 있다.'라고 하였다. 그렇다면 국가의 도읍(國都)이

요서에 있었던 것이다."라고 잘라 말했다.[16]

"백제의 소치所治(所都)가 진평현에 있었다."는 『송서』의 기록과 "백제의 수도가 요서에 있었다.(國都在遼西)"는 『흠정만주원류고』의 기록은 백제의 영토 범위가 한반도에 국한되지 않고 중국 대륙을 포함하고 있었을 뿐만 아니라 백제의 수도 또한 한때는 오늘의 북경 부근에 있었다는 사실을 증명하는 또 하나의 중요한 단서가 된다고 하겠다.

9...

『삼국사기』를 위시한 국내 사료에는 백제의 발상지가 하남 위례성으로 기재되어 있지만 『주서周書』, 『북사北史』, 『수서隋書』 등의 중국 사료에는 모두 "백제가 대방帶方에서 처음 나라를 세웠다."라고 기술되어 있으며, 하남 위례성은 아예 그 지명조차 등장하지 않는다. 백제의 발상지를 두고 한국과 중국의 사료史料가 이처럼 현저한 차이를 보이는 이유는 온조가 하남 위례성에 세운 백제는 중국에 알려지지 않아서 위례백제가 중국기록에 누락된데 연유한 것이 아닌가 여겨진다.

중국측 사료에 백제의 발상지로 등장하는 대방에 대해서 이병도는 그 위치를 한반도의 황해도 일대로 비정하여 다음과 같이 말했다. "대방군의 영역도 나의 고구考究한 바로는 지금의 황해도 일대에

---

16 "宋書言百濟所治 謂之晋平郡晋平縣 通考云 在唐柳城北平之間 則國都在遼西"

불과하였던 것이다"[17]

그러나 중국 사료에 보이는 대방군의 위치는 한반도의 황해도 일대가 아닌 중국의 요동지방으로 기술되어 이병도의 주장과 대조되는 경향을 보인다. 그것을 인용하면 아래와 같다.

"헌제 건안獻帝 建安(서기 196~220) 중에 공손강公孫康이 둔유屯有, 유염현有鹽縣을 분할하여―둔유, 유염현은 모두 한漢나라 요동군의 소속 현이다. 지금은 모두 동이의 땅이 되었다.―남쪽의 황무지로써 대방군을 삼았다."[18]

이 기사는 당나라 두우杜佑의 『통전通典』185권 동이상東夷上 대방군조帶方郡條에 실려 있다. 우리는 대방군이 요동에 있었다는 『통전』의 이 기록을 쉽사리 부인할 수 없는 세 가지 이유가 있다.

첫째, 『통전』은 우리의 기록이 아닌 중국인의 기록이다. 백제의 발상지인 대방군이 만일 한반도의 황해도에 있었다면 그들이 굳이 그것을 중국의 요동에 있었다고 자신들의 영토상에 불리한 주장을 했을 리 만무하다.

둘째, 『통전』은 당나라 덕종德宗, 헌종憲宗때 두 번에 걸쳐 총재冢宰를 역임한 두우가 1,300여년 전 편찬한 책으로 그 사료적 가치를 널리 인정받는 정사 사료이다. 『통전』의 사료적 가치나 당과 후한의

---

17 이병도 「위례고慰禮考」 『한국고대사연구』, 博英社, 1987, 489쪽.
18 "獻帝建安中 公孫康分屯有有鹽縣-屯有有鹽縣 並漢遼東屬縣 今並爲東夷地-以南荒地爲帶方郡"

시대차가 그다지 멀지 않았던 점에 비추어볼 때 『통전』의 "대방군이 요동에 있었다."라는 주장은 그만한 근거가 있었을 것이며, 따라서 이를 뒤집을 만한 결정적인 자료가 있지 않는 한 근거 없는 주장으로 치부하기 어려울 것이다.

셋째, 대방군은 후한말에 공손강公孫康이 비로소 둔유현을 분할하여 새로 설치한 군인데 공손강은 요동태수 공손도公孫度의 아들이다. 공손도는 후한시대 양평襄平 사람으로 요동태수가 되어 동쪽으로 고구려를 정벌하고, 서쪽으로 오환烏桓을 공격하고, 남쪽으로 바다를 건너 동래東萊의 여러 현縣을 취하여 위엄이 해외에까지 떨쳤으며 나중에는 스스로 요동후遼東侯 평주목平州牧이 되었다.

공손도가 죽자 그 아들 공손강이 그 자리를 그대로 이어받아 양평후襄平侯에 봉해졌으며 공손강이 죽은 뒤에는 그 아들 공손연公孫淵이 다시 요동태수에 임명되었고 스스로 연왕燕王이라 칭하였다. 그러니까 공손도, 공손강, 공손연은 후한 말 양평 출신으로 조자손祖子孫 3대代에 걸쳐 요동의 패권을 장악하고 권력을 행사하던 인물들이다.

후한 말 혼란기에 중국세력이 압록강을 건너와 한반도를 지배권에 넣는다는 것은 현실적으로 불가능한 일이었다. 따라서 대대로 요동태수였던 공손씨가 당시에 압록강을 건너 한반도의 황해도까지 세력을 뻗쳐 거기에 대방군을 세웠다고 보기는 어려우며 요동의 소속현인 둔유현屯有縣을 분할하여 대방군으로 삼았다고 보는 것이 합리적이다.

"백제의 발상지가 대방이다."라는 『주서周書』, 『북사北史』, 『수서隋書』의 기록과 "대방은 요동에 있었다."라는 『통전』의 기록은 초기

백제가 중국대륙 동북방에 있었다는 것을 증명하는 또 하나의 중요한 단서가 되기에 충분하다고 하겠다.

10...

다산 정약용은 『아방강역고』의 대방고帶方考에서 "대방이 모두 네 개가 있다."고 하면서 그 해당 지역으로서 풍덕 개성豐德開城, 요동遼東, 나주 회진羅州會津, 남원부南原府 등을 꼽았다. 나주, 남원, 풍덕 개성 등 한반도 내에 있던 대방은 후기에 대방이란 이름만을 빌어다 쓴 것이며, 그것이 최초의 대방은 아니라고 본다. 그러면 최초의 대방은 과연 어디인가.

『수서隋書』 지리지地理志에 "요서군遼西郡 유성현柳城縣에 대방산帶方山이 있다."라고 하였다. 『문헌통고文獻通考』의 기록에 따르면 당나라 때 유성柳城과 북평北平의 사이가 진晉나라 때 백제의 수도였던 진평현晉平縣이 있던 지역이다. 진晉나라 때 백제의 수도가 있던 유성현에 위치한 대방산이 바로 대방군의 최초의 발상지라고 본다.

예로부터 지명의 기원을 따져보면 산 이름이나 강 이름에서 유래한 경우가 많았다. 대방군도 그 곳에 있던 대방산으로 말미암아 붙여진 이름이라는 것을 쉽게 짐작할 수 있다.

한국의 나주, 남원, 풍덕 개성 일대에서는 대방과 직접 관련된 어떤 지명도 찾아볼 수가 없다. 그리고 전 중국을 통틀어서도 다른 지역에서는 그 어디에서도 대방산이란 명칭은 보이지 않는다.

그런데 유독 요서군에 대방산이 있고 그것도 바로 진晉나라 때 백제의 수도가 있었던 자리인 유성현에 대방산이 있다는 것은 이곳이 바로 대방군의 발상지임을 미루어 짐작하기에 어렵지 않은 것이다.

유성현의 소속은 행정구역 변경에 따라 혹은 요동에 소속되기도 하고, 혹은 요서에 소속되기도 하여 시대마다 약간씩 차이가 있었는데, 수隋나라 때는 요서에 소속되었다.

수나라 때 요서군 유성현에 대방산이 있다는 것은 백제의 발상지 대방군이 유성현에 있었다는 것을 의미하는 것으로서 이는 백제의 영토범위가 중국 동북대륙을 포함하고 있었다는 사실을 증명하는 또 하나의 사례가 된다고 하겠다.

11...

『수서隋書』 권4 양제기하煬帝紀下에는 수양제가 고구려를 치기위해 군대를 출동시키면서 군대를 좌군과 우군으로 나누어 진군하여 평양에서 총집결하라고 명령을 하달한 내용이 나온다. 그런데 여기서 우군의 제8군은 숙신도肅愼道로, 제9군은 갈석도碣石道로, 제10군은 동이도東暆道로, 제11군은 대방도帶方道로, 제12군은 양평도襄平道로 진군의 코스를 잡도록 하고 있다.

여기서 말하는 숙신肅愼, 갈석碣石, 동이東暆, 양평襄平 등은 모두 오늘의 중국 요녕성, 하북성 등 동북지방에 있던 지명들이다. 수나라 군대가 서쪽에서 동북쪽으로 고구려를 향해 진군할 때 각 군대별로 미리 경유지를 정한 것은 군대가 일사분란하게 움직이도록 하기 위한 것이었다.

이 때 대방이 만일 한국 사학계의 통설대로 황해도 일대에 있었다면 위치상으로 평양은 한반도 동북쪽에 있고 대방은 그보다 훨씬 아래쪽인 한반도의 서쪽에 놓인다. 방위상으로 볼 때 중국의 서쪽에서 동북의 평양성을 향하여 집결하기 위해 진군하는 수나라 군대가 한반도 서쪽 황해도에 있는 대방을 먼저 경유하여 평양에 집결한다는 것은 현실적으로 불가능하다.

만약 한반도 서쪽에서 평양을 향하여 진군한다면 먼저 황해도를 거쳐서 평양에 집결하는 것이 가능하겠지만 중국의 서쪽에서 고구려 평양을 향해 동북쪽으로 진군할 경우 황해도 대방을 경유하여 평양에 집결한다는 것은 논리적으로 불가능한 일인 것이다.

따라서 수나라 우군 제11군의 경유지로 설정된 대방은 숙신, 갈석, 양평 등과 함께 중국의 동북지역에 있었던 것이 확실하며 이론의 여지가 있을 수 없다. 대방은 백제의 발상지이다. 수군이 고구려를 공격할 때 경유한 대방이 요동에 있었다는 것은 백제의 영토가 중국대륙에 있었다는 것을 증명하는 또 하나의 단서가 된다고 하겠다.

12...

『수서隋書』 권81 열전列傳 제 46 동이東夷 백제전百濟傳에 "백제에 대성大姓 8족八族이 있는데 사씨沙氏, 연씨燕氏, 협씨刕氏, 해씨解氏, 정씨貞氏, 국씨國氏, 목씨木氏, 백씨苩氏이다.(國中有大姓八族 沙氏, 燕氏, 刕氏, 解氏, 貞氏, 國氏, 木氏, 苩氏)"라고 하였다.

"백제가 위魏나라 군대의 공격을 받았을 때 백제의 모대왕이 사법명沙法名, 찬수류贊首流, 해례곤解禮昆, 목간나木干那 등을 보내 격파했다."는 기록이 『남제서南齊書』에 실려 있는 점으로 미루어 볼 때 백제국에 사씨, 해씨, 목씨 등의 대성大姓 8족族이 있었던 것은 확실하다.

위에 말한 8족이 백제의 대표적인 성씨였다면 오늘날 백제의 후손 중에 그 성씨를 가진 자손들의 상당수가 생존해 있어야 마땅하다. 그런데 한반도 안에서 이들 백제 대성 8족의 존재는 찾아보기가 어렵다. 그 이유가 과연 무엇일까

『옥해玉海』 권154 헌방물조獻方物條에 "동명의 후손들이 대방의 옛 땅에 8성姓이 있었다.(東明之後 帶方故地 有八姓)"라는 기록이 나온다. 이 기록에 따르면 왜 오늘날 한국에 백제의 대표적인 가문이었던 8족이 존재하지 않는지 그 이유가 자명해진다.

여기서 말하는 대방의 옛 땅은 후일 한반도 남쪽에 있던 대방이 아닌 백제의 발상지 대방으로서 중국 요동에 있던 대방이었다.(수나라 때는 요서군에 포함됨) 『수서隋書』에서 말한 백제의 대성大姓 8족은 바로 이 대방의 옛 땅에서 살던 동명왕의 후손들인 것이며 따라서 이들 성씨가 오늘날 한반도 안에서는 찾아볼 수가 없는 것이다.

『고금성씨서변증古今姓氏書辨證』에는 백제에 난씨難氏가 있었다는 기록도 이렇게 보인다. "난難은 성원姓苑에 말하기를 '백제인의 성'이라 한다." 오늘날 한국에는 난씨難氏가 없는데 중국에서는 난원경難元慶 등 난씨 성을 가진 인물들을 찾아볼 수 있는 것도 같은 맥락에서 이해할 수 있다.

『고금성씨서변증』에는 백제 대성 8족과 관련하여 다음과 같은 기록들이 보인다. "백제국 8성 중에 그 하나가 진씨眞氏인데 근세에

는 진씨가 상곡上谷에서 명망이 높다."[19] "백제 대신大臣 8족 중에 사씨가 그 하나인데 양梁나라 정명貞明 중에 발해의 사승찬沙承贊이 과거에 급제하였고 근세에는 오흥吳興에 이 성씨가 많다."[20]

상곡은 한 때 고구려가 침략하기도 한 곳으로 오늘의 하북성 동쪽에 있었다. 오흥은 오늘날의 절강성에 소속된 현縣으로 가흥현嘉興縣 서쪽에 있었다. 이런 기록들은 백제의 대성 8족은 동명왕의 후예들로서 요동 대방 지역에 살다가 백제가 멸망한 후 중국 동북과 동남방 민족에 동화된 사실을 암시해준다.

백제 대성 8족의 후예들이 한반도에서는 눈을 씻고 보아도 찾아볼 수 없는데 중국의 동북지역인 발해, 상곡과 동남방인 오흥吳興 등지에 그들의 후손이 남아 있다는 것은 백제의 영토범위가 중국 대륙의 동북, 동남지방을 포괄하고 있었다는 또 하나의 반증이 된다고 하겠다.

3. 맺는 말

고구려는 중원의 한족 역사상 최대의 영웅적 지도자로 손꼽히는 당태종을 굴복시키고 수나라 왕조를 단명하게 만들 정도로 강대한 국토와 국력을 자랑하던 동북아시아의 패자였다.

하지만 위에서 우리는 백제가 요동대방을 발상지로 하여 출발하

---

19 "百濟國八姓一曰眞 近世眞氏望出上谷"
20 "百濟大姓八族 一曰沙氏 梁貞明中 有渤海沙承贊登第 近世吳興多此姓"

고, 요하와 난하 사이에 위치한 요서 진평에 수도를 정하고, 고구려도 시행 하지 못한 왕후王侯 제도를 시행하고, 동북은 물론 산동성, 강소성 등 동방, 동남방의 지역까지 태수를 임명하고 멸망할 당시까지도 그 수도는 비록 한반도 서남부에 있었지만, 강역은 대륙의 동북지역을 포함하고 있었다는 사실을 중국의 여러 사료를 통해서 확인하였다.

바로 고구려에 못지않은 강대한 국력과 넓은 영토를 보유하고 동북아시아에서 고구려와 함께 패권을 다툰 나라가 또한 백제였던 것이다. 그러나 오늘 우리에게 동북아시아를 주름잡던 이런 위대하고 강대한 백제의 본래 모습은 잊혀진지 오래다. 백제 역사는 왜소하고 초라한 모습으로 우리들 가슴 속에 각인되어 있다.

그 이유는 무엇인가, 무엇보다도 우리 국사 교과서에 백제의 요서와 산동 지방 지배를 지배가 아닌 진출, 즉 대외활동으로 폄하하고 백제를 처음부터 끝까지 한반도 안에 머물러 있던 작은 나라로 묘사하여 백제 역사가 엄청나게 왜곡돼 있기 때문이다.

당나라의 대군과 싸워 이긴 고구려 장수 을지문덕, 양만춘은 추앙하여 기리면서도 위魏나라의 수십만 대군과 싸워 이긴 백제장수 사법명沙法名, 찬수류贊首流, 해례곤解禮昆, 목간나木干那 등은 그 이름조차 거명되지 않은데서 우리 국사교과서의 백제사 왜곡 실태가 어느 정도인지 짐작이 가고도 남는다.

지금 중국은 자신들이 확보하고 있는 동북지방의 영토주권에 만족하지 않고 아예 동북지방의 역사주권 마저 빼앗아 중국사에 편입시키려는 야욕에서 전대미문의 역사 침탈 작업을 국책사업으로 추진하고 있다. 이것이 소위 말하는 '동북공정'이다.

중국의 동북공정으로 인해 만주 대륙벌판을 무대로 찬란하게 펼쳐졌던 한민족의 고조선으로부터 발해에 이르는 수천 년 역사는 모조리 중국사로 뒤바뀔 위기에 직면해 있다. 따라서 동북공정의 슬기로운 대응 여부는 가위 우리 민족의 명운이 걸린 중차대한 사안이라 하여 지나친 말이 아닐 것이다.

그러나 앞에서도 본 바와 같이 우리 교과서의 내용이 우리 역사를 이렇게 왜곡하고 있는 한 동북공정의 대응은 요원한 일이다. 백제의 요서지배는 대외활동차원의 진출이 아니라 영토주권의 확보를 통한 실질적인 지배권의 행사였고, 백제의 영토범위는 처음부터 끝까지 한반도와 동북대륙을 포괄하고 있었다는 것이 중국 사료의 검토를 통해 도출한 최종 결론이다.

이제 이러한 사실이 중국의 정사 사료들을 통해서 하나하나 사료적 근거에 의해 입증된 이상 잘못 기록된 우리 국사 교과서를 수정하는 작업을 서둘러야 할 것이다. 우리의 바른역사를 정립하는 작업은 동북의 역사주권을 강탈하려는 중국의 동북공정이 기도하는 야욕을 깨뜨리는 효과도 아울러 가져다주게 될 것이다.

충청남도 역사문화연구원 발표자료

제4장

중국은 역사상 한국의 일부였다

1
...

시진핑의
"한국은 역사상 중국의 일부였다" 라는 망언에 답한다

1. 시작하는 말

시진핑 중국 국가주석은 지난 해 4월 세계의 이목이 집중되는 가운데 개최된 미, 중 정상회담에서 "한국은 역사상 중국의 일부였다"라는 망언을 하였다. 이를 트럼프 미국대통령이 월스트리트저널(WSJ)과의 인터뷰에서 공개함으로써 세계적으로 알려지게 되었다.

그 후 시진핑 주석이나 중국정부 당국은 트럼프가 한 말에 대해서 진위를 밝히는 아무런 해명도 하지 않았다. 또한 한국정부에 대해서는 그 말의 오류를 인정하고 사과하는 발언도 없었다.

대동재단(공동대표 허신행, 심백강)에서는 공개질의서를 중국의 중남해와 주한 중국대사관에 발송하여 시진핑의 동북공정 논리에 의거한 잘못된 역사인식을 지적하고 해명을 요구했으나 지금까지 아무런 답변이 없다. 이는 중국정부가 "한국은 역사적으로 중국의 일부였다"라는 시진핑의 발언을 망언이 아니라 정당한 발언으로 간주하여 기정사실화하고 있다는 것을 의미한다.

1만년 역사를 자랑하는 한국인의 민족적 긍지와 자긍심에 깊은 상처를 남긴 이러한 발언에 대해 중국은 사과 한마디 없었고 발언의 잘못을 인정하여 취소하지도 않았다. 그러므로 대한민국 국민은 언제라도 누구나 이의와 반론을 제기할 권리가 있다. 더구나 역사학자의 입장에서는 역사적 진실을 밝혀 중국과 한국의 지도자와 국민들에게 바른 역사를 알게 해야 할 책임과 의무가 있다고 할 것이다.

시진핑의 "한국은 역사상 중국의 일부였다"라는 망언은 오늘날 한국인이 살고 있는 한반도가 역사상에서 중국의 일부였다는 것을 전제로 한 것이다. 본 발표는 아래에서 역사상 한반도가 중국의 일부가 되었던 적은 단 한 번도 없었으며 그와는 정반대로 중국대륙이 한민족의 터전, 즉 한국의 일부였다라는 사실을 중국의 고대문헌과 고고학적 자료를 통해서 밝히고자한다. 한국 특히 중국 역사학계의 비판적 견해를 기대한다.

2. 한민족의 첫 통일국가 고조선은 발해연안을 끼고 중국을 지배한 왕조였다

고조선은 우리 한민족이 세운 첫 통일국가이다. 그런데 『산해경』에는 "북해의 모퉁이에 나라가 있으니 그 이름을 조선이라 한다.(北海之隅有國 名曰朝鮮)"라는 기록이 나온다.

여기서 말하는 북쪽바다는 발해를 가리킨다. 중원에서 바라볼 때 북쪽에 있는 바다는 발해밖에 없다. 그래서 『맹자』에도 발해를 북해라고 표현한 내용이 나온다. 이는 이성계가 대동강유역에 세운 반도조선과는 다른 고대의 대륙조선이 발해의 모퉁이에서 건국되었음을 말해준다.

고조선이 발해의 모퉁이 즉 오늘날의 북경부근을 중심으로 건국되었다는 것은 비단 『산해경』에 의해서만 증명될 뿐 아니라 송나라 때 국가에서 편찬한 『무경총요』에는 "북경에서 북쪽으로 고북구를 갈때는 중간에 조선하를 건너서 간다"라는 내용이 나온다.

지금은 중국지도상에 조선하는 지워지고 없다. 그러나 고북구라는 지명은 여전히 중국지도에서 확인이 가능하다. 그리고 고북구와 북경사이에는 조선하 대신 조하라는 강이 흐르고 있다. 이는 지금의 조하가 1,000여 년 전에는 조선하로 불렸음을 말해준다. 오늘의 북경이 일찍이 조선 땅이 아니었다면 왜 북경 북쪽을 흐르는 강의 이름이 조선하였겠는가.

송나라 때 낙사라는 역사학자가 쓴 『태평환우기』에는 "하북도 노룡현에 폐허가 된 조선성이 남아 있는데 이곳이 은나라의 왕자 기자가 망명을 해서 왔던 조선이다"라고 적혀 있다.

송나라 때 하북도 노룡현은 지금의 하북성 진황도시 노룡현이다. 전 중국에서 풍광이 가장 빼어난 발해만 부근으로서 중국 공산당 간부들의 휴양지이자, 모택동이 여름이면 수영을 즐기던 곳 북대하가 가까운 거리에 있다.

중국대륙에서 경치가 가장 아름다운 북대하 부근 진황도시 노룡현에 우리조상들이 세운 고조선이 있었고 그 유적이 폐허로나마 송나라시대까지도 남아 있었던 것이다.

발해연안 북경부근에서 고조선의 건국을 입증하는 가장 결정적인 근거는 1,500년 전 선비족 모용은의 비문에 나타난다. 남북조시대 최고의 문장가였던 유신이 쓴 모용은의 묘비명은 다음과 같이 시작된다. "조선건국朝鮮建國 고죽위군孤竹爲君"

선비족은 삼국시대에 오늘의 하북성 일대에서 건국하였다. 모용은의 묘비명은 선비족이 하북성 일대에서 건국하기 이전에 최초로 고조선이 이 땅에서 건국을 하였고 뒤이어서 백이, 숙제의 나라 고죽국이 여기서 건국된 사실을 입증하고 있는 것이다.

『산해경』은 서한시대에 유향劉向이 황실의 도서를 정리하다가 발견한 책으로서 그때 이미 당시에 통용되지 않는 상고시대의 상형문자로 기록되어 있었다. 그래서 유향은 이를 하우夏禹시대 백익伯益의 저술로 간주했다. 그렇다면 『산해경』은 4,000년 전에 쓰여 진 책이라는 이야기가 된다.

선비족 모용은의 묘비명은 1,500년 전 남북조시대 최고의 문인이었던 유신이 썼다. 『무경총요』는 송나라시대 국가에서 편찬하였고 낙사가 쓴 『태평환우기』는 송대 4대 사서 중의 하나로 손꼽히는 유명한 책이다. 이들 두 책은 모두 1,000년 전에 편간되었다.

4,000년 전에 쓰여진 『산해경』, 1,500년 전에 쓴 모용은의 묘비명, 1,000년 전에 편간된 『무경총요』와 『태평환우기』에는 오늘날 북경부근 지역에 발해조선이 있었다고 기술하고 있다.

그런데 중국의 국가주석 시진핑은 중국 고문古文에 조예가 전혀 없는 백화문白話文 세대, 번체자繁體字를 모르는 간체자簡體字 세대가 만들어낸 학문적 사기극인 동북공정의 논리에 따라 한국이 역사적으로 중국의 일부였다는 망언을 미국대통령을 만난자리에서 공개적으로 하였다.

『산해경』, 선비족 모용은의 묘비명,『무경총요』,『태평환우기』의
기록에 따르면 오늘 중국의 수도 북경지역을 무대로 최초로 건국한
나라는 우리민족이 세운 고조선이다. 뒤이어 은나라 때 백이, 숙제
의 나라 고죽국이 건국을 하였고 삼국시대에 선비족 모용씨가 건국
을 하였으며 그 뒤에 몽골족이 중원으로 진출하여 북경을 수도로 하
였다. 그 뒤 다시 명태조 주원장과 신라왕족 김함보의 후손인 청나
라가 북경에 수도를 하였으며 지금의 중국공산당은 청나라를 이어
서 북경을 수도로 하고 있다.

이런 북경의 역사적 연혁을 살펴본다면 북경의 최초의 원주인은
한족이 아닌 우리 한민족의 조상들이고 오늘날의 북경 중남해에 있
는 한족정권은 원주인이 아니라 우리 한민족이 터닦아놓은 곳에 잠
시 입주한 세입자에 불과할 뿐이다. 주인이 자주 바뀌는 북경의 주
인은 언제 또 바뀔지 모르는 일인 것이다.

그런데 시진핑이 한국은 역사상 중국의 일부였다라고 말하는 것
은 지난날 중국대륙 북경 지역에서 건국의 첫 삽을 떴던 원주인의
노고를 무시하는 것이고 나쁘게 말하면 도적이 몽둥이를 들고 주인
에게 덤벼드는 적반하장과도 같은 것이다.

『산해경』, 모용은 비문,『무경총요』,『태평환우기』등의 기록에
따르면 한국은 역사상 중국의 일부였다가 아니라 중국은 역사상 한
국의 일부였다라고 말하는 것이 사리에 맞다. 한국은 역사상 오늘의
중국을 만든 원류이고 중국 공산당은 역사상 한민족의 뒤를 계승한
아류인 것이다.

3. 발해연안의 홍산문화가 중국문명의 모태이고
   그 주역은 고조선의 조상 조이족鳥夷族이었다

80년대에 발해연안의 북쪽 요녕성 건평현建平縣, 능원시凌原市 일대 그리고 내몽고 적봉시 홍산 일원에서 제단, 여신전, 적석총으로 상 징되는 홍산문화가 발굴되었다.

만리장성 밖 한족들이 오랑캐의 땅으로 멸시해온 내몽고 적봉시 에서 중원의 황하문명의 상징인 앙소문화보다도 연대가 수천년 앞 서는 홍산문화가 발굴됨으로서 중국문명의 발상지가 화하지역에서 동이지역으로 바뀌게 되었다.

화하족의 선진문화가 동이족에 영향을 미친 것이 아니라 오히려 그와는 정반대로 동이족의 선진적인 문화가 화하족의 후진적인 문 화에 영향을 끼친 사실이 증명되게 된 것이다.

그러면 중국문명의 서광으로 일컬어지는 이 자랑스러운 5천년 전 홍산문화를 일으킨 주역은 과연 누구일까. 동북공정이라는 용어 에서 보듯이 학문을 마치 공사판의 건축공정처럼 생각하는 중국공 산당의 어용학자들은 지금 홍산문화를 일으킨 주역을 한족의 조상 으로 날조하기 위해 온갖 추태를 다 벌인다. 하지만 5,000년 전에 만리장성 밖은 동이족의 땅으로서 이곳이 화하족의 활동무대였음을 문헌적으로 뒷받침할 확실한 근거를 찾기는 불가능하다.

중국대륙의 문명의 불꽃인 홍산문화가 발화한 내몽고 적봉시 일 대는 발해연안에서 북쪽으로 가까운 거리에 위치해 있다. 이 지역 은 바로 4,300년 전 고조선이 나라를 건국했던 곳이다. 한민족의 조상인 태양을 숭배하며 새를 토템으로 했던 조이족들이 살았던 터전이다.

고조선은 약 4,300년 전 그러니까 한족이 그들의 첫 국가 하夏나라를 건국하기 약 200여년 앞서 단군이 아홉 개의 동이부족국가 구이九夷를 통일하여 천혜의 땅 발해만 연안에 세운 중국대륙 최초의 통일 왕조였다.

산동반도, 요동반도, 한반도가 모두 고조선의 영역이었다. 지금의 하북성, 산서성, 내몽고, 산동성, 요녕성, 한반도 일대가 이 지역에 해당한다. 고조선은 한 개의 부족이 모여서 세운 국가가 아니라 아홉 개의 구이족을 통일하여 세운 중국의 첫 통일왕조였다는 것은 명나라 때 중국인 학자 오명제가 쓴『조선세기』의 "구이들이 모여서 임금으로 삼았다(九夷君之)"라는 말이 잘 증명하고 있다.

고조선은 발해만을 중심으로 건국하여 지금의 북경 동쪽 하북성 진황도시 노룡현 일대에 수도가 있었고 북경 남쪽에 있던 갈석산과 요수, 현재의 백석산과 역수유역이 고조선의 서쪽 경계였다.

발해만 연안은 남쪽은 발해, 북쪽은 내몽고 초원, 동쪽과 서쪽은 농경지대로서 어렵과 수렵과 농경이 동시에 가능한 중국대륙에서 가장 살기 좋은 천혜의 땅이다. 한민족의 조상들이 중국의 토착민이었으므로 전 중국대륙에서 가장 살기 좋은 발해만 일대를 선점하여 터를 잡고 살았다.

중국대륙의 토착민이었던 우리 한민족은 이런 천혜의 땅을 먼저 선점하여 여기서 선진적인 경제가 발달하였고 선진적인 경제의 기초위에서 홍산문화라는 중국대륙 최초의 선진문화가 발화했으며 그 토대 위에서 고조선이라는 중국대륙 최초의 통일국가의 성립이 가능했던 것이다.

아홉 개의 부족 즉 구이족으로 형성된 동이족은 최초에 어디로 부터 시작되었는가. 이 아홉 개 동이족의 출발점 즉 동이족의 뿌리 는 과연 누구인가. 그것은 태양을 숭배하고 그 연장선상에서 하늘을 나는 새를 토템으로 삼았던 조이족이었다. 조이족을 동이족의 시원 으로 보는 근거는 무엇인가. 동이족의 시조인 태호복희씨와 소호금 천씨가 모두 새를 토템으로 하였기 때문이다.

중국대륙의 제1용과 제1봉황이 모두 홍산문화 유적지에서 출토 되었다. 이것도 홍산문화가 조이족이 창조한 문화라는 것을 고고학 적으로 뒷받침하는 하나의 단서가 되기에 충분하다고 본다.

그리고 『서경』의 우공편에는 하나라 당시에 천하를 구주九州로 분할한 내용이 나오는데 거기에 기주冀州에 조이가 있었다고 나온 다. 기주의 기冀자는 북녘 북 자에 다를 이 자를 합친 글자로 북방을 가리키는 글자이다.

상고시대의 기주는 오늘날의 하북성, 내몽고가 여기에 해당하는 지역이다. 그런데 『서경』 우공편에 오늘날의 홍산문화가 발굴된 지 역인 기주에서 조이들이 살고 있었다라고 말한 것을 본다면 홍산문 화를 일으킨 주역은 조이라는 사실이 문헌적으로도 입증이 된다할 것이다.

우리 한민족은 고조선시대에 발해만 연안에서 건국했을 뿐만 아 니라 그 뒤 『송사宋史』의 "고구려는 요동을 침략해서 소유했다(高句 麗略有遼東)" "백제는 요서를 침략하여 소유했다(百濟略有遼西)"라는 기 록에서 보는 바와 같이 계속 홍산문화가 발굴된 하북성 내몽고 일 대를 활동무대로 하면서 중국역사상에서 동북이로 일컬어졌다. 또 우리민족은 고구려의 삼족오나 백제의 금동향로에 새겨진 봉황새에서 보는 바와 같이 고구려, 백제시대에 줄곧 새를 토템으로 하였다.

그러므로 오늘의 우리 한국인은 바로 중국대륙 발해만 연안의 첫 통일왕조인 고조선의 후예일 뿐만 아니라 중국문명의 초석을 놓은 홍산문화를 창조한 주역 조이족의 직계후손이 되는 것이다.

중국 대륙문명의 원류가 홍산문화이고 홍산문화의 주역이 조이족이며 새를 토템으로 하는 조이족의 혈통이 한국인으로 이어지고 있다고 할 때 시진핑주석의 한국은 역사상 중국의 일부였다라는 발언은 역사사실에 부합되지 않는 황당한 망언인 것이다.

4. 한자는 한족이 아닌 한국인의 조상 동이족이 만든 글자이다

『주역』 계사 하에는 "상고시대에는 결승으로 다스렸는데 후세에 성인이 서계로 바꾸었다.(上古結繩而治, 后世聖人易之以書契)"라고 하여 문자시대이전에 결승시대가 있었다고 말했다. 그러면 동양에서 결승시대를 종식시키고 문자시대를 연 것은 누구인가.

공안국孔安國은 『상서尙書』 서序에서 "옛적에 복희씨가 천하에 왕이 되었을 때에 처음으로 팔괘를 긋고 글을 만들어서 결승의 정치를 대신하니 이로 말미암아 문적이 생기게 되었다.(古者庖犧氏之王天下也, 始劃八卦, 造書契, 以代結繩之政, 由是文籍生焉)"라고 말하여 복희씨가 최초로 문자를 창조한 분이라고 하였다.

복희씨는 누구인가. 동이족의 시조로서 『회남자』에 의하면 갈석산의 동쪽 땅, 뒤에 고조선이 건국되었던 지역을 다스린 분이다. 이러한 기록들은 동이족의 시조 복희씨에 의해서 문자가 창조되었다는 것을 문헌적으로 입증하는 내용들인 것이다.

다음은 고고학적으로 한자의 기원을 살펴보면 19세기 말, 20세기 초에 중국 하남성 안양시 은허에서 발굴된 갑골문을 한자의 원류로 추정한다. 지금까지 출토된 갑골 조각은 모두 154,600개에 달하는 데 그중에 글자로 확인 된 것은 4,500개이고 이미 판독이 된 글자는 2,000자 좌우이다. 은나라는 서기전 17세기에서 서기전 11세기까지 존속했던 왕조이다. 그러므로 갑골문은 지금으로부터 3,600년 전에 사용된 문자라고 할 수 있다.

은나라는 동이족 중의 조이족이 중원으로 진출하여 세운 국가이다. 은나라가 동이족의 조이족이라는 것은 『시경詩經』 상송商頌의 "현조가 상나라를 탄생시켰다(玄鳥生商)"라는 기록이 잘 말해주고 있다. 뿐만 아니라 은나라가 한족의 국가가 아니라 동이족 국가라는 것은 "은의 주왕에게는 억조의 이족 사람들이 있다.(紂有億兆夷人)"라는 『서경書經』의 내용이 이를 결정적으로 증명한다. 하남성 안양의 은나라 수도 은허에서 발굴된 갑골문자는, 한족의 조상이 만든 문자가 아니라 우리 한민족과 뿌리가 같은 새 토템을 가진 동이국가 은나라가 만든 글자이다.

그런데 2005년도에 산동성 동북부와 내몽고 적봉시 일대에서 짐승의 뼈에 새겨진 4,600년 전의 판독이 가능한 문자가 발견되었다. 저명한 고고학자이자 중국 산동대학 미술고고연구소 소장인 유봉군劉鳳君 교수는 연구를 거쳐 이 문자를 처음에는 "동이문자"라고 명명하였다. 문자가 집중적으로 발굴된 지역이 한족의 조상인 화하족의 거주지가 아닌 동이족의 생활중심지였기 때문이다. 그런데 뒤에 다시 명칭을 "동이문자"에서 "골각문骨刻文"으로 바꾸었다. 그것은 중국의 현 집권세력이 동이족이 아닌 한족인 것과 무관치 않다고 할 것이다.

동이문자 즉 골각문자가 형성된 시기는 대략 서기전 2,600년-서기전 1,300년대 사이로 추정한다. 골각문자는 갑골문자보다 1,300년 전에 만들어져 갑골문자가 만들어지기 이전까지 사용된 문자라 할 수 있다. 곽말약은 갑골문을 연구한 이후에 갑골문이 창조에서 성숙되기까지는 아마도 1,500년 이상을 경과했을 것이라고 추측했는데 골각문자의 발굴을 통해서 그의 추측이 사실로서 증명되었다고 하겠다.

하남성 은허의 갑골문자에 이어 2005년도에 다시 산동성의 창낙昌樂, 수광壽光, 환태桓台, 장구章丘, 추평鄒平, 치박淄博, 청주靑州 등과 홍산문화 발굴지역인 내몽고 적봉시 일대에서 동이족이 4,600년 전에 만들어서 사용한 동이문자인 골각문자가 집중적으로 발굴된 것은 한자가 중국대륙의 서방에 기반을 둔 한족이 만든 문자가 아니라 중국대륙의 동방에서 활동한 동이족이 만든 문자라는 것을 다시 한 번 확인시켜준 것이라고 하겠다.

골각문자 이전에 바위에 그림을 새긴 암각화나 또는 도자기에 부호나 도안형태로 그려진 것들을 발견한 것들이 있다. 그러나 그것은 판독이 불가능하고 수량도 적어서 이것을 문자로 인정하기는 어렵다.

골각문자는 현재까지 판독된 글자만 100여자가 넘는다. '용', '봉', '염炎', '황黃', '치蚩', '요堯', '순舜' 등의 문자가 판독되었다. 중국에서 지금까지 발굴된 판독이 가능한 문자 중에서 역사가 가장 깊은 것은 골각문자이며 동이문자인 골각문자가 중국문자의 기원이라는 결론에 도달하게 되는 것이다.

특히 우리가 4,600년 전의 골각 동이문자와 관련해서 주목할 것은 골각문자가 발굴된 지역이 바로 발해의 모퉁이 즉 일찍이 4,300년 전에 고조선이 건국되었던 지역이라는 점이다.

『산해경』에서 발해의 모퉁이에 고조선국이 있다고 말했는데 이 일대 산동성 동북부, 내몽고 적봉시 등 고조선이 있던 지역에서 은나라의 갑골문자보다 1,000여년 앞서서 사용된 골각문자가 집중적으로 발굴되었다는 것은 이 골각문자가 바로 고조선문자라는 추정을 낳게 하는 것이다.

한자가 한족이 만든 글자가 아니라 동이족 특히 한국인의 조상이 만든 글자라는 것은 고고학적으로 뿐만 아니라 다른 방면 예컨대 고대의 한자음 발음표기를 통해서도 입증이 가능하다.

그 근거를 들어보면 '分別'을 현대 한국인은 '분별'로 발음하고 한족은 'fen펀' 'bie비에'로 발음한다. 그런데 『맹자』의 주자 주석에 반절음으로 '分別'의 음을 표시한 것을 보면 分은 扶問反 즉 '분', 別은 彼列反 즉 '별'로 표기하였다. 한자 '分別'을 지금 한족들은 북경어에 따라 '펀비에'로 발음하지만 고대 중국에서는 그렇게 발음하지 않고 현대 우리 한국인의 발음처럼 '분별'로 발음했던 것이다.

『후한서』 숙종 효장제기 제3 주석에 "卷音 丘權反"이라는 기록이 나온다. 권卷자는 한국 발음으로는 권이다. 책 한권 두 권 할 때 쓰는 글자이다. 그런데 권자의 현대 북경발음은 권이 아니라 juan 쥔이다. 지금 한족들은 권자를 쥔으로 발음하지만 범엽이 후한서를 쓸 당시에는 쥔이 아니라 현대 한국인과 같은 권으로 발음했던 것을 알 수 있다.

이것은 단지 한두 가지 사례를 예시한 것에 불과하다. 중국의 고대 사서나 경전에 나오는 고대한자의 발음표시는 현대 한국어와 발음이 거의 일치한다.

중국의 사서나 고전의 기록에 나오는 한자의 고대발음이 현대 중국어와는 다르고 현대 한국어와 동일한 이유를 어떻게 설명할 수 있을까. 이는 현대 북경어가 중국의 표준어가 아니라 현대 한국어가 고대중국어의 표준어였으며 그래서 현대 한국어에 중국 표준어가 많이 남아 있는 것이라고 하겠다.

모택동 이후 북경어를 표준어로 채택하여 중국대륙에서 사용하고 있다. 하지만 북경어는 고대에는 표준어가 아니라 방언이었고 고대중국의 표준어는 현대의 한국어가 중국어의 표준어였을 가능성이 높다.

한자의 고대 발음이 현대 한족의 발음과 같지 않고 현대 한국인의 발음과 동일하다는 것은 한자가 한족이 만든 글자가 아니라 한국인의 조상이 만들어 사용하던 글자라는 것을 간접적으로 증명하는 중요한 단서가 되기에 충분하다고 본다.

세종대왕은 『훈민정음』에서 "우리나라의 어음이 중국과 다르다 (國之語音 異於中國)"라고 말한 것을 보면 조선조 때는 우리말이 이미 중국어와 달라진 것을 알 수 있다. 그러나 한나라시대 양웅揚雄이 쓴 『방언方言』이란 책에 의하면 중국 연나라와 고조선의 말은 상당히 유사한 점을 발견할 수 있다.

한국어가 중국어와 달라진 것은 고구려, 백제 멸망이후 국력이 쇠퇴하여 중원과 지역적으로 멀어지면서부터라고 생각된다. 특히 조선조에 와서 중국대륙과 단절되어 강역이 압록강 이남으로 좁혀지면서 발생된 현상이라고 여긴다. 적어도 한민족이 중국대륙의 지배세력이었던 발해조선시대에는 조선어가 곧 중국어의 표준어였다고 추정한다. 이 시기에는 조선어가 중국어의 표준어이고 한족어는 중국 서방의 방언에 불과했는데 유방의 한왕조가 건국되어 한족이 중국의 지배세력으로 등장하면서 점차 지방어가 주류어가 되게 되었을 것이다.

그러나 조선어가 한자의 원음이고 표준발음이므로 한족에 의해 발음의 변화가 이루어진 이후에도 그 골격은 계속 유지되었고 그래서 고대 한자의 반절음 표시가 현대 한국인의 발음과 동일한 것이라고 하겠다. 역사가 바뀌고 시간이 흐르면서 한족에 의해 한자발음의 많은 변형이 이루어졌지만 한민족의 발음이 한자발음의 원형이므로 한국어에 한자의 원음이 많이 남아 있는 것이라고 추정할 수밖에 없는 것이다.

한자는 동이족이 만들어서 한족이 발전시켰다. 동이족과 한족이 중국을 지배하면서 공동으로 사용해온 문자이다. 따라서 중국문자라고 하는 것은 틀린 말은 아니다. 그러나 한족이 만든 글자라는 의미에서 한자라고 하는 표현은 적합하지 않다.

중국대륙에서 4,600년 전 사용된 최초의 문자가 발굴된 곳이 4,300년 전 우리민족의 첫 통일국가 고조선이 건국되었던 지역이다. 중국의 사서나 고전에 나오는 고대 중국한자의 발음표기가 현대 북경어가 아닌 현대 한국어와 동일하다.

이는 한자가 한족이 만든 글자가 아니라 동이족 특히 한민족의 조상이 만든 글자일 가능성을 입증해준다. 따라서 한자는 그 기원을 따진다면 한자漢字가 아니라 오히려 한자韓字라고 하는 것이 더 정확한 표현이라고 하겠다.

5. 한무제가 설치한 한사군은 하북성의 갈석산 동쪽에 있었다

한의 무제가 설치했다는 한사군은 한삼군이냐, 한사군이냐 하는 문제로부터 존속기간 등에 이르기까지 앞으로 바로 잡아야할 부분이 하나 둘이 아니다.

다만 여기서는 지면관계상 한사군의 위치문제에 한정하여 다루고자한다.

한마디로 말하면 한사군은 중국대륙 동북쪽 하북성 지역에 있었다. 그것을 문헌적으로 증명할 수 있는 자료들은 매우 많지만 여기서 그것을 일일이 다 인용하기는 어려우므로 다음의 세 가지 자료를 근거로 제시한다.

첫째는 『전한서』 가연지전賈捐之傳의 "동쪽으로 갈석산을 지나 현도, 낙랑군을 설치했다(東過碣石 以玄菟樂浪爲郡)"라는 기록이다. 유철이 당시에 일제 식민사학자들의 주장대로 군대를 몰고 한반도까지 내려와서 청천강, 대동강지역에 한사군을 설치했다면 왜 백두산, 압록강을 지나 현도, 낙랑군을 설치했다고 말하지 않고 하필 수 천리나 떨어져 있는 하북성 남쪽에 있는 갈석산을 들먹였겠는가.

갈석산은 서주시대 무왕이 하북성 남쪽 역수유역에 연나라를 설립한 이후 한족과 동이족의 경계선이 되었다. 갈석산을 경계로 동이족은 갈석산 동쪽에 화하족은 갈석산 서쪽에 둥지를 틀고 두 민족이 이 천연의 장벽을 근거로 수천년 동안 대치하게 되었다. 진시황도 이 갈석산을 넘지 않았고 한고조 유방도 이 갈석산을 넘지 못했다.

한무제 시대에 이르러 고조선의 수도는 발해만 부근에 있었고 고조선과 한나라의 경계는 역시 당시의 갈석산 지금의 백석산 부근이었는데 전쟁주의자 유철은 고조선의 서쪽경계 지금의 하북성 보정시 서수현 수성진의 백석산을 넘어와서 그 동쪽에 낙랑군을 비롯한 한사군을 설치했던 것이다.

둘째는 『전한서』위현전韋賢傳에 나오는 "동쪽으로 조선을 정벌하여 현도, 낙랑을 세워 흉노의 왼쪽 팔을 잘랐다(東伐朝鮮 起玄菟樂浪 以斷匈奴之左臂)"라는 내용이다. 이는 한무제가 고조선을 공격한 목적은 흉노의 왼쪽 팔을 자르기 위해서였다는 것을 분명히 밝히고 있다.

당시 한과 흉노는 만리장성을 사이에 두고 안과 밖에서 서로 대치하고 있었다. 한족은 만리장성 남쪽에, 흉노족은 만리장성 북쪽에 그리고 고조선은 만리장성 동쪽에 위치하고 있었다. 그런데 고조선과 흉노는 같은 동이족으로서 형제의 나라였다. 그래서 한무제는 흉노라는 몸통을 치기위해서는 그 우익세력인 고조선을 먼저 쳐서 가지자르기를 해야 한다고 여겼던 것이다.

여기서 한사군의 위치를 밝히는데 있어 중요하게 작용하는 것은 서한시대 만리장성의 동쪽 끝이 어디였느냐 하는 것이다. 유방의 손자로 한무제와 동시대를 살았던 회남자 유안의 기록에 따르면 서한시대 만리장성 동쪽 끝은 북경 부근의 거용관까지였고 지금의 산해관은 만리장성의 관문에 포함되어 있지 않았다.

『회남자』 추형훈에서 만리장성의 구새九塞 즉 9대 관문을 설명하는데 산해관이 동쪽의 마지막 관문으로 등장하지 않고 거용관을 동쪽의 최후 관문이라 말하고 있다. 이것은 거용관 동쪽 즉 지금의 북경동쪽에 고조선이 있었다는 것을 간접적으로 증명하는 것이 되며 발해의 모퉁이 즉 하북성 동쪽에 고조선이 있었다고 말한 『산해경』의 기록과도 일맥상통한다.

이런 기록에 따르면 한 무제는 한반도 대동강유역에 있던 고조선을 공격하여 멸망시키고 한사군을 설치한 것이 아니라 발해연안 북경 부근 조선하 유역에 중심지가 있던 고조선을 공격하여 그 서쪽 강역 일부, 즉 지금의 하북성 보정시 백석산 동쪽에 한사군을 설치했던 것이다.

셋째는 송나라때 국가에서 편찬한 『무경총요』에 "요수는 한나라의 낙랑, 현도의 땅에 있다.(遼水在漢樂浪玄菟之地)"라는 기록이 나온다. 한반도에 있는 압록강, 청천강, 대동강은 역사상에서 요수로 불려 진 적이 없다. 그렇다면 "요수는 한나라의 낙랑, 현도의 땅에 있다."라는 이 기록은 낙랑이 한반도에 있지 않았다는 사실을 확실히 입증한다.

한반도에는 요수가 없지만 요녕성에는 요하가 있다. 그러나 요녕성의 요하는 거란족이 이곳에 요나라를 세운 이후 붙여진 명칭이고 한나라 때의 요수는 아니다. 한나라 시대의 요수는 어디에 있었는가. 유방의 손자 회남자 유안이 서한시대의 대표적인 6대강을 설명하는 가운데 요수가 다음과 같이 등장한다. "무엇을 6수라 하는가. 하수, 적수, 요수, 흑수, 강수, 회수이다.(何謂六水 曰 河水 赤水 遼水 黑水 江水 淮水)"

그러면 회남자가 말한 한나라시대의 요수는 어디에 있었는가. 동한시대의 역사학자 고유는 『회남자』에 대한 주석에서 "요수는 갈석산에서 발원한다(遼水出碣石山)"라고 말하고 있다. 한무제시대의 요수는 현재의 요녕성을 가로질러 흐르는 요하와는 전혀 다른 하북성 갈석산에서 발원하는 요수가 있었던 것이다.

"요수가 낙랑 현도의 땅에 있다"라는 『무경총요』의 기록과 "한나라 때의 요수는 갈석산에서 발원한다"라는 『회남자』의 기록은 "한무제가 갈석산을 지나서 현도, 낙랑군을 설치했다"라는 『전한서』가연지전의 기록과 서로 정확히 부합된다. 따라서 한사군은 한반도가 아닌 하북성의 갈석산 동쪽에 설치되었다는 결론에 도달하게 되는 것이다.

6. 한사군이 한반도에 있었다고 날조한 것은 명나라 말엽의 한족 민족주의자이다

한사군이 한반도에 있기 위해서는 갈석산이 있어야하고 요수가 있어야하며 거용관이 있어야한다. 그러나 한반도에 갈석산, 요수, 거용관이 있었다는 기록은 한, 중 5천년 역사상의 어떤 기록에서도 찾아볼 수 없다.

하지만 하북성의 북경 북쪽에는 거용관이 있고 북경 남쪽에는 요수와 갈석산이 있다. 그렇다면 한사군은 한반도에 있지 않고 중국 대륙의 하북성 일대에 설치되었다는 것은 삼척동자라도 알 수 있는 일인 것이다.

그러면 한사군이 한반도에 있었다는 엉터리논리를 최초로 조작하여 사기극을 벌인 장본인은 누구인가. 명나라 말엽의 한족 민족주의자 고염무(1613-1682)가 원흉이고 고조우(1631-1692)가 주동자이다.

『독사방여기요』는 지리를 전문적으로 다룬 책으로 고조우가 썼다. 고조우는 이 책의 하북성 영평부 노룡현 조항에서 다음과 같이 말했다. "조선성은 영평부의 북쪽 40리에 있다. 한나라의 낙랑군에 소속된 현이다. 지금 조선국의 국경 안에 있다.(朝鮮城 在府北四十里 漢樂浪郡屬縣也 在今朝鮮境內)"

지금의 하북성 진황도시 노룡현이 고조우가 생존했던 청나라 당시에는 하북성 영평부 소속으로 되어 있었는데 여기에 조선성이 있었다. 이것은 바로 한의 낙랑군 25개현 중의 하나인 조선현의 유적이었다. 그러므로 고조우의 설명은 "한나라의 낙랑군에 소속된 현이다"에서 끝냈어야했다. 그런데 거기에 "지금의 조선국 국경 안에 있다.(在今朝鮮境內)"라는 6자를 사족으로 덧붙였다.

"지금의 조선국 국경 안에 있다"라는 말은 청나라 당시 압록강남쪽에 있던 이씨조선을 가리킨다. 하북성 노룡현에 있던 고조선의 조선성과 수천리 떨어진 이성계가 세운 조선국은 전혀 관계가 없었다. 그런데 고조우는 어떤 근거자료의 제시나 일체의 관련설명을 생략한 채 단도직입적으로 하북성 노룡현의 낙랑군 조선현성을 설명하면서 한반도의 조선국을 끌어들였다. 하북성 영평부 북쪽에 있는 조선성이 발이 달린 것도 아닌데 어떻게 조선의 국경 안으로 이동할수가 있겠는가. 이런 허무맹랑한 설이 하북성에 있던 낙랑군이 한반도로 옮겨오게 된 이론적 배경이 된 것이다.

고염무나 고조우가 한사군 한반도설을 조작할 때 동원한 이론들을 보면 너무나 조잡하고 유치하여 저들이 과연 당시 중국을 대표하는 학자였는지 의아스러울 정도이다. 그러면 저들은 왜 학자로서의 양심을 팔면서 엉터리 역사를 조작하여 상식적으로는 이해가 안갈 정도의 파렴치한 짓을 하였을까?

그것은 당시 이씨의 조선은 발해연안에 둥지를 틀고 중국대륙의 왕자로 군림하던 발해조선과 달리 강역은 압록강 이남으로 축소되었고 중국을 대국으로 섬기면서 가위 속국이나 다름이 없었다. 이씨의 반도조선을 얕잡아본 한족들은 지난날 한민족이 대륙에 남긴 찬란한 발해조선의 발자취를 지워버리고 그 역사를 압록강 이남으로 가져다 놓고 싶어 했다.

그래서 한반도에 이성계가 조선을 세우기 이전의 모든 중국 역사기록은 고조선과 한사군이 중국 하북성에 있었다고 말하고 있는데 명, 청시대 이후의 기록에서는 고조선과 한사군이 한반도에 있었다는 기록이 나타나게 된 것이다.

그러면 조선조의 학자들은 왜 중국의 이런 엉터리주장에 대해 제대로 대응을 못하고 꿀 먹은 벙어리가 되었는가. 거기에는 두 가지 이유가 있었다고 본다.

하나는 중국의 눈치를 보았기 때문이다. 오늘날도 역사문제는 정부에서 중국의 눈치를 보느라고 할 말을 제대로 못하는 경우가 허다하다. 예컨대 동북공정의 대응을 위해 만든 동북아역사재단에 외교부에서 직원이 파견되어 중국의 눈치를 살피기에 급급한데 속국이나 다름이 없었던 조선조의 사정이 어떠했을지는 가히 짐작이 가는 일이다.

다른 하나는 사대주의 사관 때문이다. 조선조에서는 중화와 공자를 하늘처럼 떠받드는 중화주의자, 사대주의자는 많았어도 단군과 동이족의 가치를 아는 참다운 역사학자는 드물었다. 그래서『독사방여기요』『대청일통지』같은 권위 있는 중국의 저서에 한사군 한반도설이 공식화되다 보니 그것을 반박할 용기도 그것을 바로잡을 역사의식도 조선의 학자들에게서는 찾아볼 수 없었던 것이다.

일제의 식민사관은 중국의 고조우 등이 엉터리로 날조한 명, 청시대의 왜곡된 이론을 자신들의 식민통치를 위해 활용한 것이고 중공의 동북공정은 일제의 식민사관을 다시 자신들의 야욕과 국익을 위해 적당히 변용한 것이며 시진핑의 발언은 동북공정의 연장선상에서 이를 국제적으로 공식화한 것이다.

우리 동이족은 역사상에서 한족의 역사를 조작, 왜곡한 경우를 찾아보기 어렵다. 그런데 한족들은 맥貊, 만蠻, 흉노匈奴, 돌궐突厥, 물길勿吉 등에서 보는 바와 같이 남의 나라 민족이나 국명 앞에 개 견 자나 벌레 충자, 노예 노자를 갖다 붙여 모독하고 의미를 왜곡하는 일을 수없이 자행해 왔다.

이처럼 한족들은 오로지 자기들의 이익을 위해서라면 양심을 헌신짝처럼 내팽개치면서 물불을 안 가리고 덤비는 무례하고 무도하기 짝이 없는 민족이기에 한사군 한반도설과 같은 후안무치한 이론을 조작할 수가 있었던 것이고 그것이 오늘날에는 동북공정이라는 형태로 이어지고 있는 것이다.

7. 수양제, 당태종이 공격한 고구려 수도 평양과 요동성은 갈석산 부근에 있었다.

수양제의 '수장요해전망조收葬遼海戰亡詔'로 본 수나라시대 고구려의 수도

중국을 통일한 수양제隋煬帝 양광楊廣(569-618)은 서기 612년 고구려를 멸망시켜 복속시키겠다는 야심을 품고 호왈 200만대군 실제는 130만 대군을 동원하여 친히 고구려 정벌에 나섰다. 그 후 613년 614년 모두 3차에 걸쳐서 고구려를 정벌했으나 결과는 참패였다.

수양제는 서기 614년 2월 제 3차 고구려정벌을 앞두고 1차, 2차 전쟁 때 요해 즉 발해에서 전쟁하다가 죽은 수나라 장병들의 유해를 거두어 장사지내 주라는 '수장요해전망조收葬遼海戰亡詔'를 내린다.

이때 수양제가 공격한 고구려가 대동강유역에 있었다면 평양을 치러갔던 수나라군대가 왜 압록강이나 청천강 유역이 아닌 발해에서 전사했겠는가.

이때 만일 고구려의 수도 평양이 대동강유역에 있었고 대동강 서쪽 청천강일대에서 수나라 군대가 고구려 군대에게 대패했다면 압록강이나 청천강 유역에서 싸우다가 죽은 수나라 군인들의 유해를 묻어주라고 해야 옳지 왜 발해에서 싸우다가 죽은 군인들을 거두어 장사지내주라고 했겠는가.

수나라 군대는 고구려를 공격할 당시 육군은 탁군涿郡, 오늘날의 북경시 남쪽 하북성 탁주시에 집결하였고 수군은 동래東萊, 지금의 산동성 내주만萊州灣 일대에 집결하였다. 당시 고구려의 수도가 대동강 유역에 있었던 것이 아니라 발해만의 서쪽 북경시 동쪽 즉 현재의 하북성 진황도시 부근에 있었기 때문에 육군은 북경시 남쪽에 집결하고 수군은 발해의 내주만에 집결하여 남, 동에서 수륙합동작전으로 고구려수도 평양성을 공격했던 것이다.

그러나 살수대첩으로 수나라 육군의 정예부대 30만 5,000명이 수장되고 살아서 돌아간 사람은 겨우 2,700명에 불과했다. 을지문덕의 기지로 이루어낸 살수대첩의 살수는 지금의 청천강이 아니라 하북성에서 동남쪽으로 흘러 발해로 들어간 강이었고 그 살수에 빠져서 죽은 수십만 명에 달하는 수나라 군졸들의 시신은 모두 발해로 떠내려갈 수밖에 없었다. 그래서 수양제는 발해에서 싸우다가 전사한 장졸들의 시신을 거두어 장사지내 주라는 명령을 내렸던 것이다.

수나라와 싸울 당시의 고구려는 중원을 통일한 수나라에 못지않은 강대한 군사력과 드넓은 강역을 보유한 나라로 지금의 발해만 진황도시 노룡현, 창려현 부근에 수도가 있었고 오늘날의 북경시 동, 남부 일대가 모두 고구려의 서쪽 영토였던 것이다.

수양제의 '수장요해전망조收葬遼海戰亡詔' 가운데는 이런 내용도 나온다.

"사망자가 많이 발생했는데 미처 매장하지 못했다. 지금 마땅히 사신을 보내 도별로 거두어 장사지내되 요서군에서 제사를 마련하고 도량 한곳을 건립하도록 해야할 것이다.(遂令死亡者衆 不及埋藏 今宜遣使人 分道收葬 設祭於遼西郡 立道場一所)"

고구려와의 전쟁에서 수나라가 대패하여 많은 사상자가 발생했으므로 그들의 시체는 강과 바다와 들판에 나뒹굴고 있었을 것이다. 그래서 수양제는 사신을 보내 각 도별로 사망자를 분류하여 시신을

거두어 장사지내주라고 하였던 것이다. 그런데 수양제는 요서군에
다가 분향소를 차려 제사지내고 망자들의 억울한 혼령을 달래줄 도
량한 곳을 세우라고 지시하였다.

두우의 『통전通典』에 의하면 수나라시대의 요서군은 오늘날의 요
녕성 서쪽이 아니라 하북성 동남쪽에 있던 요서군을 가리킨다. 수나
라 초기에는 지금의 하북성 진황도시 서쪽 옛 고죽국 지역에 요서군
이 있었다.

수나라 군대가 청천강에서 수장을 당하였고 오늘날의 요녕성 요
하 동쪽 요동지역이 모두 수나라 영토였다면 전망자의 빈소를 왜 하
필 수 천리 떨어진 요서군에 차려 위령제를 지낼 까닭이 있었겠는
가. 세월호가 목포의 팽목항에서 침몰했는데 부산 앞바다에서 위령
제를 지낸다면 말이 되겠는가.

당시 고구려의 서쪽 영토가 지금의 북경 동남쪽 일대를 다 차지
하였고 따라서 수나라의 동쪽 최전방은 압록강이나 청천강이 아니
라 요서군이었다. 그래서 수나라는 전망장졸들의 혼령을 위로하는
빈소를 요서군에다가 차릴 수 밖에 없는 상황이었던 것이다.

수양제가 614년 고구려와의 2차에 걸친 전쟁에서 실패하고 나서
내린 '수장요해전망조收葬遼海戰亡詔'를 통해서 볼때 당시 고구려의
수도 평양은 대동강유역이 아니라 발해만 부근에 있었던 것이 확실
하다. 특히 수나라와 맞서 싸워 수나라를 결국 멸망에 이르게 한 것
으로 본다면 당시 고구려는 지금까지 우리가 알아온 것처럼 압록강
유역의 변방 국가가 아니라 수나라에 못지않은 중국대륙의 강대한
제국이었던 것이다.

당태종의 '요성망월遼城望月' 詩시로 본 고구려의 요동성과 환도성

수양제는 국력을 기울여 3차에 걸친 고구려 정벌을 감행했지만 고구려를 무너뜨리기는커녕 요동성 하나도 빼앗지 못한 채 결국 수나라가 먼저 망하고 말았다.

당태종은 '억울하게 죽은 중국 젊은 이 들의 원한을 갚겠다'라는 기치를 내걸고 수양제를 이어서 다시 고구려 정벌에 나섰고 제1차 정벌에서 요동성을 함락시켰다.

당태종이 고구려에 대한 1차 정벌에서 요동성을 함락시켰다는 것을 무엇으로 증명할 수 있는가. 정관貞觀 22년 당태종이 1차 당, 고구려 전쟁에서 실패하고 재차 고구려 공격에 나서려할 무렵 당태종의 충직한 신하였던 방현령房玄齡은 상소문을 올려 이를 극구 말렸는데 거기에 이런 말이 나온다. "친히 6군을 통솔하고 요수와 갈석산에 가서 죄를 물으셨는데 10일이 지나지 않아서 즉시 요동성을 함락시켰습니다.(親總六軍 問罪遼碣 未經旬日 卽拔遼東)" 『정관정요』에 기록된 이 내용은 고구려의 요동성이 당태종의 1차 공격때 함락된 사실을 알려주는 것이다.

그런데 우리는 여기서 당나라시대 고구려의 수도나 강역과 관련하여 매우 중요한 정보를 얻을 수 있다. 방현령은 당태종이 고구려를 공격한 사실을 설명하면서 "요수와 갈석산에 가서 죄를 물었다"라고 말하고 있다.

이때 고구려의 평양성이 대동강 유역에 있었다면 "청천강과 백두산에 가서 죄를 물었다"고 해야 옳다. 그런데 그렇지 않고 요수와 갈석산에 가서 죄를 물었다고 하였다. 이는 당시 고구려의 수도 평양이 한반도에 있었던 것이 아니라 하북성의 갈석산 부근에 있었다

는 사실을 입증한다.

또 하나 우리가 주목할 것은 요동성의 위치이다. 지금까지 한,
중, 일의 모든 제도권 사학자들은 당나라시대에 당태종이 함락시킨
고구려의 요동성이 지금의 압록강 동쪽에 있었던 것으로 인식해왔
다. 그러나 그것은 역사적 진실이 아니고 완전한 사기이다. 그것이
사기라는 것을 무엇으로 알 수 있는가. 당태종은 고구려의 요동성
을 공격하여 함락시킨 다음 '요동성에서 달을 바라보며(遼城望月)'라
는 제목으로 시를 한수 지었다. 그 시가 전해지는데 내용은 다음과
같다.

'요동성에서 달을 바라보며(遼城望月)'

"달이 휘엉청 밝아, 맑은 달빛 요수와 갈석산을 비춘다. 수레를 멈추
고 환도성을 굽어보고, 우두커니 서서 요망한 기운 없어지길 관망한
다.(玄菟月初明 澄輝照遼碣 駐蹕府丸都 竚觀妖氛滅)"

당태종의 짧은 이 시는 요동성과 관련하여 그동안 우리의 상식
을 완전히 뒤집는 역사사실을 알려주고 있다. 우리의 국사교과서에
도 당태종이 공격했던 요동성이 압록강 서쪽에 있었던 것으로 기록
되어 있는데 당태종이 요동성을 함락시키고 나서 직접 쓴 시에는
"요동성 위에 뜬 밝은 달이 요수와 갈석산을 비춘다"라고 말하여 지
금 압록강 서쪽 요녕성 동쪽이 아닌 하북성의 갈석산 부근에 고구려
의 요동성이 있었던 사실을 증명해주고 있다.

그리고 당태종의 '요성망월' 시는 우리가 그동안 알고 있었던 고

구려 환도성의 위치도 잘못되었음을 알려주고 있다. 우리는 그동안 고구려의 환도성은 지금의 길림성 집안시에 있다고 인식해왔다. 그런데 이 시는 요수와 갈석산이 있는 요동성에서 당태종이 수레를 멈추고 환도성을 바라본다고 말하고 있다.

지금의 길림성이나 요녕성에는 역사상에서 갈석산이 존재하지 않았다. 그렇다면 이 시에서 당태종이 말하는 환도성은 지금의 길림성 집안의 환도성이 아닌 하북성에 있던 고구려 수도 환도성을 가리킨 것이 분명하다.

당태종이 '요성망월' 시를 지을 때는 고구려의 수도 환도성은 아직 함락되지 않은 채 건재하고 있었다. 그래서 당태종은 요동성에서 밤을 지새 던 어느 날 밤 요동성 위에 밝게 떠오른 달을 바라보면서 고구려 수도 환도성을 함락시킬 기대와 결의를 담아 이 시를 썼던 것이다.

당태종이 요동성에서 달을 바라보며 지은 시에 압록강이나 청천강이나 대동강은 등장하지 않는다. 그리고 요수와 갈석산이 등장한다. 이는 당태종이 고구려를 공격할 당시 고구려의 수도는 지금의 대동강 유역 평양이 아니라 요수와 갈석산 부근이었고 고구려의 요동성 역시 압록강 서쪽이 아니라 요수와 갈석산 부근에 있었다는 사실이 너무나도 명백하다고 하겠다.

당태종이 남긴 이 시는 당나라 이전이나 또는 그 이후에 어떤 문인에 의해서 감상적으로 쓰여 진 시가 아니고 고구려 공격의 총사령관으로 참여했던 당태종이 당시 현장에서 직접 쓴 시라는 점에서 그 사료적 가치와 신빙성은 다른 어떤 자료보다도 높다고 하겠다.

수양제의 '수장요해전망조收葬遼海戰亡詔'와 당태종의 '요성망월遼

城望月' 시를 통해서 본다면 고구려는 압록강 유역의 반도국가가 아니라 중국대륙을 지배한 대제국이었던 것이다.

8. 고구려가 중국의 소수민족, 지방정권이라는 동북공정의 논리는 정신 병자의 잠꼬대이다

동북공정은 고구려는 한국의 고대국가가 아니라 중국의 고대국가라고 주장한다. 고려는 왕씨 정권이고 고구려는 고씨 정권으로서 양자는 상호 관련이 없으며 엄격히 다른데 자신의 조상들이 고려사와 고구려사가 동일한 것으로 판단착오를 일으켜 고구려사를 수천년 동안 한국사로 인식해왔다는 것이 동북공정이 내세우는 이론이다.

따라서 중국공산당은 어용학자를 대거 동원하고 막대한 자금을 쏟아 부어 고구려사가 중국사라는 논리를 조작하여 엄청난 양의 고구려역사 연구저작물을 출판했다.

유자민劉子敏의 『고구려역사연구』, 경철화耿鐵華의 『중국고구려사』, 마대정馬大正의 『고대중국고구려역사논총』, 『중국고구려역사속론』 등이 그 대표적인 것이다. 책이름에서 보는 바와 같이 고구려사가 중국사임을 기정사실화하여 고구려라는 국명 앞에 그것이 중국역사임을 나타내는 중국이라는 국가명칭을 덧붙이고 있다.

세상에 이런 파렴치하고 몰상식한 역사도둑들이 이 지구상 또어디에 존재하겠는가. 저들은 한국의 단군조선은 신화로 취급하고 역사로 인정하지 않는다. 그리고 기자조선과 위만조선이 한반도상에서 최초로 성립된 국가인데 이들 두 고대국가는 모두 중국이 분봉한 제후국 즉 지방정권이었다고 주장한다.

그리고 기자조선이나 위만조선은 진정한 의미에서는 국가단계에 진입했다고 볼 수 없으며 부락연맹단계에 있었고 한반도상에서 최초로 국가를 형성한 것은 고구려, 백제, 신라시대였다고 주장하기도 한다.

그런데 그 고구려와 백제는 다시 독립적인 국가가 아닌 중국의 고대 지방국가였다는 것이다. 이러한 논리에 따르면 고구려가 한국의 고대국가가 아닐 뿐만 아니라 한국사 전체가 중국사로 편입되게 된다. 동북공정의 논리에 따르면 한국은 역사적으로 중국의 일부이며 독립적인 고대 한국은 존재하지 않는 것이다.

그러나 고구려가 한국의 고대국가인가 중국의 고대국가인가 하는 것은 그렇게 복잡하고 어려운 문제가 아니다. 중국의 역사서에서 한족의 조상들이 고구려를 어떻게 인식해왔는지 그것을 살펴보면 금방 판가름이 나는 것이다.

동이는 서방의 화하족이 자기민족과 다른 동방의 이민족을 지칭하는 명칭이다. 수나라의 역사를 기록한 정사인 『수서隋書』에는 고구려, 백제, 신라의 역사가 왜국倭國의 역사와 함께 동이東夷 조항에 실려 있다.

당나라의 정사로는 『구당서』와 『신당서』가 있다. 『구당서』에서는 고구려, 백제, 신라의 역사가 왜국, 일본의 역사와 함께 동이 조항에서 다루어졌고 『신당서』에서는 일본의 역사와 함께 동이 조항에서 고구려, 백제, 신라를 다루고 있다. 수나라와 당나라의 정사기록 뿐만 아니라 1910년 이전의 중국의 어떤 문헌에서도 고구려나 백제가 중국의 한족 역사에 편입된다고 말한 사실은 없다.

『수서』와 『당서』에서 보는 바와 같이 수나라와 당나라에서는 고구려와 백제, 신라를 일본과 동일한 외국으로 간주했으며 수, 당 전후 2,000년 중국 역사상에서 고구려, 백제의 역사를 중국역사라고 주장한 사람은 단 한 사람도 없었다.

그런데 1980년대 이후 중국 공산당 정권하에서 동북공정이라는 전대미문의 동북아역사 침탈공작을 통해 한국사의 중국사 편입을 시도하여 한국사의 척추에 해당하는 고구려사가 중국사라고 주장하였고 수, 당과 고구려의 전쟁은 독립된 양국 국가 간의 전쟁이 아니라 중앙정부인 당나라와 지방정권인 고구려간의 내전이라는 해괴한 논리를 들고 나왔다.

『수서』와 『당서』에 고구려, 백제, 신라는 한족과 구분하여 동이족으로 다루었고 또 바다건너 일본과 동일한 외국으로 취급하였다. 그런데 동북공정은 고구려사는 중국사라고 주장하면서도 『수서』와 『당서』에서 고구려사와 똑같이 취급한 일본사에 대해서는 한 번도 중국사라고 말하지 않는다. 이는 논리적 모순이 아닌가. 동북공정의 논리대로 고구려사가 중국사라면 일본사도 중국사여야 하고 일본사가 중국사가 될 수 없다면 한국사도 중국사가 될 수 없는 것이 아닌가.

그런데 5,000년 역사상 자신들의 조상들이 다른 민족 다른 국가로 간주하면서 한족의 역사와 분리해온 우리 한민족과 한민족이 세운 국가들을 이런 상식이 통하지 않는 기상천외한 논리를 들고 나와 정신병자의 잠꼬대를 한 것이 바로 중국공산당의 동북공정 이론인 것이다.

일본이 중국의 고대국가였다고 한다면 그야말로 세계의 웃음거리가 될 것이다. 그래서 저들은 일본이 역사상 중국의 일부였다고 말하지 않는다. 그러나 『수서』와 『당서』에 분명히 고구려, 백제, 신라가 일본과 함께 동이족 국가로 기록되어 있다.

고구려가 고대 중국국가였다면 일본도 고대 중국국가였다는 논리가 성립된다. 일본이 수, 당의 지방국가가 아니라면 고구려도 수, 당의 지방정부가 될 수 없는 것이다.

동북공정 논리가 얼마나 자의적이고 엉터리이며 철면피한 것인지 한족들의 조상이 기록한 『수서』와 『당서』를 가져다 놓고 펼쳐보면 금방 백일하에 드러나는 것이다.

고조선, 고구려를 비롯한 우리민족을 한족과는 다른 동이족으로 보는 시각이 수 천년 동안 한족의 조상들이 주장해온, 중국의 사서에 적혀 있는 정설이다. 저들 홍위병의 내란으로 시골로 쫓겨 가 30년 동안 책을 손에서 놓은 무식하기 짝이 없는 공산당 학자들이 하루아침에 자기 조상들이 주장해온 역사를 뒤집어엎고 제조한 동북공정 이론은 정신병자의 잠꼬대에 불과한 것이다.

9. 중공정부는 동북공정으로 얻은 것보다 잃은 것이 많다

동북공정의 원래 명칭은 '동북변강의 역사와 현상계열을 연구하는 공정(東北邊疆歷史與現狀系列硏究工程)'이다. 이 긴 이름을 줄여서 앞의 동북, 뒤의 공정이라는 네 글자를 따서 동북공정이라고 한다. 한국어로 바꾸어 말한다면 중국 동북방 변경지역의 역사와 현대적 상황을 연구하는 과제라 할 것이다.

우리 같으면 공정이라는 표현은 건축물을 지을 때나 사용하는 용어인데 연구과제에 공정이라는 용어를 사용한 것을 본다면 중국 공산당에서 진행하는 연구과제가 얼마나 기계적이고 계획적인지 짐작이 간다.

공산당의 역사연구는 학자들의 철저한 연구와 객관적인 자료를 바탕으로 하는 것이 아니라 건축공사장에서 공기를 정해놓고 인부들이 설계도면에 따라 기계적으로 작업을 하는 것처럼 미리 정해진 방침에 따라 연구가 기계적으로 이루진다는 사실을 동북공정이라는 명칭에서도 확인할 수가 있다.

동북공정은 5개년 계획으로 2002년 2월 정식으로 출범하였다. 이 공정은 중국의 국책연구기관인 중국사회과학원이 중심이 되어 진행했다. 크게 연구류, 번역류, 당안자료류 3대분야로 분류했는데 주요 연구내용을 살펴보면 고대 중국강역연구, 동북지방사연구, 동북민족사연구, 고조선, 고구려, 발해사연구, 중조관계사연구, 중국동북변경과 러시아 원동지역의 정치, 경제관계사연구, 동북변강사회 안정전략연구 등을 포괄하고 있었다.

그런데 다른 연구 분야는 크게 문제될 것이 없었다. 고조선, 고구려, 발해사연구가 문제였다. 동북공정은 고조선, 고구려, 발해사가 한국의 고대사가 아니라 중국의 고대사라는 일찍이 본적도 없고 들어보지도 않은 기상천외한 논리를 만들어 낸 것이다.

현재의 중국공산당 정권하의 한족 역사학자들이 진, 한, 당, 송시대의 한족 역사학자들보다 그 실력이 뛰어나다고 여기지 않는다. 중국이 공산주의 이념을 정치체제로 받아드리면서 중국의 고전에 대한 연구가 소홀히 취급되었다. 특히 문화대혁명기간에 홍위병의

무자비한 전통문화 파괴의 과정을 거치면서 학자들의 고전 연구는 수 십년 동안 중단되었다.

거기다가 쉬운 백화문이 어려운 고문을 밀어냈고 모택동의 간체자가 번체자를 대체했다. 현재 중국의 중견 역사학자들은 대부분 홍위병 세대로서 문화혁명기 문화파괴를 직접 경험한 세대들이다. 또 백화문과 간체자를 주로 배우고 사용하는 세대이다. 저들 홍위병 세대가 중국 고문원전을 해독할 수 있는 능력이 부족한 것은 오늘날 한국의 한글세대가 한문을 제대로 읽지 못하는 것이나 마찬가지이다.

그러므로 동북공정은 25사를 비롯한 고대사서와 번체자로 기록된 고대문헌을 제대로 읽을 줄 모르는 무식한 백화문, 간체자 세대와 역사연구를 아파트공사장에서 정해진 설계도면에 맞추어 공사를 진행하는 건축공정처럼 여기는 무지한 공산당이 합작하여 만들어낸 괴물이다.

적어도 100년 전 까지는 한, 중의 5,000년 역사상에서 이런 동북공정과 같은 이론은 존재하지 않았다. 중국의 25사에는 하나같이 고조선, 고구려, 발해는 중국의 한족과 다른 민족인 동이족이 세운 외국국가로 기록되어 있다.

25사를 불태워 없애버리지 않는 한 고조선, 고구려, 발해사가 한족의 역사가 아니라 동이족의 역사라는 사실이 엄연히 그대로 살아 있다. 중국공산당은 수조 원을 들여서 동북공정 관련 저서를 200여 권을 출판하였고 고조선, 고구려, 발해사가 한국의 고대사가 아니라 중국의 고대사라는 논문을 3,000여편을 발표했다. 그러나 중국의 25사가 존재하고 중국의 고대문헌을 모두 불태워 없애 버리지 않는 한 그것은 아무런 의미가 없다.

중국은 주인이 따로 있는 것이 아니라 동, 서, 남, 북에서 영웅이 나오면 중원에 들어가 주인이 된다. 100년-200년 뒤에 중국의 주인이 바뀌면 그때는 동북공정의 논리는 다 휴지가 될 것이다. 동북공정의 논리를 현실적으로 완성시키려면 진시황처럼 중국의 역대문헌을 다 불살라 버려야 하는데 중국공산당 정부가 과연 그만한 배짱과 용기가 있는지 의문이다.

중국은 동북공정으로 인해서 많은 친중주의자들을 반중주의자로 만들었다. 예컨대 나의 경우 한글보다 한자를 먼저 배웠고 우리역사 『삼국사기』, 『고려사』보다 중국역사서인 『사략』을 먼저 읽었으며 우리의 고전 『천부경』, 『참전계경』보다 중국의 『사서삼경』을 먼저 배웠다. 그야말로 나는 뼈 속까지 친중주의자였다고 말할 수 있다.

그러나 나는 중공의 동북공정을 보면서 이는 너무나도 어처구니가 없는 일이기 때문에 반중주의 자로 돌아섰다. 대한민국에서 나와 같은 사람이 어디 한 둘이겠는가. 중국에 대해 호감을 갖고 있었던 대한민국 국민 대다수가 동북공정으로 인해 반중적인 감정을 갖게 되었다고 해서 틀린 말이 아닐 것이다.

수천년 동안 중국의 맹방이자 중국과 국경을 서로 맞대고 있는 한국의 지성인과 대다수 국민들이 친중에서 반중주의로 돌아서면 중국에 어떤 득이 되겠는가.

중공은 동북공정으로 얻은 것이 무엇인가. 반중감정을 얻었을 뿐 중국의 25사가 존재하는 한 동북공정의 논리를 그대로 믿고 따를 사람은 아마도 한국인은 물론 세계의 어느 나라에도 없을 것이다. 그렇다면 중국은 막대한 인력과 예산을 투자해 만든 동북공정으로 인해 실질적으로 얻은 소득이 무엇인가. 진실은 영원하지만 거짓은 결국 사라지기 마련이기 때문에 동북공정은 길게 보면 득보다 실이 많은 것이다.

10. 동북공정 제안자, 주동자들을 처벌하고 완전히 없던 일로 백지화시켜야한다

중공의 동북공정은 지금도 진행형이다. 형식적으로는 끝났지만 그것의 오류를 인정하고 취소한 것이 아니기 때문에 이제는 그 논리에 따라서 중국의 역사교과서를 개편하는 공정에 착수했다. 이제 머지 않아 중국의 학생들은 중국고구려사, 중국고조선사를 역사교과서에서 배우면서 한국은 역사상 중국의 일부였다고 이해하게 될지도 모른다.

그러나 거짓은 반드시 드러나기 마련이고 진실은 언젠가 밝혀지기 마련이다. 한국민을 반중주의자로 만들고 중국민을 반한주의자로 형성하게 될 동북공정 이론은 한, 중 양국 어느 나라에도 도움이 되지 않는다.

중국은 앞으로 G2에서 G1이 되어 태평양을 향해 세계로 뻗어나가기 위해서는 한국을 친중 국가로 만들어야하고 그러기 위해서는 동북공정부터 백지화시켜야 한다. 중국이 겉으로는 한국을 우방이라고 하면서 내면적으로는 동북공정을 백지화시키지 않고 그러한 논리를 바탕에 깔고 외교를 한다면 중국과 한국은 물과 기름이 될 수밖에 없다.

중국의 한족이 우리 민족과 역사를 인정하고 존중하면서 한민족을 공존, 공생의 대상으로 인정할 때 발전하였고 억압과 탄압의 대상으로 생각할 때 그 국가는 쇠락하거나 멸망하였다.

고조선을 공격했던 한무제는 만년에 윤대조輪台詔를 내려 지난날을 후회하며 자신이 남긴 "멸망한 진나라의 자취(亡秦之跡)"를 답습하지 말라고 후손들을 경계하였다. 수양제는 고구려를 공격했다가 먼저 멸망했고 당태종은 고구려를 공격했다가 두고두고 후회했다. 이 것이 역사가 주는 교훈이다.

동북공정은 역사침략이고 역사침략은 남의 나라를 침략하는 가장 비열하고 잔인한 방법이다. 장자는 이런 비유를 말했다. "좀도둑은 남의 장롱을 뒤져서 귀고리, 목걸이를 훔치는데 큰 도둑은 나라를 훔친다"라고. 그런데 오늘의 중국공산당은 남의 나라 역사를 훔치려고 대든다. 이것은 장자가 말한 나라를 훔치는 것보다 더 큰 도둑이고 더 잔인하고 악랄한 방법이다. 국가와 민족을 한꺼번에 가져가는 것이 역사를 훔치는 행위이기 때문이다.

수 천년 동안 써내려온 한민족의 독자적인 역사를 중국 공산당은 왜 훔치려하는가. 한족 역사에 한민족의 역사를 갖다 부친다고해서 민족의 성격이 다르고 문화가 다른데 하루아침에 한족의 역사가 되겠는가. 현대 공산주의 논리로는 그것이 가능할지 몰라도 중국과 한국의 고대 역사적인 논리로는 그것이 불가능한 것이다.

중국대륙의 동쪽과 서쪽에서 두 축으로 각자 자랑스러운 역사를 가꿔온 동이족과 한족이 공생, 공존을 모색하는 길만이 한국과 중국이 다 함께 잘사는 길이다.

역사상에서 살펴보면 한민족이 중국의 주인이기도 하였고 한족이 중국의 주인기도 하였다. 한민족이 중국의 주인일 때 한족의 권위와 역사를 인정하였고 한족이 중국의 주인일 때 또한 한민족을 말살하지 하지 않고 그 역사와 전통을 인정하며 공존하였다.

그렇게 한족과 동이족은 때로는 경쟁하고 때로는 협조하면서 공존, 공생의 길을 걸어온 역사가 5,000년이다. 왜 공산당 정부 들어서서 우리 한민족의 역사를 말살하려는 파렴치한 행위를 하는 것인가.

이는 무식한 일부 홍위병세대 역사학자의 꼬임에 빠져 중국공산당이 정책적인 실수를 한 것이다. 그러나 과오는 누구에게나 있는 법이고 어떤 정권에서나 존재한다. 문제는 그것을 시정하면 되는 것이다. 공자가 말하지 않았는가. "군자와 소인의 차이는 과오를 인정하고 시정하느냐 과오를 감추고 변명하면서 고치지 않느냐에 달려 있다"라고.

한고조 유방이 평성의 백등산에서 흉노의 모돈천자에게 수모를 당하고 돌아와서 흉노를 공격하라고 잘못된 정책을 건의했던 10여 명의 신하들을 참형에 처했다. 이는 잘못된 정책을 더 이상 지속시키지 않겠다는 결연한 의지를 만천하에 천명한 것이다.

마찬가지로 중국공산당 정부도 처음에 동북공정을 하자고 제안하고 주동한 어용 학자 10여명을 골라 처형시켜야한다. 손진기, 유자민을 비롯한 일부학자는 이미 고인이 되었는데 이런 자들은 부관참시를 해서 죄를 물어야한다.

그리고 동북공정의 이론을 발전시켜 국사교과서에 게재해서 15억 중국인에게 거짓역사를 가르칠 계획을 할 것이 아니라 동북공정 이론을 완전히 백지화시키고 없던 일로 해야 한다. 그것이 중국의 한족이 세계에 존경받는 나라가 되는 길이고 조상들의 정신을 계승하여 부끄럽지 않은 자손이 되는 길이다.

중국은 이미 넓은 강토를 소유하고 있는데 한국의 영토까지 욕심을냈다가 목에 걸린 올가미가 되면 큰 몸뚱이가 절단날수도 있다는 사실을 왜 모르는가. 시진핑은 시간은 흐르고 역사는 변한다는 사실을 명심해야한다. 시진핑이 언제까지 권좌에 있을지, 중국공산당이 언제까지 중국을 지배하게 될지 아무도 모른다는 사실을 알아야한다.

인간의 수명은 길어야 100년을 넘지 않고 중국의 한족 정권은 길어야 300년을 넘지 않는다는 것이 역사가 전해주는 교훈이라는 사실을 되새겨야한다.

시진핑은 고조선을 공격했다가 "망진지적亡秦之跡"을 답습하지 말라고 경계한 한무제 유철과 고구려를 정벌했다가 후회했던 당태종을 상기하기 바란다. 고구려의 역사를 중국고구려가 아닌 한국고구려로 인정했던 모택동과 주은래를 배우기 바란다.

11. 중국은 역사상 한국의 일부였다

한민족의 조상인 동이민족이 만든 '동이문자'가 없었다면 오늘 중국의 한자는 없었고 한민족과 동이족의 시조인 복희가 없었다면 오늘 중국의 사상과 철학은 존재할 수 없었고 내몽고 적봉시의 홍산문화가 없었다면 오늘 중국의 황하문명은 존재할 수 없었다.

현대의 중국은 여진족인 청나라가, 서쪽은 신강에서 남쪽은 대만까지 드넓은 강역을 확보함으로써 광활한 강토를 소유하게 되었다.

그러나 역사상의 중국은 발해만을 차지한 발해조선민족이 중국의 선주민이었고 한족은 섬서성 서쪽 황토고원의 편벽한 지방을 차지한 보잘 것 없는 후진적인 약소국가에 불과했다.

현대의 중국은 『주역』이 중국철학이라고 말한다. 그러나 『주역』의 원류가 되어 중국철학의 기초를 닦은 것은 복희의 팔괘이다. 복희는 동이족 특히 조이족의 시조이고 조이는 한국인의 직계조상이다. 복희가 없었다면 오늘의 중국사상은 없었다. 중국철학은 역사상 동이사상, 한국철학의 아류였다.

용은 중국을 상징한다. 용문화는 중국 한족의 문화인 것으로 잘못 알려졌다. 한족의 근거지에서는 5,000년, 6,000년 전의 용이 발굴되는데 반하여 내몽고 적봉시 동이족의 활동중심지 홍산문화 유적에서는 8,000년 전의 용이 발견된다. 이는 발해연안의 홍산문화가 황하유역의 중국문명을 낳은 모태이자 시원임을 여실히 입증해준다.

한자라는 표현 속에는 중국의 한족이 만든 글자라는 뜻이 담겨 있다. 그러나 산동성에 살던 선진민족 동이족이 4,000년 전에 상형문자를 창조하지 않았다면 2,000년 전에 섬서성에 있던 후진국가, 신흥민족 한족이 한자를 만들 수 없었다.

영어를 미국인이 사용하지만 미국의 말, 미어라하지 않고 영국의 언어라는 뜻으로 영어라고 한다. 한자漢字도 원래 한자를 만든 민족은 동이족, 특히 조이족, 즉 한민족이므로 '이자夷字'라고 하거나 아니면 '한자韓字'라 하는 것이 사리에 맞다.

중국은 역사상에서 영토적으로 고조선의 일부였고 문화적으로 홍산문화의 지류였으며 사상적으로 복희의 아류였다. 시진핑이 말한 "한국은 역사상 중국의 일부였다"라는 말은 그것을 문헌적으로 고고학적으로 입증하기는 어렵다. 그러나 "중국은 역사상 한국의 일부였다"라는 말은 말장난이 아니다. 문화적으로 사상적으로 영토적으로 중국이 역사상 한국의 일부였다는 사실은 얼마든지 문헌과 고고학적으로 입증이 가능하다. 중국은 역사상 한국의 일부였다. 한국이 없었다면 오늘의 중국은 없다.

12. 시진핑 시대의 중국이 나아갈 방향

모택동은 수 천년 동안 중국의 정신세계를 지배해온, 전쟁을 싫어하고 인을 강조했던 공자를 과감히 버렸다. 그리고 역사를 계급투쟁의 시각에서 바라보고 피를 흘리는 폭력적 수단을 동원해서라도 공산혁명의 완수를 주장한 막스의 이념을 채택했다.

문화혁명이라는 기치를 내걸고 홍위병을 통해 무자비하게 추진한 비림비공 운동은 그러한 사실을 잘 설명해준다. 그러나 모택동의 홍위병을 통한 비림비공 운동은 중국을 하루아침에 예의와 염치의 나라에서 몰예의, 몰염치의 나라로 전락시키는 계기가 되었다.

등소평은 15억 중국인을 상대로 검은 고양이가 됐든 흰 고양이가 됐든 쥐만 잘 잡으면 된다고 하는 '흑묘백묘론' 을 공개적으로 설파했다. 중국인들에게 쥐 잘 잡는 고양이가 되라고 부추긴 등소평의 말은 "나물밥 먹고 물마시고 팔을 굽으려 베고 자더라도 즐거움이 그 안에 있으니 의롭지 않은 부와 귀는 나에게는 뜬구름 같은 것이다"라는 공자의 가르침과는 거리가 멀어도 너무나 먼 것이었다.

등소평의 '흑묘백묘론'에 따라 오늘날 중국인들은 의와 불의를 따지지 않고 오로지 쥐 잘 잡는 고양이가 되기 위해 매진한 결과 인간이 만물의 영장이 아닌 경제적 동물로 타락되어 가고 있다.

강택민, 호금도는 등소평의 '흑묘백묘론'에 따라 신장된 국력을 바탕으로 중국대륙과 강토를 맞대고 있는 이웃나라들에 대한 역사의 탈취를 꾀하였다. 티베트, 위구르에 대한 서북공정과 한국에 대한 동북공정이 그것이다.

중국은 지난 역사상에서 이웃나라에 대해 존화양이尊華攘夷나 이이제이以夷制夷 정책을 써서 중화중심의 민족주의를 지향해왔으며 아예 다른 나라의 역사를 중국역사에 편입시키려고 시도한 적은 없다.

국가와 민족을 피한방울 흘리지 않고 통째로 가져가기 위해 한국의 역사를 중국의 역사에 편입을 시도하는 중공의 동북공정은 공산당이 아니면 감히 꿈도 꾸기 힘든 무지하고 무모하며 무자비한 발상이다.

오늘날 시진핑은 동북공정의 연장선상에서 한국이 역사상 중국의 일부였다는 발언을 공개적으로 하였다. 공자의 『춘추』나 좌구명의 『좌전』, 『전국책』, 사마천의 『사기』, 진수의 『삼국지』, 반고의 『한서』, 범엽의 『후한서』에 고조선은 중국의 일부라고 말한 사실이 없다.

『구당서』, 『신당서』에 고구려가 중국의 지방정권이라고 말한 기록이 없다. 『송사』에 고려가 중국의 일부라고 말한 사실이 없다. 『명사』에 이씨조선이 명나라의 일부라고 말한 사실이 없다. 왜 중국의 25사에서는 한민족이 중국의 소수민족이고 고조선, 고구려가 중국의 지방정권이라고 말한 사실이 없는데 오늘날의 중국공산당 정권은 고조선, 고구려가 중국의 지방정권이고 한민족이 한족의 소수민족이며 한국이 역사상 중국의 일부였다라고 주장하는가.

시진핑 시대의 중국은 이제 달라져야한다고 본다. 공자를 쫓아내고 막스를 받아들여 문화파괴를 위한 문화대혁명을 자행한 모택동의 정신을 계승할 것이 아니라 홍위병이 파괴한 문화 복구를 위한 문화대혁명을 일으켜야한다.

쥐만 잘 잡으면 된다는 '흑묘백묘론'으로 인간을 동물적 인간, 경제적 동물로 타락시킨 등소평의 고양이 철학을 연장시킬 것이 아니라 예의와 염치를 소중히 여겼던 중국의 전통정신을 회복하는데 힘을 기울여야 한다.

강택민, 호금도가 획책한, 이웃나라의 역사를 강탈함으로써 그들이 수 천년 동안 소중히 지켜온 국가와 민족을 한입에 삼켜버리려는 악마의 꿈을 키울게 아니라 어떻게 하면 중원을 잠시 임차한 주인으로서 주변의 이웃나라들과 평화롭게 공존할 수 있는지 그 길을 모색해야한다. 이것이 오늘 시진핑의 중국이 나아가야할 방향이다. 이것이 오늘의 중국이 10년 후 세계의 제 1등 국가로 올라설 수 있는 유일한 대안이자 최선의 방법이다.

한뿌리사랑세계모임 발표자료

제5장

"한국은 역사상 중국의 일부였다" 라고 망언한

시진핑 주석에게 보낸 공개질의서

한글본

시진핑 중국 국가주석에게 보내는 공개질의서

한국사가 중국사에 귀속된다는 주장은 중국의 동북공정이 만들어낸 허무맹랑한 이론이다. 따라서 중국정부는 이를 학계의 일부 의견일 뿐 정부의 공식 입장이 아니라고 일관되게 부인해 왔다. 그런데 이번에 시진핑 중국 국가주석이 "한국은 역사적으로 중국의 일부였다"라는 발언을 한 것으로 전해지므로서 동북공정이 중국정부가 주도한 역사침탈의 마수였다는 사실이 만천하에 드러났다.

특히 시주석이 미, 중 정상회담에서, 사드의 한국배치를 저지하기 위한 명분으로 동북공정의 조작된 역사이론을 활용했다는데, 문제의 심각성이 있다. 이는 한국의 1만년 주권국가에 대한 역사침략이자 동아시아 문명의 종주국인 한국의 영토주권에 대한 중대한 도전으로서 8천만 우리 한민족은 이를 결코 묵과하지 않을 것이다.

그러면 시주석이 한국민의 자존심을 건드리는 이런 망언을 하게 된 숨은 의도가 무엇이었을까? 그것은 한반도에 중국의 역사적 연고

권을 제기함으로써 남한의 사드배치문제에 대해 중국도 관여할 권리가 있다는 점을 은연 중 트럼프에게 인식시키기 위한 포석이었다고 본다. 이에 우리는 시주석의 근거 없는 망언을 규탄하고 한국사의 진실을 국, 내외에 알리기 위해 다음과 같이 공개질의를 하니 답변해주기 바란다.

첫째 한무제漢武帝시대에 고조선의 서쪽 영토 일부가 중국의 한사군漢四郡 지역으로 편입된 적이 있다. 그러나 이때의 한사군은 오늘날의 한반도 지역이 아닌 중국의 하북성 북경시 부근이었다. 그것은 『전한서前漢書』에 "동쪽으로 갈석산을 지나서 현도, 낙랑군을 설치했다(東過碣石 以玄菟樂浪爲郡)"라는 기록이 잘 증명한다. 한사군이 한반도를 중심으로 설치되어 중국 영토의 일부로 되었다고 주장하는 것은 일본의 식민사관과 중국의 동북공정이 조작한 이론이며 역사의 진실이 아니다.

오늘날의 남, 북한 지역이 역사상에서 중국 한족정권의 직접 지배를 받은 적은 단 한 차례도 없었다. 시주석은 한반도가 중국 한족정권의 일부가 된 사실을 문헌적으로 증명할 수 있는 확실한 근거가 있다면, 제시해주기 바란다. 다만 송대宋代 이전의 자료여야 한다. 명, 청시대의 자료는 역사왜곡이 많기 때문이다.

둘째 『산해경山海經』에는 발해의 모퉁이, 즉 지금의 발해만 일대에 고조선이 있다고 말했다. 송대에 국가에서 편찬한 『무경총요武經總要』를 보면, 북경 북쪽에 조선하朝鮮河가 있다고 기록되어 있다. 송대의 4대 사서四大史書 중의 하나인 『태평환우기太平寰宇記』에는 지금의 하북성 진황도시 노룡현盧龍縣에 조선성朝鮮城이 있었다고 실려 있다. 1,500년 전 선비족 모용은慕容恩의 비문에는 하북성의 북경 부근에서 고조선이 건국되었다고 적혀 있다. 지금 중국의 수도가 있는 북경 일대는 일찍이 고조선의 영토였으며, 한 무제가 이 지역을 침략하여 잠시 한사군을 설치했으나 광개토대왕이 다시 회복하여 고구려의 영토가 되었다.

수양제隋煬帝는 제1차 고구려 정벌에 나서면서 내린 '벌고구려조서伐高句麗詔書'에서 "고구려의 보잘 것 없는 무리들이 혼미하고 불공스러워 발해와 갈석산의 사이에 모여서 살고 있다(高麗小醜 昏迷不恭 崇聚渤碣之間)"라고 말했다. 수나라가 정벌한 고구려가 당시에 한반도 지역에 있었다면 수양제가 어떻게 고구려를 가리켜서 "발해와 갈석산의 사이에 모여서 살고 있다"라고 말할 수 있었겠는가.

수양제는 고구려와의 1차 전쟁에서 실패하고 돌아온 이후 요해, 즉 발해에서 전쟁에 참여했다가 사망한 장졸들의 시신을 거두어 장사지내주라는 '수장요해전망조收葬遼海戰亡詔'를 내렸다. 수나라 군대가 한반도에서 싸우다가 죽었다면, 수양제가 어떻게 발해에서 싸우다가 죽은 장졸들의 시신을 거두어 장사지내주라는 조서를 내렸겠는가.

당태종은 고구려의 친정親征에 나서면서 그가 손수 작성한 수조手詔를 내렸는데 "요수와 갈석산에 가서 죄를 묻겠다(問罪遼碣)"라고 말했다. 남북조시대의 대표적인 학자 유신庾信은 요수를 가리켜 하북성 남쪽 보정시保定市 역현易縣의 역수易水라고 했고, 『사기史記』 소진열전蘇秦列傳에는 역수 유역에 갈석산이 있다고 하였다. 당태종의 "요수와 갈석산에 가서 죄를 묻겠다"는 말로 볼 때, 당시 고구려의 서쪽 강역은 오늘날 하북성 보정시 역현의 역수유역, 백석산 일대에 걸쳐 있었던 것이 확실하다. 또한 남송 때 학자 왕응린王應麟(1233-1296)은 『통감지리통석通鑑地理通釋』에서 "당나라의 안동도호부安東都護府가 하북성 창려현昌黎縣에 설치되었다"고 말했다.

오늘날은 우리민족이 압록강을 경계로 중국과 국경을 마주하고 있다. 하지만 송대 이전의 중국문헌에 의하면 고조선과 고구려시대에는 하북성 남쪽 역수유역을 경계로 중국과 국경을 마주하였고, 북경지역은 고조선과 고구려의 영토 안에 포함되어 있었다. 그렇다면 지금 중국의 수도 북경은 역사적으로 한국영토의 일부였다는 논리가 가능하다. 시주석은 이에 대해 어떻게 생각하는지 답변해주기 바란다.

셋째 일본은 대만을 50년 동안 통치했고 중국 또한 한동안 일본의 지배를 받았다. 그러나 아무도 대만이나 중국이 역사적으로 일본의 일부였다고 말하지 않는다. 만약 아베가 트럼프를 만나 대만과 중국이 역사적으로 일본의 일부였다며 역사적 주권을 제기한다면 세계적인 웃음거리가 될 것이다.

시주석은 동북공정에 의해 날조된 역사인식에 기초해 미, 중 정상회담에서 한국이 중국의 일부였다는 전혀 근거 없는 주장을 함으로써 한국인의 권위와 한국의 국격을 세계적으로 추락시켰다. 이것이 과연 우방의 국가 지도자로서 정당한 발언이었다고 생각하는지 답변해주기 바란다.

넷째 시주석은 혹시 명, 청시대에 조선이 중국의 속국이나 다름없었다는 점을 염두에 두고 이런 망언을 했는지 모른다. 그러나 일찍이 고아가 되어 머슴살이와 승려노릇을 하며 떠돌이 생활을 하다가 중국의 황제가 된 명태조明太祖 주원장朱元璋은 그의 증조부 이상의 선조가 누구인지 전혀 알지 못했다. 주원장은 오히려 동이계東夷系의 혈통을 이어받은 인물일 가능성이 많다. 그렇다면 주원장이 한족이고 명나라가 한족 국가라고 주장할 근거는 전혀 없다.

그리고 청나라의 뿌리는 금金나라이고 금나라의 뿌리는 신라에 닿아 있다. 신라인 김함보金函普가 금나라를 세운 아골타阿骨打의 시조라는 사실이『금사金史』본기本紀에 수록되어 있다. 시주석의 논법에 따르면 중국의 청나라는 신라의 일부였다는 논리의 성립이 가능하다고 보는데, 이 점에 대해 시주석은 어떻게 생각하는지 답변을 듣고 싶다.

다섯째 오늘의 중국역사는 한족의 역사가 아니라 화하족華夏族과 동이족東夷族이 공동으로 이룩한 역사이다. 화하족과 동이족은 동과 서로 나뉘어 두 축을 형성하면서 중국역사를 이끌어 왔다. 이 양자 중에 중국역사의 시원은 어디이며 원조는 누구인가?

동이족의 시조는 복희伏羲로 상징되고 화하족의 시조는 황제黃帝로 상징된다. 그런데 복희를 이어서 신농씨神農氏가 나오고 신농씨를 이어서 황제가 등장했다고『주역周易』계사繫辭에 적혀 있다. 동이족의 복희가 중국문화의 아버지라는 사실을『주역』이 입증하고 있다.

고구려의 고분벽화에는 복희가 등장한다. 우리 한민족은 화하족의 시조 황제보다 수천 년 앞서 중원의 주인이었던 복희의 직계 후손이다. 우리 동이민족은 시조인 복희가 발해만 유역에서 오늘 중국문명의 기초를 닦았다. 그러므로 엄격히 말한다면 동이족이 중국의 원주인이고 화하족은 침입자요 외세라고 말할 수 있다. 외세, 침입자가 주인행세를 하면서 옛 주인의 흔적 지우기에 나선 것이 중국의 동북공정이라고 보는데, 시주석은 이 점에 대해 어떻게 생각하는지 답변해주기 바란다.

끝으로 한국과 중국의 역사문제는 매우 민감한 사안이다. 이번 시주석의 망언으로 인해 상처받은 한국민을 위로하는 의미에서 이상의 질의에 대해 성실히 답변에 임해주길 기대한다. 격분한 8천만 한민족이 현재 중국의 수도인 북경의 옛 주인으로서 역사적 연고권을 내세우며 고조선과 고구려 시대의 역사영토와 역사주권을 되찾겠다고 분연히 일어선다면, 중국으로서도 달가운 일은 아닐 것이기 때문이다.

2017년 4월 24일

● 대동재단 바른역사정립위원회

대표 심백강(민족문화연구원장), 허신행(전 농림수산부 장관)

회원 강대일, 강태욱, 강희복, 고장곤, 김균하, 김기선, 김병옥, 김부언, 김선용, 김승숙, 김승원, 김영인, 김용성, 김재철, 김주근, 김혜련, 김홍선, 나영철, 나윤석, 남덕인, 문일석, 박계옥, 박신철, 박성철, 박정란, 박현정, 성인제, 손정미, 손희종, 송재복, 신용섭, 심재철, 심재홍, 양재길, 엄재목, 오인숙, 윤혜숙, 이갑주, 이강근, 이두원, 이영준, 이정하, 이철기, 이형모, 이희관, 임정면, 임홍명, 장설매, 정근택, 정금란, 정기태, 정승근, 정현서, 조안석, 조영규, 조은정, 최중일, 한승현, 홍가이, 황광구, 황병수   이상 63명

2

· · ·

致中国国家主席习近平的公开质疑书

将韩国史归属于中国史这一主张，是中国东北边疆历史与现状系列研究工程提出的荒诞无稽的理论。因此中国政府对此一直持否认态度，表示"这只是学界的个别意见，而非政府的官方立场"。但这次中国国家主席习近平发言称"韩国历史上曾是中国的一部分"，这等于告诉全世界，东北边疆历史与现状系列研究工程是中国政府主导的侵夺历史的魔爪。

尤其是习主席在中美会谈中，以阻止萨德入韩的名义，使用东北边疆历史与现状系列研究工程捏造的历史理论，问题非常严重。这是对韩国一万年主权国家历史的侵略，同时也是对东亚文明的宗主国韩国领土的重大挑战，我们八千万的韩民族是绝对不会对此视而不见的。

那么习主席提出这种伤害韩国国民自尊心的谬言，有什么用意呢？可以说是通过提出中国对朝鲜半岛的历史地域权，为在不知不觉中使特朗普认识到中国对韩国的萨德部署问题也有干涉的权利。对此，我们为了指正习主席毫无根据的谬言，併告訴韓國史的眞實國內外，公開質疑如下，希望习主席能对下列的质疑，予以答复。

第一，汉武帝时期，古朝鲜西部的部分领土曾被划为中国的汉四郡地区。但当时的汉四郡并非今天的朝鲜半岛地区，而是中国的河北省、北京市附近。这一点《前汉书》中"东过碣石以玄菟、乐浪为郡"可以很好地证明。将汉四郡设为朝鲜半岛的中心，是中国领土的一部分，这一主张是日本殖民史观和中国东北边疆历史与现状系列研究工程捏造的理论，并非历史的 眞實。

今天的朝鲜、韩国地区，在历史上从未受过中国汉族政权的直接统治。对于朝鲜半岛曾是中国汉族政权的一部分，如果习主席能够找出证明这一点的文献，有确凿的证据的话，希望能提出来。但只能是宋代之前的资料。因为明清时期的很多资料都在歪曲历史。

第二，《山海经》中曾提到，渤海的拐角，即现在的渤海湾一带是古朝鲜。从宋代国家编纂的《武经总要》来看，曾记载在北京北部有个朝鲜河。宋代的四大史书之一《太平寰宇记》中也记载了，现在的河北省秦皇岛市卢龙县有过一个朝鲜城。在1,500年前鲜卑族慕容恩的碑文上，也刻有古朝鲜在河北省北京附近建国。现在中国的首都北京一带早先曾是古朝鲜的领土，汉武帝侵略这个地区，暂时设了汉四郡，但广开土大王重新收复后，这里便成了高句丽的领土。

在隋炀帝第一次征伐高句丽时下达的《伐高句丽诏书》中，曾提到"高丽小丑，昏迷不恭，崇聚勃，碣之间"。如果隋朝征伐的高句丽当时是在朝鲜半岛地区的话，隋炀帝怎会说"崇聚勃，碣之间"呢？

隋炀帝在与高句丽的第一次战争中失败回来之后，下达了《收葬辽海战亡诏》，要求收拾在参加辽海即渤海的战争中死亡的将士们的尸身，举办葬礼。如果隋朝军队在朝鲜半岛打仗死亡的话，隋炀帝怎会下达诏书要求收拾在渤海打仗死亡的将士们的尸身举行葬礼呢？

唐太宗亲征高句丽时，下达了他亲手写的诏书，诏书中说"问罪辽碣"。南北朝时期的代表性学者庾信曾说，辽水是河北省南部保定市易县的易水，《史记，苏秦列传》中曾记载，碣石山在易水流域。从唐太宗"问罪辽碣"这句话来看，可以确定当时高句丽西部疆域，横跨今天的河北省保定市易县的易水流域和白石山一带。并且南宋学者王应麟(1233-1296) 在《通鉴地理通释》中记载"唐朝的安东都护府，设在河北省昌黎县"。

今天，我们民族以鸭绿江为界与中国国境相望。但从中国宋代之前的文献来看，在古朝鲜和高句丽时期，我们与中国的国界则是河北省南部易水流域，而北京地区则包含在古朝鲜和高句丽领土之内。那么 说现在中国的首都北京，历史上是韩国领土的一部分，这一逻辑也是成立的。希望习主席能对此谈一下看法。

第三，日本统治台湾50年，中国曾有一段时间也受日本统治。但没有人说台湾和中国历史上曾是日本的一部分。如果安倍与特朗普会面，说台湾和中国历史上曾是日本的一部分，提出历史主权的话，肯定会成为世界的笑柄。

习主席以东北边疆历史与现状系列研究工程捏造的历史认识为基

础，在中美会谈中说韩国曾是中国的一部分，这一毫无根据的主张，使韩国人的权威和韩国的国格，在国际上颜面尽失。那么请您回答，您认为这是一个作为友邻的国家领导人的正当发言吗？

第四，不知道习主席是不是因为觉得在明清时代，朝鲜就和中国的附属国没什么区别，所以才出此谬言。但是，早孤家贫，做过长工和僧侣，过着流浪汉的生活，后来成为中国皇帝的明太祖朱元璋，他曾祖父以上的祖先是谁没有人知道。朱元璋很有可能还是继承东夷系血统的人物。因此没有证据能证明朱元璋是汉族，明朝是汉族国家。

而且清朝根于金朝，而金朝则是根于新罗。新罗人金函普是建立金朝的阿骨打的祖先，这一史实收录在《金史，本纪》中。根据习主席的说法，那么中国的清朝是新罗的一部分，这一逻辑也可以成立，想听一下习主席对此怎么看。

第五，今天中国的历史不是汉族的历史，而是华夏族和东夷族共同創造的历史。华夏族和东夷族分为东和西，形成两个核心，引领中国历史发展至今。在这两者中，中国历史的始源是哪里，始祖又是谁呢？

东夷族的始祖是伏羲，华夏族的始祖是黄帝。但《周易，系辞》中记载说，伏羲之后是神农氏，神农氏之后才是黄帝。《周易》中证明了东夷族的伏羲是中国文化之父的事实。

而伏羲曾出现在高句丽的古墓壁画中。我们韩民族是伏羲的直系子孙，而伏羲是比华夏族始祖黄帝还要早数千年的中原的主人。我们东夷民族的始祖伏羲在渤海湾流域，建立了今天中国文明的基础。因此严格来说，东夷族可以说是中国的原住民，而华夏族则是入侵的外来势力。外来势力、入侵者以主人自居，抹去以前主人的痕迹，这就是中国的东北边疆历史与现状系列研究工程，请习主席说一下对此有什么看法呢？

最后，韩国与中国的历史问题非常敏感。希望习主席能够诚实回答以上的质疑，以安慰因您的谬言而受伤的韩国国民。激愤的八千万韩民族作为中国首都北京的原住民，如果愤然站起提出历史地域权，找回古朝鲜和高句丽时期的历史领土和历史主权的话，对中国来说并非是件甘心接受的事情吧！

2017年 4月 24日

大同财团 真实历史定立委员会

● 大同财团 真实历史定立委员会

代表　沈伯纲(民族文化研究院院长), 许信行(前农林水产部部长)

成员　姜大溢, 姜泰昱, 姜熙福, 高张琨, 金均河, 金气善, 金丙玉, 金富言, 金善形, 金承淑, 金丞院, 金仁营, 金龙成, 金材哲, 金主根, 金惠联, 金泓善, 罗映哲, 那尹锡, 南德仁, 文逸硕, 朴系钰, 朴信铁, 朴岭哲, 朴郑兰, 朴贤正, 成仁济, 孙正美, 孙喜棕, 松材福, 申用燮, 沈修货, 沈在尹, 梁财吉, 严材木, 吴仁淑, 尹惠淑, 李甲主, 李江根, 李头原, 李英俊, 李正河, 李铁具, 李形模, 李喜官, 任贞勉, 林洪明, 张设梅, 郑根宅, 郑金兰, 郑基太, 郑承近, 郑贤书, 赵安石, 赵营规, 曹银政, 崔中逸, 韩承现, 烘可利, 黄光求, 黄炳寿 63人

3

• • •

영문본

An Open Questionnaire
to Chinese President Xi Jinping

The allegation that the Korean history belongs to that of China is a preposterous and untenable theory concocted with China's Northeast Project. Hence, the Chinese government has been consistent in denying any involvement in the theory by insisting that the project is no more than the opinion of some scholars and never be the official stance of the Chinese government. However, when the news had it that Chinese President Xi Jinping made remarks that Korea historically used to be a part of China, the whole world witnessed the true face of the Chinese government as the mastermind behind China's Northeast Project.

In particular, what matters most is the fact that the Chinese president exploited the fabricated history theory as an excuse to hold back the deployment of the THAAD anti-missile system in

Korea in the US-China Summit. It is not just a historical invasion to a sovereign nation with ten thousand years of history as well as a consequential challenge to Korea's territorial sovereignty. Thus, 80 million citizens of Korea will not tolerate such a challenge.

After all, what was the cloaked intention underpinning the absurd remarks that hurt the pride of the Korean? It seems that the remarks were a strategic move to tacitly impress the Chinese right to get involved in the THAAD deployment in South Korea on Trump by raising the issue of historic preemptive rights over the Korean Peninsula. With a view to denounce his chimerical remarks and show people around the globe the truth about the Korean history, we hereby present Chinese President Xi Jinping with this open questionnaire and ask him to answer:

First, a piece of western territory of Gojoseon was once incorporated into the Four Commentaries of Han (漢四郡) during the era of Emperor Wu of Han (漢武帝). The Four Commentaries of Han at the time, however, was not situated in the present day Korean Peninsula but Beijing City in Hubei Province. The fact is further proved by the record of the History of the Former Han Dynasty (前漢書), saying "crossing Jieshishan, Xuantu Commandery and Lelang Commandery were established (東過碣石 以玄菟樂浪爲 郡)." The allegation that the Four Commentaries of Han was founded centering on the Korean peninsula is a fake theory forged by both the Japanese Imperialism reflected on the Korean history and China's Northeast Project and it has never been a genuine part of history.

The present South and North Korean territories have never been under direct control of Chinese Han regime. We ask you to present any solid documentary evidences that prove that the Korean Peninsula has ever been a part of Chinese Han regime. However, it should be limited to the resources prior to the Song Dynasty for the Ming-Qing Dynasties are likely to be marred with historical distortion.

Second, according to Shan Hai Jing (The Classic of Mountains and Seas, 山海經), Gojoseon was located at the corner of Balhae, or the present day Bohai Bay. The Wujing zongyao (武經總要) complied by the Song government said that there was Joseon River(朝鮮河) on the northern part of Beijing. Also, Taiping huanyu ji (太平寰宇記), one of the Four Major Literature of the Song Dynasty, indicated that Joseon Fortress (朝鮮城) was located at Lulong County, Qinhuangdao City, in northeastern Hubei Province. On the 1,500 year-old epitaph of Seonbijok (鮮卑族) person named Mo Yong-eun (慕容恩) also stated that Gojoseon was founded around Beijing in Hubei Province. The area around Beijing, the current capital city of China, was originally the territory of Gojoseon, and Han Emperor Wu invaded the area and established the Four

Commanderies of Han for a while before recovered by King Gwangggaeto of Goguryeo to be ruled under his reign.

According to the Imperial Sanction to Punish Goguryeo (伐高句麗詔) issued by Emperor Yang of Sui (隋煬帝) on his first conquest of Goguryeo, the emperor said, "a trifling pack of Goguryeo are chaotic and impious and they live side by side between Balhae and Jieshishan (高麗小醜 昏迷不恭 崇聚渤碣之間)." If Goguryeo was at the present day location of the Korean Peninsula, how could he state that Goguryeo people lived side by side between Balhae and Jieshishan?

After his failure in the first war against Goguryeo, the emperor returned to China and issued an imperial edict to recover the bodies of commanders and soldiers who died in the battles in Yaohai or, in other words, Balhae and hold funerals (收葬遼海戰亡詔) for them. If Sui's armies were killed in the Korean Peninsula, how could he make an imperial edict to recover the bodies of commanders and soldiers who had fought and been killed in Balhae and hold funerals for them?

Setting out on the conquest of Goguryeo, Emperor Taizong of the Tang Dynasty issued a hand-written edict, which said, "I will go and inquire a guilt at Jieshishan (碣石山) and Liao Shui(遼水)." Yu Xin, a prominent scholar in the Period of North and South Dynasties referred Liao Shui as Yi Shui (易水) of Yi county in Baoding, Hebei, while the Biography of Su Qin (蘇秦列傳) in the

Record of the Grand Historian(史記) indicated that Jieshishan(碣石山) is nestled around the basin of Yi Shui(易水). The remarks made by Emperor Taizong of the Tang Dynasty, "I will go and inquire a guilt at Jieshishan (碣石山) and Liao Shui(遼水)," make it clear that the western territorial demarcation should extend to Yi Shui region of Yi county in Baoding, Hebei. Wang Yinglin (王應麟, 1233-1296), scholar of Sung Dynasty, mentioned in Tongjian dili tongshi(通鑑地理通釋) that the Protectorate General to Pacify the East (安東都護府) of Xing Dynasty was established in Changli county in Qinhuangdao, Hubei.

Today our people border China along the Amrok River. According to the Chinese literature written before Song Dynasty, however, during the periods of Gojoseon and Goguryeo, Yi Shui region on the southern Hebei served as a boundary to demarcate the territoty between Korea and China, while Beijing fell within the territory of Gojoseon and Goguryeo. If so, it logically holds true that Beijing, the current capital city of China was historically a part of Korea. We would like to hear your thoughts on this point.

Third, Japan ruled Taiwan for five decades and also took control of mainland China for a while.

However, no one would dare to say Taiwan or People's Republic of China were historically parts of Japan. If you meet Trump and raise the issue of historical sovereignty that Taiwan or China were historically parts of Japan, you would become a scoff of the world.

You have disgraced the dignity of Korean people with your groundless allegation that Korea was a part of China based on fabricated historical recognitions with the Northeast Project in the US-China Summit. We would like to ask you if you think it was proper for the leader of an allied nation to make such remarks.

Fourth, perhaps, you may have considered that Joseon was almost a subject state during the Ming-Qing Dynasties to make such absurd remarks. But Zhu Yuanzhang (朱元璋), Emperor of Ming Dynasty lost his parents early and wandered around as a farmhand and monk and he never knew his ancestral root above his great grandfather. It is likely that Zhu Yuanzhang is a person who came from a breed of the so-called East Bararian Dongi race. Then there is no basis to arguet that Zhu Yuanzhang is the Han race and Ming Dynasty is a country established by the Han race.

Also, the origin of Xing Dynasty could be traced back to Jin (金) Dynasty, which stemmed from Silla Kingdom. The imperial biographies (本紀) of the history of the Jin Dynasty (金史) specifies that Kim Hambo (金函普) with Silla nationality is the founder of Jin Dyansty, Wanyan Aguda (阿骨打). In line with your argument, it is possible to assert that Xing Dynasty of China was a part of Silla. We also would like to hear from your idea.

Fifth, the history of China is not an exclusive history of Han race but the mutually-established history of Huxia people (華夏族) and East Barbarian people (東夷族). Huxia people and East Barbarian people have led the history of China as the two axis points on the East and the west, respectively. Between the two which people is the original and who is forerunner to establish the Chinese history?

The symbolic founder of East Barbarian people is Fuxi(伏羲). whereas the originator of Huxia people is regarded as Huang Di or Yellow Emperor(黃帝). According to Xici (繫辭) of Zhouyi (周易), Shennong-shi (神農氏) succeeded Fuxi and Huang Di actually took place of Shennong-shi. Zhouyi(周易) corroborated the fact that Fuxi(伏羲) of East Barbarian people was the father of the Chinese culture.

Fuxi was featured in the mural paintings of Goguryeo, The Korean people are the direct descendants of Fuxi who ruled the Zhongyuan or the Central Plain several thousand years prior to Huang Di(黃帝), the founder of Huxia. The founder of East Barbarians, Fuxi laid a foundation for today's Chinese civilization in Bohai Bay area. Strictly speaking, therefore, East Barbarian people (東夷族) are the original owner of China and Huaxia people could be called invaders and foreign power. China's Northeast Project can be viewed as an attempt of the aliens or invaders to assume a role of a legitimate owner and to remove any signs of the former owner. And we would like to hear from you regarding this point.

Last, the historical issues between Korea and China are very sensitive ones. We expect that you would provide us with earnest answers to the questions posed for the sake of consoling the Korean people hurt by your absurd remarks. If the enraged 80 million Korean people indignantly gather together and ask for the return of the historic territory and sovereignty based on historical preemptive rights, it would not be a welcoming event for China as well.

April 24, 2017

• Committee for Correct History Establishment, Daedong Foundation

Chairperson   Shim Baek-kang (Director of Research Institute of Korean Studies),
Huh Sin-haeng (Former Minister of Agriculture, Forestry and Fishery)

Members   Kang Dae-il, Kang Tae-wook, Kang Hee-bok, Ko. Jang-gon, Kim Kyun-ha, Kim Ki-sun, Kim Byung-ok, Kim Boo-eon, Kim Sun-hyung, Kim Seung-sook, Kim Seung-won, Kim In-young, Kim Yong-sung, Kim Jae-chul, Kim Ju-geun, Kim Hye-ryeon, Kim Hong-seon, Nah Young-cheol, Na Yoon-seok, Nam Du-kun, Moon Il-seok, Park Gye-ok, Park Sin-chul, Park Young-chul, Park Jung-ran, Park Hyun-jung, Sung In-jae, Son Jung-mi, Son Hee-jung, Song Jae-bok, Shin Yong-sub, Sim Soo-hwa, Shim Jae-yun, Yang Jae-gil, Um Jae-mook, Oh In-sook, Yoon Hye-sook, Lee Gab-ju, Lee Kang-geun, Lee Doo-won, Lee Young-jun, Lee Jung-ha, Lee Chul-gu, Lee Hyung-mo, Lee Hee-kwan, Lim Jeong-myeon, Lim Hong-myung, Jang Seol-mae, Jung Geun-taek, Jung Geum-ran, Jung Ki-tae, Jung Seung-geun, Jung Hyeon-seo, Cho An-seok, Cho Young-kyu, Jung Il, Han Seung-hyun, Hong Kai, Hwang Kwang-gu, Hwang Byung-soo: as above total 63 persons

중국 역사 연표

夏	约公元前 2070—约公元前 1600	南北朝	北朝	北魏	公元 386 年—公元 534 年
商	约公元前 1600—约公元前 1046 年			东魏	公元 534 年—公元 550 年
周 西周	约公元前 1046 年—公元前 771 年			北齐	公元 550 年—公元 577 年
周 东周	公元前 770 年—公元前 256 年			西魏	公元 535 年—公元 557 年
周 春秋	公元前 770 年—公元前 476 年			北周	公元 557 年—公元 581 年
周 战国	公元前 475 年—公元前 221 年	隋			公元 581 年—公元 618 年
秦	公元前 221 年—公元前 206 年	唐			公元 618 年—公元 907 年
汉 西漢	公元前 206 年—公元 9 年	五代十国	后梁		公元 907 年—公元 923 年
汉 新	公元 9 年—公元 24 年		后唐		公元 923 年—公元 936 年
汉 东漢	公元 25 年—公元 220 年		后晋		公元 936 年—公元 946 年
三国 魏	公元 220 年—公元 265 年		后漢		公元 947 年—公元 950 年
三国 蜀	公元 221 年—公元 263 年		后周		公元 951 年—公元 960 年
三国 吴	公元 222 年—公元 280 年		十国		公元 902 年—公元 979 年
西晋	公元 265 年—公元 316 年	宋	北宋		公元 960 年—公元 1127 年
东晋十六国 东晋	公元 317 年—公元 420 年		南宋		公元 1127 年—公元 1279 年
东晋十六国 十六国	公元 304 年—公元 439 年	遼			公元 907 年—公元 1125 年
南北朝 南朝 宋	公元 420 年—公元 479 年	西夏			公元 1038 年—公元 1227 年
南北朝 南朝 齐	公元 479 年—公元 502 年	金			公元 1115 年—公元 1234 年
南北朝 南朝 梁	公元 502 年—公元 557 年	元			公元 1279 年—公元 1368 年
南北朝 南朝 陈	公元 557 年—公元 589 年	明			公元 1368 年—公元 1644 年
[注]十国包括：前蜀、后蜀、吴越、闽、楚、吴、荆南（南平）、南漢、北漢、南唐		清			公元 1644 年—公元 1911 年
		中華民国			公元 1912 年—公元 1949 年

저자 심백강

역사학박사 / 민족문화연구원장

서구에서 엘빈토플러가 『제3의 물결』을 외칠 때 『제3의 사상 - 신자유주의와 제3의 길을 넘어서 -』를 썼다. 새천년 인류의 새로운 패러다임을 제시한 동양권의 유일한 저작이다.

『퇴계전서』, 『율곡전서』, 『조선왕조실록』 등 한국의 주요 고전들을 번역한 국내 굴지의 한학자이자 동양학자이다. 『이야기로 배우는 동양사상』, 「불교편」, 「유가편」, 「도가편」은 동양사상의 대중화에 크게 기여했다. 한 학자가 유, 불, 도 삼교사상에 두루 정통하여 이를 각각 한권의 책으로 펴낸 것은 한, 중, 일 삼국을 통틀어 보기 드문 일이다.

『사고전서』는 청나라에서 국력을 기울여 편찬한 근 8만권에 달하는 사료의 보고다. 『사고전서』의 사료적 가치를 국내에 처음 소개하여 한국고대사 연구의 새장을 열었다. 최근에 저술된 『사고전서 사료로 본 한사군의 낙랑』, 『잃어버린 상고사 되찾은 고조선』, 『교과서에서 배우지 못한 우리역사』는 『사고전서』를 바탕으로 강단사학과 재야사학을 넘어 한국 고대사의 체계를 새롭게 세웠다는 평가를 듣는다.

청와대 대통령실, 중앙공무원교육원 고위정책과정, 교육부 한일역사공동위원회, 경기도 교육청, 충남도청, 장성군청, 거제시청, 인간개발연구원, 동북아역사재단, 한국교원대학교, 한국학중앙연구원, 국정원, 국학원 국민강좌, KBS1TV 아침마당, KBS2TV 등에서 특강을 하였다.

중국은 역사상 한국의 일부였다

초판1쇄 발행 2021년 8월 26일
초판2쇄 발행 2021년 9월 17일
초판3쇄 발행 2024년 11월 15일

지은이 심백강
발행인 육 일
편 집 고 연
인 쇄 서울컴
펴낸곳 바른역사
주 소 서울시 서초구 반포대로23길 13, 5층 L104호
전 화 6207-2544, 2269-7451

가 격 17,000원
ISBN 979-11-952842-1-4

이 책의 저작권은 저자에게 있습니다. 저자와 출판사의 허락없이
내용의 일부를 인용하거나 발췌하는 것을 금합니다.